U0817486

高等教育“十四五”规划教材
21 世纪应用型人才培养示范教材

# 应用文写作教程


主　编　杨　迪　濮　玲　郑春明
副主编　董娜丽　李　苗　杨晓燕



燕山大学出版社
·秦皇岛·

**图书在版编目(CIP)数据**

应用文写作教程/杨迪,濮玲,郑春明主编. -秦皇岛:燕山大学出版社,2022.6
ISBN 978-7-5761-0337-3

Ⅰ.①应… Ⅱ.①杨… ②濮… ③郑… Ⅲ.①汉语-应用文-写作-教材 Ⅳ.①H152.3

中国版本图书馆CIP数据核字(2022)第073484号

# 应用文写作教程

杨 迪 濮 玲 郑春明 主编

**出 版 人**:陈 玉
**责任编辑**:朱红波 **策划编辑**:朱红波
**责任印制**:吴 波 **封面设计**:沐图品牌策划设计
**出版发行**:燕山大学出版社 YANSHAN UNIVERSITY PRESS **地 址**:河北省秦皇岛市河北大街西段438号
**邮政编码**:066004 **电 话**:0335-8387555
**印 刷**:涿州市般润文化传播有限公司 **经 销**:全国新华书店

**开 本**:185mm×260mm 16开 **印 张**:16.75
**版 次**:2022年6月第1版 **印 次**:2022年6月第1次印刷
**书 号**:ISBN 978-7-5761-0337-3 **字 数**:356千字
**定 价**:45.80元

# 前　言

“应用文写作”是高等教育各专业通用课程，它从高等教育的培养目标出发，主要使大学生掌握应用写作的基本理论、基本知识和基本技能，初步具备写作常见应用文的能力，全面提高大学生的文种运用能力、书面表达能力以及学生借助应用写作解决实际问题的能力，实现培养应用型人才的目标。

通过本课程的学习，使学生了解常用应用文的性质、特点，比较熟练地掌握常用应用文的写作方法，提高语言的运用与书面表达能力，以适应将来不同工作岗位的需要。

应用文写作能力是当今社会高素质人才的重要内涵，也是企业所要求的八大职业核心能力之一。学生应用文写作技能的培养，不仅可以增强学生的职业能力和就业竞争力，而且可以为学生未来职业生涯和实现职业能力的可持续发展奠定基础，所以这本《应用文写作教程》实际上是一本培养实用能力的教材，侧重于通过大量具体文种的写作训练，切实达到使学生具备各种文种写作能力的目的。

本书的编写以高等教育的培养目标以及本门课程的性质为依据，力求突破原有学科体系，淡化理论、强化实践，将工作、生活中的实例引入课堂教学中，通过案例的分析、病例的修改，指导学生进行情景模拟训练。

本书在文种选择与分类上，按照高等院校“工学结合”的人才培养模式的要求，注重从学生自身的实际需要出发，突出知识性、专业性、实用性、时代性的结合；在具体内容上以新的知识、新的信息来吸引读者，使写作知识与当今的有关政策和实际情况密切联系，充分体现浓厚的时代气息，既适应大学生择业的需求，又满足了社会生活的需要。本书结合社会发展的需要，对教材内容进行了适当编排，对一些实用性不强或使用率不高或与求职就业联系不紧密的文种没有选编进来，而对常用应用文文种安排了相应的篇幅。本书的基本学时为36至54学时，附录内容要另行安排学时。

本书由杨迪、濮玲、郑春明任主编，由董娜丽、李苗、杨晓燕任副主编，全书由杨迪统稿。

在本书的编写过程中，参阅了大量书刊和相关论著，并吸取了其中的最新研究成果和有益经验，在此谨向原作者致以衷心感谢！由于时间紧迫，水平有限，书中难免存在一些不足，恳请广大读者不吝批评指正，以便再版时修订，使之日臻完善。

编　者

2022年1月

# 目 录

# 第一章　绪论

**学习提示：**

学习本章，重点掌握应用文的概念、特点、种类以及应用文的学习方法；掌握应用文写作的基础知识，为应用文写作实践奠定基础。

应用文写作“古已有之”。随着社会的发展进步，社会分工越来越细化，应用文写作也随之发生变化。应用文写作在一定的历史时期内具有相对的稳定性，但从历史的视角来看，各种应用文体层出不穷，但其为现实服务的功能始终改变不大。21世纪是知识经济时代，是信息化时代。在社会发展进步的今天，人才的竞争日趋激烈，就业形势非常严峻，工作和生活的压力越来越大已成不争的事实。在这种形势下，大学生该何去何从？我们认为，学好专业，练好本领，依然是大学生不容忽视的关键选择。用人单位更加重视学生的综合素质，更加重视大学生的分析能力、适应能力、口头表达能力、写作能力、解决问题的能力和创新能力。当今社会复合型人才越来越被看好，用人单位对复合型人才也情有独钟。写作，尤其是应用文写作，作为关键能力之一，已成为当今社会合格人才的重要标志。事实也是如此，应用文随处可见，各个单位或部门都离不开应用文写作。应用文写作水平不仅是衡量人才的标准之一，也能够反映出单位或部门处理日常事务的效率和质量。对高职院校学生而言，学好、写好应用文，对高素质技能型专业人才的培养尤为重要。特别是在当前全球新冠肺炎疫情导致就业难的形势下，各用人单位对求职者的职业能力提出了更高的要求，不仅要求求职者具有高素质、高技能，而且要求求职者具备事务处理能力和写作表达能力。如果大学生仅仅满足于专业知识和技能的学习，而缺乏对这种能力的锻炼和培养，是远远不能适应新时代对人才发展的需求的，而本课程正是从这方面来培养大学生的求职能力的。

由此可见，应用文写作已经成为衡量职业能力高低的一个重要标尺，是职业人员做好本职工作的必备工具。现代应用文更涉及社会生活的众多领域。

# 第一节　应用文写作概述

随着现代社会科技、文化的发展和信息交流的迅速，应用文写作日益渗透到现代社会生活的各个方面。美国未来学家托夫勒指出，信息时代家庭工作的任务是编制电脑程序、写作和远距离监测生产过程。这里所讲的写作不是文学写作，而是应用文写作。

在现代社会生活中，应用文作为信息载体和交际工具，不仅日益进入政治、经济、文化生活的各个领域，而且作为个人能力与素质的体现，逐渐被纳入人才评价标准的视野，应用写作能力不仅成为当今社会高素质人才的重要内涵，而且还是企业所要求的八大职业核心能力之一。因此，"应用文写作"既是一门文化基础课，也是一门职业核心能力训练课。重视"应用文写作"课程的建设和学生应用文写作技能的培养，不仅可以增强大学生的职业能力和就业竞争力，而且可以为大学生未来职业生涯和实现职业能力的可持续发展奠定基础。

在现代生活中，应用文的写作无论是对机关文秘人员，还是普通公民，都具有十分重要的作用。而对需要全面提高个人综合素养的高职院校学生来说，应用文写作更是一项必备的基本能力。正如叶圣陶先生所说的："大学毕业生不一定能写小说诗歌，但是一定要能写工作和学习中实用的文章，而且非写得既通顺又扎实不可。"

在日常生活中，人们经常看到贴在大街小巷的告示、广告、招聘启事、寻人启事、失物招领，也收到过亲朋好友的贺卡、请柬、贺信，也给亲朋好友写过信，或许还悄悄地写过情书，其实这些都属于应用文的范畴。因此，学好应用文对我们的学习、工作和生活具有十分重要的意义。

## 一、应用文的概念

应用文是指机关团体、企事业单位及人民群众在工作、学习和生活中处理公私事务、沟通信息、表达意图时经常使用的具有实用价值和惯用格式的文体的总称。

应用文是国家机关、企事业单位、社会团体以及人民群众之间相互联系的纽带，是开展公务活动和处理个人私事时不可缺少的工具。国家机关通过应用文传达政策法令、处理公务、指导工作、沟通情况、交流经验。人民群众在业务经营、出差旅行、教学科研、请假报销、函电往来、喜庆吊唁等日常生活和事务往来中也都要和应用文打交道。

通过以上概念的表述，我们可以从应用文的使用者、使用目的和文体形式这几个大的方面来把握应用文的定义。应用文使用者可以是个人，也可以是集体。使用的目的是解决实际问题。在现代社会，人们的活动范围更加广泛，经济交流、信息沟通和事务处理更加频繁，应用文越来越显示出它的重要性。

## 二、应用文的特点

应用文写作包含的内容极其广泛，要写好应用文，首先要掌握应用文的写作特点。这有利于按其特点来把握文章的写作目的、写作对象、使用范围及特定的格式和简洁平实的语言文体，从而提高文章的撰写水平。

### （一）实用性

应用文文种繁多，应用广泛，无论是党政机关、企事业单位、社会团体撰写的公务文书，还是人们在日常生活、学习、工作中撰写的事务类文书，其根本目的都是处理或解决实际问题，都具有实用价值，都是为了实现一定目的而写的。

### （二）真实性

应用文为解决实际问题而写，强调的是方针政策的正确和客观事实的真实。一切从实际出发，按照客观规律行文，事实确凿可信、不虚构，统计数据准确无误、不夸张，有根有据，这是应用文写作对真实性的基本要求。

### （三）规范性

各类应用文一般都有惯用的格式，也就是程式性。应用文在漫长的使用和发展过程中，形成了相对稳定的规范格式和语言。各种文体都有特定的适用范围，不可随意交换使用。

### （四）时效性

应用文为实用而作，为解决实际问题、应对突发事件、迅速及时传递信息情报而作，所以务必及时迅捷，否则会贻误时机，错过解决问题的最佳时机，将会给学习、工作和生活带来诸多不利。例如，会议通知一定要在开会前发出，若会后再写通知，就失去了它的效用。另外，应用文的处理，即传递、阅读、办理的整个过程都要讲究时效。

### （五）简明性

应用文的写作目的是处理或解决实际问题，它的语言在准确得体的基础上必须做到简洁明快、通俗易懂，不能堆砌辞藻、滥用修辞。

## 三、应用文的作用

应用文的作用主要体现在以下几个方面：

### （一）宣传教育作用

借助行政公文的法规制度，党的方针政策得以进行及时和权威的宣传，它们对个人、组织作出道德和行为规范，以统一思想和行动；各级企事业单位也可以通过宣传类应用文使自己树立良好的社会形象；社会团体和人民群众则可通过报告等形式更好地贯彻执行党的路线、方针和政策。

**（二）权威规范作用**

应用文是行政管理的工具，党和国家的各级组织和各部门的组织系统以及企事业单位，从上到下都是通过公务文书来传达法律规范、方针政策、意见办法来部署工作，实现领导职能。如下达的命令、决定、通知、批复、意见等，具有领导和规范作用。

**（三）沟通协调作用**

上级机关可以通过批复、命令等应用文下达指导，下级机关可以通过报告、请示等应用文报请有关事情，企事业单位和人民群众可以通过各种专用书信、启事、函件等应用文来沟通思想、传递信息、加强联系。

**（四）依据和凭证作用**

应用文还是单位、团体履行职责、开展公务活动的真实记录，大部分文种在宣传政策、指导工作、规范行为、沟通信息的同时，也具有便于检查、监督的凭证和依据作用，一旦阅办完毕，便需立卷归档，以便查考。

## 四、应用文的种类

应用文的种类繁多，应用广泛，普遍性强，且随着社会发展而不断推陈出新。对应用文进行归类，目的是研究其写作规律，指导写作。但由于划分的标准不一，分类也有所不同。随着社会的发展和科学技术的进步，人们的社会活动领域不断拓宽，应用文的使用范围日益广泛，新的文体不断涌现。应用文的分类目前尚难统一，目前通用的分法是按应用文的适用范围，将其分为公务文书和私务文书。

公务文书是机关、团体、单位用于办理公务的文书，私务文书是个人用于处理私务的文书。

私务文书主要指个人在从事社会活动中为处理私人事务而使用的各类应用文。私务文书与公务文书是相对而言的，其涵盖面更广。诸如个人计划、总结、志愿书、求（辞）职信、启事、声明、贺电（信）、唁电、悼词、讣告等。凡用以处理个人事务，表达个人情感、意向，为实现个人目的而作，以个人而非单位名义署名的，均为私务文书。私务文书写作不仅体现着作者本人的心志和修养，更是架设在个人与组织、他人之间开展交流沟通的桥梁，具有其他写作形式无法替代的作用和价值。

公务文书分为通用文书和专用文书。

通用文书是指人们在日常的各种生活、学习、工作和生产活动中普遍使用的应用文。通用文书分为法定公文和事务文书。法定公文，即《党政机关公文处理工作条例》规定的15种公文文种。事务文书，即计划、总结、调查报告、简报等。

专用文书是指具有一定专业性的应用文。它包括宣传类文书，如解说词、导游词、海报、简报等；经济类文书，如经济合同、广告、商品说明书等；科技类文书，如学术论文、毕业论文等。

【知识链接】

## 怎样提高大学生的应用文写作能力

随着我国发展高等教育力度的加大，大学生的人数日益增多；社会对大学生的要求也相应提高，不仅要求他们具有较强的技术水平，而且要求他们具备一定的文化理论水平和写作能力。但目前存在的问题是大学生大多重视专业技术的学习，而忽略了写作能力的培养。这种现象的存在很大程度上阻碍了他们职业生涯的发展，甚至出现了一名工作多年的大学生不会写请假条的荒唐事件。

怎样帮助大学生提高应用文写作能力呢？

一、转变观念，提高应用文写作的教学地位

应用文是人们在日常工作、学习和生活中处理公私事务时使用的一种具有固定或惯用格式的文体，其使用范围非常广泛，实践性很强。因此，在现代生活中，应用文的写作，无论是对机关文秘人员，还是普通公民，都具有十分重要的现实意义。而对需要全面提高个人综合素养的学生来说，应用文写作更是一项必备的基本能力。应用文写作的实践性很强，但是，在高校里由于应用文写作并不属于专业课，在强化学生的专业实践技能训练的大背景下，应用文写作作为高校语文这门基础课的教学内容，虽然具有较强的实践性特点，但只是处于从属或附加的地位。因此，要想提高大学生的应用文写作能力，必须转变观念，给予应用文写作课程必要的教学地位，适当增加课程设置量。

二、让大学生明确应用文与文学作品的区别

学习应用文写作应该首先了解应用文的一般特点。应用文写作和文学写作是具有截然不同的特点和要求的两种重要写作形式。文学是以语言文字为工具形象化地反映客观现实的艺术，包括戏剧、诗歌、小说、散文等。文学写作是以塑造文学形象为目的，是一种具有形象性、审美性和创造性的写作实践活动，而实用写作是以适合社会实用性为目的的写作实践活动，具有实用性、规范性和简明性的特点。大学生由于其自身理论基础的限制，对应用文的特性认识存在模糊性，这在一定程度上影响了其写作水平的提高。例如：一位大学生在《寻物启事》中这样写："秋风秋雨愁煞人，我的雨伞在哪里……"如果该生能深刻理解应用文的实用性这一特点，就不会写出如此的应用文。

从内容表达上看，文学写作的内容表达相对比较自由，仅代表作者个人的观点和见解；而应用文写作具有较强的权威性和约束力。文学写作的目的是欣赏而非实用，即使是领导者个人的作品，也不具备权威性和约束力。应用文是随着阶级、国家、文字的产生而产生的，是行政管理的一种有效手段，担负着国家管理和社会管理的重任。应用文写作必须严格遵照、贯彻、落实党和国家的路线方针政策，讲求政治性，要体现权威性、严肃性、庄重性，对受众有很强的约束力，必须按照应用文的要求遵照、办理和执行。正所谓"一字入应用文，九牛拔不出"。应用文写作强调对象化的思维方式，写作者的思维要服从于客体对象的需要，把握对象的特征，根据对象的实际情况去组织应用文的内容，从而达到办事的目的。这就要求从事应用文写作的人员要认真学习党的路线、方针、政策，学习上级的指示精神，并结合本地区、本部门实际有效加以落实。

从表现形式的程式化和模式化上看，文学写作鼓励创作性，讲究“文似看山不喜平”；应用文写作的程式化特点比较明显。文学写作个性更为张扬，形式更加灵活，写法更加多样，鼓励写作者展示艺术想象与形象思维，突破束缚，创造崭新的艺术境界。与文学写作相比，应用文写作格式化思维明显，逻辑性强，结构严谨，写作比较枯燥。有人说，应用文就是“八股”，这是误解。应用文体式和格式上的一致性、标准化特点是应用文写作的规范要求，绝不是“八股”。应用文区别于其他文体的一个鲜明特点就是应用文具有固定的和惯用的体式和格式。从应用文文面格式处理上看，应用文格式具有规范化和标准化的特点。《党政机关公文处理工作条例》对党务公文作出了规定，从文种、行文规则、应用文用纸、应用文办理等方面提出了明确的要求。从应用文正文的写作看，应用文的开头、主体、结尾具有惯用的方式，有各部分的习惯用语，各个文种主体部分的结构安排方式也有通常惯用的写作方法。例如，“通知”文种的写作，开头先写通知因由，再写通知事项，最后是结尾习惯用语；“请示”的写作，要写明请示理由、请示事项、结尾；“计划”的写作，在主体部分要写明目标、措施、步骤。

应用文的模式化和程式化是适应应用文实用性的要求而形成的，简洁明了，有利于受众了解应用文的主要意图，不致产生理解上的歧义，有利于公务处理，在实际应用文处理中具有重要的意义。根据应用文写作的这一特点，应用文写作人员学习和掌握各个文种的不同特点和要求，能够更快地掌握应用文的写作规律，提高公务处理效率。“照猫画虎”，进行仿写是提高应用文写作能力的一条捷径。

从写作过程上看，文学写作没有时间要求，比较自由宽松，而应用文制作处理上有比较严格的时间限制。文学写作没有什么时限性，曹雪芹写《红楼梦》，“批阅十载，增删五次”，留下了不朽的艺术杰作。应用文的制发是为了解决实际工作中的问题，应用文写作无论是向上级报送文件，还是向下级布置工作，通常都有完成的时限要求。应用文的写作时限与工作问题的解决紧密相连。例如，新闻稿的写作，时间和作品价值是紧密联系的。

三、引导大学生多看多练

多看多练不能局限于只看范文，揣摩类似文种的格式，还应该多看文学作品，提高自己的文字功底。应用文最基本的载体是语言，而语言的学习需要广泛阅读优秀文学作品，特别是语言大师们的语言作品，不可以为单阅读类似文种格式就可以得到语言的提高。一般来说，如果对文学作品语言能驾轻就熟的话，那么在应用文写作的语言运用上也能得心应手。多看还体现在平时留意公共媒体，留意政府机关发布的各种公文，因为这是最好的范文。多阅读一些家用电器的说明，多留意街头、电视里的广告词是否有创意有特色。总之，处处留心皆学问，其实我们就是生活在应用文的包围中。你可能不读书看报纸，不看文学作品，但是，只要你认识字，你就无法拒绝看应用文，只要把平时熟视无睹的知识自觉地留意一下，就可以大幅度地提高自己的应用文写作水平。另外，要写好应用文,必须要具备比较高的政治思想水平和政策理论水平。因为作者政策理论水平的高低,直接关系到所写文稿的质量和作用。只有深刻领会党和国家的有关政策,明确方向,才能写出思想内容深刻、符合方针政策的应用文。

总之,应用文写作是一项要求具有较强的综合知识和丰富的实践经验的工作,要求写作者既要有较高的政治思想水平和政策理论水平,还要有较好的写作基础和逻辑思维能力;既要有较丰富的工作经验和业务工作知识,还要有较强的学习能力和踏实的工作态度。否则,很难驾驭好应用文写作,写出高质量的文章来。

## 第二节　应用文写作的基本要素

写作包含主题、材料、结构、语言等基本要素,材料和主题是内容要素,结构和语言是形式要素,而应用文写作是写作学的重要组成部分,它也有内容和形式两方面的基本要素。

### 一、内容要素

#### (一)主题

主题是作者通过文章的具体材料所表达的中心思想或基本观点,是作者的意图、主张或看法在文章中的体现。主题是统率全篇文章的灵魂,它决定文章是否有价值,衡量写作是否成功。应用文也是如此。既然主题是应用文的"统帅"和灵魂,那么一篇应用文的材料选择和取舍、结构的安排、语言的运用及文体的选择等,都要受主题的制约。这样,应用文的各种要素才能在主题的统领之下,整合为一个互相协调的统一体。

尽管应用文的主题随文种的不同有不同的要求,但对所有的应用文应有共同的要求,即正确、鲜明、集中、深刻。

1. 正确

正确是指要符合党和国家的方针政策,符合有关的法律法规,符合客观实际情况,能够正确反映客观事物的本质规律,对工作起积极指导作用,经得起实践的检验。一篇应用文稿,首要的问题是主题正确,它决定着文稿的质量和价值。如果主题错误,会给工作带来损失。

2. 鲜明

鲜明是指文章的基本思想、作者的态度表现得明确清楚。赞成什么、反对什么、肯定什么、否定什么,都要表述和交代得一清二楚,绝不能含糊其词、模棱两可。这就要求应用文写作者头脑要清楚,思维要敏捷,对事物要有明确的认识,在表达时不出现歧义。

3. 集中

集中是指应用文的主题要单一、突出，即“一意贯底”，把文章的基本观点集中、突出地表现出来，把中心思想写深写透。对于某些篇幅短小的应用文，如请示，要做到一文一事，不能表达多种意图。对于那些内容比较复杂、篇幅较长的应用文，主题也要集中，就是说，虽然其具体观点可能不止一个，但这些观点在一篇文章中应存在一种内在的逻辑联系，它们应共同表达一个中心思想。比如，一篇经验总结，具体经验可以有好几条，但这几条经验要围绕一个核心，共同表达某种观点。

4. 深刻

深刻是指应用文的主题不能停留在表面事实的罗列上，要从事实中归纳出观点，提炼出思想。这当然是对那些思想内容比较复杂、篇幅较大的应用文而言，如总结、调查报告、学术论文、可行性研究报告、市场预测及经济活动分析报告等。此类应用文的主题要做到深刻，要能反映某种规律性的问题，帮助人们达到对某一客观事物的深刻认识。

总之，应用文的主旨在表达上应该采取直截了当的方式，开门见山，直奔主题。它要求单一、正确。意多则文乱，应用文应集中表述一个事件，围绕一个主题。

**（二）材料**

应用文材料是指写进文章的事实、依据以及相关背景资料，它既不同于议论文中证明论点的论据，也不同于记叙文以及文学作品中的题材。如果将文章比喻成一幢建筑物，那么主题是设计者的建筑理念和风格，材料便是符合设计风格的砖瓦水泥。材料是构成文章内容，形成、支撑并表达主题的各种事实与理论。善于从材料出发，注意让材料说话，才能言之有据、言之有物，写出内容充实、丰富，有较强说服力的文章。

从材料本身的形态来看，事实与理论是材料的两大类型。如果再作进一步划分，事实则有事件与情况、实物与现象等许多种，理论则有方针、政策、规定及概念、原理、学说等。从材料的来源来看，有第一手材料和第二手材料之分。不同类型的材料往往要通过不同的途径获取，观察、实验和调查是在实践中获取事实材料的主要途径，是得到宝贵的第一手资料的重要渠道。查阅文献则能够集中获取理论材料，第二手材料主要由此或通过调查得到。材料真实是实用型文章的生命，而材料的真实又是使文章具有真实性的首要条件。有力是实用型文章的材料所应具备的另一个特点。有力首先是说材料要能为主题所统率，而不是游离于主题之外，或同主题相悖；其次要求所用材料为主题的表达所必需，而不是可有可无。

材料是为体现主题（应用文章的中心思想）而准备的，主题必须依靠材料来说明和支撑，二者必须高度统一。

## 二、形式要素



形式要素是指结构、语言、表达方式等要素。

## （一）结构

结构就是写作者运用一定的方法技巧，把构思的内容规范为文章结构形态的过程。结构使文章的方方面面各得其所，使之恰到好处地成为文章的有机部分，成为形式完美的整体。结构在应用文写作中至关重要，它是文章的骨架，是写作者在确立主题、选择材料之后，经过缜密构思形成的文章脉络，它是一个写作中自觉地再整理、再创造的过程。就如建房先打地基搭屋架一样，写应用文也要有“房屋设计图”，并按图施工，才能盖成高楼大厦。写作者根据主题的要求把有关材料主次分明、先头后尾、条理清晰地贯穿起来，统一在一定的结构形态之中，即人们常说的“谋篇布局”，亦指文章的结构。应用文的结构，是根据表达观点的需要，对材料进行处理安排。其作用就是将各个部分统一起来，把内容和形式统一起来，使文章成为一个有机的整体，实现其实用的目的。

应用文体常见的层次安排有总分式、并列式、递进式三种。

### 1. 总分式

文章开头先对全文的内容作简要概述，然后依次分别对其展开叙述。总分式结构可分为先总后分式和先分后总式。总分式通常适用于篇幅较长的应用文，如调查报告、经济活动分析报告、科技论文等。

### 2. 并列式

并列式亦称横式结构。文章中几个层次之间的关系是平行的。这样的结构方式通常按空间或场面的转换安排层次，如综合简报、通讯报道中的事件通讯，常把不同地区、不同部门的动态情况，按同一主题，采用并列结构方式进行综合报道；按材料的性质归类安排层次，在计划、规划、合同等文体的写作中，多采用此种类型。按中心论点的若干侧面，提炼各个分论点，从不同的角度共同论证论点，许多说理性文体常用此种方式。

### 3. 递进式

递进式也叫纵式结构。文章是以时间为推移或从因到果等逻辑关系逐层深入展开的结构形式，情况通报、事件通讯、经济诉状等文体常用此种方式。

## （二）语言

应用文的语言，明显不同于文学作品的语言。应用文的语言强调准确、简明、朴实和庄重。

### 1. 准确

准确指努力使语言的表达更加符合客观实际，准确无疑，确凿无误。事实、数字甚至细节都必须确实可靠；遣词造句，要求语意明确，所叙述的概念，只能作单一的解释，不能让人产生歧义，也不能让人作出多种理解。正确地记载与传递信息是撰写应用文的基本要求。遵循这一要求，应用文的语言表述必须符合客观实际，符合逻辑，既要概念准确、恰当，又要符合语法修辞的规范。

2. 简明

简明即简洁明了，就是说要浮词净尽、不枝不蔓，要求使用规范化书面语言的同时，应用文的语言应讲求实用，不仅让人准确理解、掌握，还要惜墨如金，讲究简洁明快，所谓“文约事丰”“字字千钧”。毛泽东就曾指出：报告文字，每次一千字左右为限，除特殊情况外，至多不要超过两千字。

3. 朴实和庄重

应用文是处理事务的工具，又是沟通信息的基本方式，因此，强调用语朴实和庄重。朴实，即文风朴实无华，语言实在，强调直接叙述，不追求华丽辞藻，也不搞形象描写，更不用含蓄、虚构的写作技巧。庄重，指应用文语言应适应不同文体的需要，措辞讲究分寸、适度。这就要求应用文要使用通俗易懂而又规范化的语言，不拿腔作调，不滥用形容词和堆砌词语，力求朴实自然，质朴无华，否则就会冲淡主旨。

应用文中有许多文种其效力具有权威性、严肃性，如党政公文、事务文书、经济公文等，其用语基调必须严谨庄重，既不宜使用口语，也不宜使用文学语言。一般来说，应用文写作应该使用规范化的书面语言，特别是在公文语言的表述上，要选用含义明确的词语，使用规范的书面语言和专用词语，力求文字庄重、用语得体、措辞得当、讲究分寸，以体现其严肃性。

**（三）应用文的表达方式**

文章的表达方式有记叙、描写、抒情、说明、议论五种，应用文通常使用的是记叙、说明和议论。

1. 记叙

记叙也叫叙述，主要用来交代事物的基本情况，事件发生、发展与变化的过程，介绍人物的经历和事迹，说明问题的来龙去脉、原因与结果等。完整的叙述包括时间、地点、人物、事件、原因、结果六要素。记叙是应用文写作中最常用的表达方式，应用文书对记叙的要求：只注重对事件的整体勾画，不要求细节的具体、内容的详尽，只叙述与表达主旨、说明问题有直接关联的部分，或者只是综合地、概括地叙述若干人或事的共同点。

记叙的方式很多，有概叙、详叙、顺叙、倒叙、插叙、补叙等。应用文记叙时以顺叙为主，有时也可用倒叙和分叙，一般不用插叙、平叙等方法。此外，记叙还要注意人称的选择。应用文写作的记叙主要使用第一人称和第三人称。第一人称的记叙是指作者以当事人、见证人的身份进行叙述，如我、我们、笔者、本局（部门）等。第一人称的记叙，常见于书信、报告、总结、计划等。第三人称的记叙是指作者在文章中以局外人的身份进行叙述，如他（她）、他们等。第三人称的记叙常见于通讯、报道、纪要等文体。

2. 说明

说明即阐述和解说。在应用文写作中，说明往往在陈述或议论过程中出现，主要用于解说事物的形态、构造、性质、特征、成因、关系、功用等。应用文中的说明方法主要有以下几种：

(1)定义说明：定义说明就是下定义，它用简练的语言对某一事物的本质属性或某一概念的内涵和外延作出确切的说明。这种方法常用于科技说明书、新产品介绍等。定义说明揭示事物本质，前面和后面的内容可以互换。

(2)分类说明：就是将被说明的对象，按照一定的标准划分成不同的类型，根据其不同类别进行分门别类说明的方法。

(3)举例说明：就是用具体事例来说明事物特点、本质及其规律。所用事例必须有代表性、典型性，能体现事物的本质特征，便于读者理解和接受。

(4)引用说明：就是引用有关文献资料或作品片段来说明事理。

(5)比较说明：就是把两种或两种以上的事物放在一起对照，以突出说明对象的特质、构造等。

(6)数字说明：就是用数字来说明事物的特点、性质等。这种定量描述的方法，能使行文表述大大简化，从而使立意更加清晰。

(7)图表说明：就是用图像或表格来说明事物。表格能显示事物的某种体系，图像能辅助文字说明并使之形象化，使行文大大简化。

以上所述，是应用文常用的说明方法，在具体写作实践中，要根据文种的需要选择合适的方法加以运用。

3. 议论

议论，指对客观事物进行分析，作出评价或判断，表明立场、观点和态度。议论有“三要素”，即论点、论据和论证。议论要言之有理，以理服人，就必须做到论点正确，论据充分，论证严密。

论点是作者在实践基础上明确提出的对事物的观点与见解。它是议论的出发点和归宿。论点的成立与否，需要论据来证明。

在应用文中，论点可以在开头出现，开宗明义，让读者先明确议论的中心；也可以在结尾点明，即开头提出问题，然后分析问题，最后得出结论，顺理成章。

论据是证明论点的根据，也是议论的基础。在应用文中，论据有事实论据和理论论据两种。事实论据包括作者调查研究得到的事实，文献检索获得的事实、数据等；理论论据包括已被证实和公认的原理、定律、结论和观点等，在某些应用文体中，也包括已被公布、实施的法律和法规。

论证是提示论点与论据之间的逻辑关系，也就是用论据证明论点的过程和方法。论点和论据本是各自独立存在的，只有通过论证的过程，才能将两者联系起来，构成一段完整的议论。

在应用文写作中，议论是叙述和说明的补充手段，处于从属地位，往往只是点到为止。

在实际写作中,论证经常要使用下列方法:

(1)例证法:运用具体事例或统计数字作为论据证明论点的方法。

(2)引证法:引用名人名言、权威性的论述、科学上的公理和定律、生活中的道理以及国家公布的权威性统计数据等文字资料等作为论据证明论点的方法。

(3)对比法:把两个截然相反的事物或观点进行横向对比,辨明是非、优劣,或进行过去与现在的纵向对比。

(4)反证法:从相反的角度分析问题,假设一个与正面论点相反的观点,并通过议论推翻该观点,从而肯定正面论点的方法。

(5)喻证法:通过打比方、讲道理来证明论点的方法。

(6)因果法:分析事物的前因后果,并以此证明论点的方法,可由因及果,也可由果溯因。

(7)归谬法:把错误的观点进行合乎逻辑的推理,引出其荒谬的结论,从而间接证明论点的方法。

**【例文】**

### 颁　奖　词

钱学森:1911 年出生,浙江杭州人。1950 年开始争取回归祖国,受到美国政府迫害,历经 5 年,于 1955 年才回到祖国。1958 年起,钱学森长期担任火箭导弹和航天器研制的技术领导职务,为中国火箭和导弹技术的发展提出了极为重要的实施方案。钱学森对科学技术的重大贡献是多方面的,他对中国火箭导弹和航天事业的迅速发展作出了卓越贡献。

在他心里,国为重,家为轻;科学最重,名利最轻。5 年归国路,10 年两弹成。开创祖国航天,他是先行人,披荆斩棘,把智慧锻造成阶梯,留给后来的攀登者。他是知识的宝藏,是科学的旗帜,是中华民族知识分子的典范。

**评析:**“国为重,家为轻;科学最重,名利最轻”,整齐的句式,对比、对偶的修辞格,揭示了主人公的思想根源,突显了主人公运用科学知识一心为国、不计名利的高尚品质。“5 年归国路,10 年两弹成”,短短 10 个字,精练概括出主人公回国时的曲折经历及回国后所作出的巨大贡献。“把智慧锻造阶梯,留给后来的攀登者”“他是知识的宝藏,是科学的旗帜”,运用比喻的修辞,形象地赞颂了主人公甘为人梯、勇于奉献的高尚品质。

**【知识链接】**

### 鸡肋也美味也(节选)

刘国明

学科地位要进一步确立。高等教育进入大众化阶段以后,高等学校人才培养目标逐渐向高素质应用型的方向转变，具有扎实专业基础、适合专业岗位需要成为新时期企事业单位人才招聘的新标准。应用文写作是培养学生良好文化素质、职业技能的重要课程，符合大学素质教育的需要。作为研究应用文写作规律的学科，应用文写作还是大学生成才就业的重要手段。因此亟待确立应用文写作课在大学教学中的地位，以课程建设推动应用文写作教学的开展。

能力培养要融入时代浪潮。时代在发展，社会在进步，应用文写作作为贴近社会实际的写作手段，无时无刻不在记录着时代的心声。新形势下，应用文写作教学要融入时代浪潮，迫切需要作者站在时代的航船上，以面向大社会的视角，从社会工作取材，满足实际需要，解决现实问题。要在社会活动中开展写作训练，增强理解力和辨别力，逐步提高社会工作能力和应用文写作能力。教学活动要突出实践性。应用文写作是一门术科课程，具有很强的实践性，很难说一篇好的应用文不是丰富社会实践的结晶，同样其写作过程也离不开具体的实践过程。要激发学生写作兴趣，提高教学效果，必须从实践入手。教材编写要突出实践性，要改变以往知识、例文、训练“头重脚轻”的体例，充实训练部分的内容，将实践性穿插其中。教学方法讲求灵活多样，采取情景教学、模拟训练、深入机关企业观摩教学等方式，突出教学过程的实践性，让学生置身写作情景，触动写作灵感，萌生写作动机。教师要加强专业培训，定期进行工作调研，把握学科发展的最新动态，教学工作中不只做指导员，也要做操作员，亲自动手参与文体写作，将实践性渗透于教学全过程，通过教学实践帮助学生领会写作奥秘。

应用文写作具有很强的实用性，不能脱离社会现实和工作实际。新时期，应用文写作教学只有跟上时代步伐，贴近社会需要，不断更新教学理念和教学模式，才能由“鸡肋”变成“美味”。我们相信，经过不懈的打造，应用文写作课定能让学生不出校门就能遍尝生活的“美味”，促进学生应用文写作能力的提高，从而为从事社会工作奠定坚实的基础。

## 实践应用能力训练

**一、思考题**

1. 怎样理解“应用文”这一概念？
2. 应用文格式的规范性体现在哪些方面？
3. 应用文主题的表达要注意哪些问题？
4. 应用文写作材料的来源有几种？
5. 怎样理解应用文的实用性和真实性？

**二、填空题**

1. 应用文的特点有________、真实性、________、时效性、________。
2. 按应用文的适用范围，将其分为________和________。公务文书分为________

和________。

3. 应用文体常见的层次安排有________、________、________三种。

4. 应用文的语言强调________、________、________________。

5. 应用文书常用的论证方法有______________、______________、______________、________________、________________、________________、________________7 种。

## 三、选择题

1. 填入下面横线的语句,与前面语句衔接最恰当的一项是(　)

《政府工作报告》不但以很长的篇幅谈论经济,________________

A. 而且许多新的经济词汇和提法,如同一串亮点出现在报告中,给人以深刻的印象。

B. 而且给人印象最深刻的是,如同一串亮点般的新的经济词汇和提法,出现在报告中。

C. 而且给人印象最深刻的是,报告中有一串亮点,出现了许多新的经济词汇和提法。

D. 而且许多新的经济词汇和提法,如同一串亮点在报告中出现,人们留下了深刻的印象。

2. 下列句子用语得体的一项是(　)

A. 这两种提法,第一种是专家的观点,第二种是一位普通大学应用文写作教师的拙见。

B. 听说贵公司在经营方面存在困难,你们如需要指点的话,我们将不吝赐教。

C. 学生会经过调查研究,写出了《我院食堂服务质量调查报告》,文中提出了改进意见,并且责成学院领导研究落实。

D. 奉上拙著一本,鄙人才疏识浅,书中谬误甚多,特此敬请斧正。

## 四、改错题

1. 指出并改正下列病句

A. 他的崇高的精神品质,经常浮现在我的脑海里。

B. 我们要善于总结工作中的问题和经验。

C. 我从内心向你表示由衷的祝贺,望再接再厉,争取更大的成绩。

D. 我国陶瓷艺术品的出口,深受外国顾客的欢迎。

E. 我国的青年音乐工作者在重大国际的声乐和器乐比赛中频频获奖。

2. 下面是一篇工作经验介绍的前言,语言不够精练,逻辑欠合理的毛病,请修改并重写。

20××年,学校改制为××学院,开设的专业只有 6 个,高职在校生只有 910 人。经过几年的努力,目前有 12 个专业(方向),在校生人数 3975 人,已培养高职毕业生 1889 人,毕业生就业率为 92%;其中 2009 年毕业生 557 人,就业率为 96%。这些成绩的取得,都是省委、省政府和省教育厅正确领导的结果。

我院培养出来的毕业生具有较高的文化基础素质、较高的技术应用能力和较高的岗位适应能力，并且所开设的专业都是社会急需的专业，因此，我院的毕业生已成为海西经济发展区的“抢手货”，甚至远在西部地区的单位也邀请我们的毕业生到西部就业。

最近几年，学院的办学水平明显提高，教育教学质量得到了用人单位、家长、学生的普遍认可，良好的就业形势，极大地促进了学院的招生工作。2008 年录取的新生中，500 分以上的有 × × 人，最高分 546 分；文科平均分 423 分，理科平均分 448 分，略高于本三线。学院逐步进入“优质生源—优质教育—优质就业”的三优良性发展之路。

3. 下面是某社区业主委员会关于安装数字电视机顶盒的通知，其中有一些用语不得体，请指出并修改。

9 月 5 日，天河区广播电视局电视服务中心特派人到各户安装数字电视机顶盒，各户均需留人，否则，一律不予安装。

不得体之处：________________________________________

修改：________________________________________

**五、写作实训**

1. 在不同的语体和语言环境里，对同一内容的表达方式是不同的，请按限定的语体和语言环境，将“欢迎对方按时参加”的意思进行转述。

在给兄弟单位的请柬里：________________________________

在给下级的通知里：____________________________________

在举办家宴，父母给子女的口头通知里：____________________

2. 以“关于大学生毕业后就业取向的调查报告”为题，根据你所就读的学校的实际情况，写一篇调查报告。

3. 就如何学好应用文写作给任课老师写一封信，把你的愿望、要求、建议提出来，要求主题鲜明，要求具体，建议明确。字数在 600 字以上。

# 第二章　社交礼仪类文书

**学习提示：**

学习本章，重点了解社交礼仪类文书中演讲词、致辞、书信、应聘、条据各类文书的概念；掌握书信、致辞、应聘、条据各类文书的类型；熟练地将社交礼仪类文书的写作方法运用到实际的工作中。

社交礼仪类文书，是国家、单位、集体或个人在喜庆、哀丧、欢迎、送别以及其他社交场合用以表示礼节，具有规范写作格式的文书。

随着社会文明程度的提高，社交中的礼仪活动日益丰富，在比较盛大或重要的活动中使用礼仪应用文，可使气氛更加热烈或隆重。它主要用以沟通感情、增进友谊、表达意愿、改善关系等。在人们的社会交往活动中，有许多需要通过一定的文书形式来进行，所以学会写这类应用文，对于增进友好关系、促进事业成功等有着非常重要的意义。

## 第一节　致辞类文书

致辞，亦作“致词”，指用文字或语言向人表达思想感情，现指在举行会议或某种仪式时请具有一定身份的人讲话。

常用致辞类文书有：演讲词、祝词、欢迎词、答谢词等。

致辞类写法可以概括为五段论：一是表示感谢，二是上级部门对该工作的态度或支持，三是本级部门对该工作的态度或者做法，四是表态，五是再次感谢。

不同的致辞文书有不同的写法，下面对此作专项介绍。

### 一、演讲词

英国首相丘吉尔说：“一个人可以面对多少人，就代表这个人的人生成就有多大！”无论是政界领袖，还是商界精英……古今中外深具影响力的人士都是善于公众表达和沟通的大师！

演讲词，是一种实用性比较强的文体。它可以用来交流思想、感情，表达主张、见解。演讲词具有宣传、鼓动、教育和欣赏等作用，它可以把演讲者的观点、主张与思想感情传达给听众以及读者，使他们信服并在思想上产生共鸣。

**（一）演讲词的概念**

演讲词也叫演讲稿，是在较隆重的集会和会议上发表的讲话文稿。

**（二）演讲词的特点**

1. 针对性

演讲词的内容多是听众最关心、最感兴趣、最想了解的，表达方式也因人而异，十分注意效果。撰写演讲词，要考虑听众的需要，讲话的题目应与现实紧密结合，所提出的问题应是听众所关注的，所讲内容的深浅也应符合听众的接受水平。同时，演讲又要注意环境气氛，既要注意当时的时代气氛，又要了解演讲的具体场合：是庄严的会议或重大集会，是同志间的座谈和讨论问题；是欢迎国宾，还是一般的友人聚会。不同的场合，演讲有不同的内容、不同的讲法。

2. 鼓动性

好的演讲自有一种激发听众情绪、赢得好感的鼓动性。要做到这一点，首先演讲词思想内容要丰富、深刻，见解要精辟、有独到之处、发人深思，语言表达要形象、生动、富有感染力。如果演讲词写得平淡无味、毫无新意，即使在现场“演”得再卖力，效果也不会好，甚至还会起到相反的作用。演讲词还要有真挚的感情，才能打动人、感染人，有鼓动性。因此，它要求在表达上注意感情色彩，把说理和抒情结合起来。既有冷静的分析，又有热情的鼓动；既有所怒，又有所喜；既有所憎，又有所爱。当然这种深厚动人的感情不应是“挤”出来的，而是要发自肺腑，就像泉水喷涌而出。

3. 有声性

演讲词要能将无声文字通过演讲者声情并茂的讲演变为有声语言。演讲词要好说、好听、好懂、好记，写得朗朗上口，讲得悦耳动听、通俗易懂、明白如话、幽默风趣。要做到这一步，关键是句子不要太长，修饰不要太多，不宜咬文嚼字，要合乎口语，具有说话的特点。同时，也应该讲究文采，雅俗共赏。

“上口”“入耳”这是对演讲语言的基本要求，也就是说演讲的语言要口语化。演讲，说出来的是一连串声音，听众听到的也是一连串声音。听众能否听懂，要看演讲者能否说得好，更要看演讲词是否写得好。如果演讲词不“上口”，那么演讲的内容再好，也不能使听众“入耳”。演讲词的“口语”，不是日常的口头语言的复制，而是经过加工提炼的口头语言，要逻辑严密，语句通顺。为了做到这一点，写作演讲词时，应把长句改成短句，把倒装句改成正装句，把单音词换成双音词，把听不明白的文言词语、成语改换或删去。演讲词写完后，要念一念，听一听，看看是不是“上口”“入耳”；如果不那么“上口”“入耳”，就需要进一步修改。

### （三）演讲词的种类

从演讲场合划分，可分为会场演讲词、广播演讲词、电视演讲词、课堂演讲词、法庭辩论稿等。

从演讲内容和性质划分，可分为政治演讲词、学术演讲词、社会活动演讲词等。

从表达方式上划分，可分为记叙性演讲词、议论性演讲词、抒情性演讲词等。

### （四）写作格式

演讲词的结构由标题、称呼和正文三部分构成。

1. 标题

常见的演讲词标题有五种，分别是提要式、寓意式、警句式、设问式、抒情式。

（1）提要式。提要式指的是概括演讲的核心内容，如《劳动，是神圣的》。

（2）寓意式。寓意式指的是运用修辞手法把抽象的哲理具体化，如《扬起生命的风帆》。

（3）警句式。警句式指的是引用名言警句设置标题，如《忧劳可以兴国，逸豫可以亡身》。

（4）设问式。设问式指的是通过设问来提示演讲涉及的内容，用演讲来回答标题的提问，如《人生的价值何在》。

（5）抒情式。抒情式指的是标题具有强烈的感情色彩，达到以情动人的效果，如《真情，让我一生守候》。

2. 称呼

提行顶格加冒号，根据受听对象和讲演内容需要决定称呼。常用“女士们、先生们：”“朋友们：”等，也可加定语渲染气氛，如“年轻的朋友们：”等。

3. 正文

正文由开头语、主体和结语三部分构成。

（1）开头语。开头语的任务是吸引听众、引出下文，一般有六种形式：由背景和问候、感谢语开始；概括演讲内容或揭示中心论点；从演讲题目谈起；从演讲缘由引起；从另一件事引入正题；用发人深思的问题开头。

（2）主体。主体即中心内容，一般有三种类型。①记叙性演讲词：以对人物事件的叙述和生活画面描述行文。②议论性演讲词：以典型事例和理论为论据，用逻辑方式行文，用观点说服听众。③抒情性演讲词：用热烈的抒情性语言表明观点，以情感人，说服听众，寓情于事、寓情于理、寓情于物。

（3）结语。结语是演讲能否走向成功的关键，常用总结全文，加深听众印象；提出希望，给人鼓舞；表示决心，誓言结束；照应题目，完整文意等方法，在激动人心的结语中结束全文。

### （五）演讲词的写作要求

1. 了解对象，有的放矢

演讲词是讲给人听的，因此，写演讲词首先要了解听众对象：了解他们的思想状况、文化程度、职业状况如何；了解他们所关心和迫切需要解决的问题是什么，等等。否则，不看对象，演讲词写得再好，说得再天花乱坠，听众也会觉得索然无味，也就达不到宣传、鼓动、教育和欣赏的目的。

2. 观点鲜明，感情真挚

演讲词观点鲜明，显示着演讲者对一种理性认识的肯定，显示着演讲者对客观事物见解的透辟程度，能给人以可信性和可靠感。演讲词观点不鲜明，就缺乏说服力，就失去了演讲的作用。

演讲词要有真挚的感情，才能打动人、感染人、鼓动人。因此，它要求在表达上注意感情色彩，把说理和抒情结合起来。

3. 行文变化，富有波澜

构成演讲词波澜的要素很多，有内容，有安排，也有听众的心理特征和认识事物的规律。如果能掌握听众的心理特征和认识事物的规律，恰当地选择材料、安排材料，就能使演讲在听众心里激起波澜。换句话说，演讲词要写得有波澜，主要不是靠声调的高低，而是靠内容的起伏、张弛，要有强调、有反复、有比较、有照应。

4. 语言流畅，深刻风趣

要把演讲者在头脑里构思的一切都写出来或说出来，让人们看得见，听得到，就必须借助语言这个交流思想的工具。因此，语言运用得好还是差，对写作演讲词影响极大。要想提高演讲词的质量，不能不在语言的运用上下一番功夫。

**【例文】**

**七分钟与七十年**

我知道，站在这个演讲台上，我只有七分钟的时间，要用七分钟去见证我们伟大祖国七十年的巨大变化，我真的有些惶恐，觉得自己浑身是劲儿不知应往哪里使，“满脸”是嘴不知该从何处说。那就到我们所热爱并熟悉的统计事业中去探寻七十载辉煌而难忘的足迹吧。

七十年，在历史的长河中也许只是沧海一粟。但对于我们来讲，却是值得自豪和骄傲的一段辉煌。

首先动用这奢侈的第一分钟，让它先去见证一下今天的统计。令我们欣慰的是，今天的统计基层工作日益巩固，制度建设日趋完善，数据质量不断提高，依法调查深入人心；令我们骄傲的是，今天的统计服务水平正在实现质的飞跃，分析调研屡获重视，信息化建设突飞猛进；更令我们自豪的是，早在党的十七大报告中，统计就被纳入国家宏观调控体系，真正成为经济发展的“晴雨表、信息窗和参谋部”。近年来，国家领导人的多次视察，更体现了对统计工作的重视和关心。我们不会忘记，在金融危机来临之际，国家领导人对统计工作的批示令我们备受鼓舞。正如局长所说：时势造就英雄，平凡锤炼伟大。我们的事业伟大而艰巨，统计的前景光荣而美好。是啊，如果说一个年轮代表一个奋斗的足迹，那我们已用七十年的奋斗足迹在经济发展的道路上深深刻下。

我的第五分钟带着希望和阳光出场了，当我们在感叹统计事业一步步走向宽广之际，又共同见证了一个最重要的历史时刻，那就是在统计大家庭中，增添了一支新的生力军——调查队。这支“轻骑兵”以他“快速、准确、灵活”的特点，为统计事业带来了新的活力和希望。让我们一起回顾和共享山东调查总队建队以来所取得的累累硕果：成立一年就成功跨入省直文明机关行列；确立的“调查质量立队、优质服务强队、团结实干兴队”的理念鼓舞和鞭策着全省调查系统不断开拓创新，勇夺佳绩；推出的三大服务品牌成绩斐然，调查信息采用量连年名列省直部门前三名；20××年，所提供的信息被中央领导批示的就达九条。够了够了，面对这样的成绩，什么样的激情能不澎湃，什么样的精神能不振奋，什么样的生命能不飞扬啊！我的第六分钟已经迫不及待地走来了，让我平静一下此刻激动的心情，放飞积蓄已久的思绪，把我最美好的祝愿和最真挚的祝福送给我们所热爱的统计调查事业。为了它，我郑重宣誓：在任何时候、任何情况下，都视统计数据质量为生命，决不参与弄虚作假，自觉同统计违法违纪行为作斗争，忠诚统计，服务社会，努力提高统计资料的真实性、准确性、完整性和及时性，在促进共和国经济社会发展中建功立业！

现在，只剩下宝贵的一分钟了，我有些贪心，我希望这一分钟能把它所见证的七十年间的统计事业、统计调查发展史让世人铭记，让历史铭记，我相信会的。那么就请允许我在这里预约十年后的相聚。十年后，假如我还能站在这里，还能拥有这样难得而幸运的七分钟，我坚信，它必将会为我们见证一个更加生机盎然、气度恢宏、天人合一、灿烂辉煌的统计调查事业。我心醉神驰……

谢谢大家！

**简析**：这篇以新中国成立七十周年为主题的演讲词先从身边的人和事谈起，与听众拉近了距离，达到吸引听众的目的。通过描述祖国摸索的苦难历程进而通过一系列的数字讴歌了新中国成立七十周年祖国所取得的辉煌成就，主题鲜明，思路清晰，最后号召大家勇于接受挑战，再创辉煌。

**【知识链接】**

### 提高演讲水平的小技巧

要想成为一名山色的演讲家不是一朝一夕可以练就的，但是通过一些演讲小技巧的学习却可以在短期内使自己的演讲水平有所提高，尤其对于一些在演讲比赛前“临阵磨枪”的选手来说颇有效果。

1. 演讲内容熟练

背熟演讲词是基础也是重中之重。“巧妇难为无米之炊”，试想一个连演讲内容都记不住的人怎么去演讲。

2. 时间控制得当

对于演讲比赛来说都有规定时间，一般5～8分钟，即使长的演讲最好也控制在20分钟之内，不管你的演讲多精彩，你必须在有限的时间里，用最精练、最精彩的语言将其呈现给听众，否则听众将会因你占用他们太多时间而排斥你。

3. 演讲要讲求寓教于乐

演讲要能激起听众的兴趣，无论你用什么方法，吸引听众并能把你的思想灌输给他们是最重要的。

4. 讲话放慢速度

演讲中的语速非常重要，讲得太快不仅会使你自己紧张，就连听众也会感觉你的情绪是紧张的，而把讲话的速度放慢就可以很好地解决这一问题。

5. 眼神交流

眼神有着非常重要的感染力，眼神不仅是演讲中非常重要的态势语言，也是感染听众非常重要的工具。

6. 像讲故事一样进行演讲

演讲中加入一些小故事、双关语和奇闻异事等来串联整个演讲，不仅能帮助演讲者阐述演讲观点，而且可以更好地吸引听众。优秀的演讲者都知道怎样将小故事和要阐述的观点联系起来，从而达到吸引听众的目的。

7. 提高音量

演讲最忌讳听众无法听到演讲者在讲什么。虽然现在有麦克风和扩音器，但是你仍然要确保使所有听众都能听到你的声音。提高音量不是说要你喊，尖锐的声音会引起听众的反感、抵触情绪，正确的做法就是挺直身体，从肺部用丹田发音。

8. 不要事先计划手势

演讲手势要自然表达出来，事先计划手势会看起来很不自然，刻意为之时还会和其他自然的肢体语言不搭配。如果你不知道该做什么手势，那就把手随意地放到身体两侧就好了。

9. 吸气而不是呼气

当你感觉要说"呃""啊"等语气词时（过多语气词只会让演讲变得糟糕），可以停顿一下或者深吸一口气。虽然停顿会显得有些尴尬，但是听众很少会注意到的。

10. 提早到会场

提早到场准备，不仅可以有备无患，而且可以消除紧张的情绪。

11. 避免道歉

不出现大的原则性错误，不必修正或者道歉，多数情况下，听众并不会注意到你的紧张和小错误。

12. 当你错误时一定要道歉

虽然要避免道歉，但当你在传达信息时包含了错误的观点时，或者有其他明显错误的地方，一定要道歉。保持自信是当然的，但是过度自信就会出问题了。

13. 以听众的角度出发

要从听众的立场来撰写演讲词和思考问题。哪些内容对于听众来说比较难理解，哪些内容会使听众感到烦琐？总是要记得，对听众来说，这里面表达的内容有什么意义。

14. 要享受演讲的过程

很多人上台后就会产生一种思想，那就是：抓紧讲完，提早脱离苦海，其实演讲哪有那么痛苦，要学会享受整个演讲过程，用你的激情进行演讲，把每一次演讲都当作你生命中的最后一次演讲。

## 二、祝词、贺词与贺信

### （一）祝词、贺词的概念

1. 祝词

祝词指在喜庆场合中对人对事表示祝贺的言辞或文章。祝词是行政机关、企事业单位、社会团体或个人在喜庆场合对某人或某项即将开展的工作、事业表示祝福的言辞或文章。祝词一般是在事情未果时表示的一种祝愿和希望。

2. 贺词

贺词是行政机关、企事业单位、社会团体或个人在喜庆场合对某人或某项已经取得成功的工作、事业表示祝贺的言辞或文章。贺词一般是在事情既果之后而表示的庆贺和道喜。

祝词与贺词的区别是显而易见的，祝词是在事前，表示祝愿、希望，而贺词是事后，表示庆贺、道喜。但在某些场合它们却可以互用，今天人们在实际使用中又常常将祝词、贺词混在一起。

### （二）祝词、贺词的特点

1. 喜庆性

祝词、贺词是在喜庆的场合对祝贺对象的一种真诚的祝颂、祝福和良好心愿的表达，因此喜庆性是祝词、贺词的基本特点。所以祝词和贺词在措辞用语上务必体现出一种喜悦、美好之情。

2. 体裁的多样性

祝词、贺词无须拘泥于某种文体，可以根据祝贺对象的具体情况采用合适贴切的文章体裁，如既可以用一般的应用文体，也可以采用诗、词、对联等各种其他的文体样式。

### （三）祝词、贺词的分类

1. 祝词、贺词从祝贺对象上看可以分为四类

（1）祝贺寿诞

祝贺寿诞的主要对象是老年人。在祝贺中，既赞颂他已取得的辉煌成绩，又祝愿他幸福健康长寿。祝贺寿诞的对象也可以是自己，称自寿。自寿往往抒发个人的感慨、抱负，或自勉。

(2)祝贺事业

事业成功的祝贺涉及范围极广,如会议开始时祝其圆满成功,会议结束时贺会议圆满结束;展览会剪彩祝其取得较好的社会效益,展览会结束时贺其已取得了预期效果;某人考入大学时,贺其金榜题名,祝其鹏程万里、百尺竿头更进一步;其他如公司开业、银行开张、报刊创刊、社团纪念等均可贺其已取得的成就,祝其今后事业顺利发达。

(3)祝贺婚嫁

既贺新婚,又祝新人今后婚姻和谐美满。

(4)祝贺酒宴

酒宴上的祝词、贺词,其实是在向赴宴宾客表达的一种祝福和庆贺。

2. 祝词、贺词从表达形式上看可分为两类

(1)现场即席致辞祝贺

一般说来,在较为随意轻松的场合可以即兴表示祝贺;但在公共事务场合下,为庄重严肃起见,应按事先拟好的祝词、贺词发言。

(2)信函电传祝贺

有时祝贺人无法到场祝贺,在这样的情况下,可以用书信的方式祝贺,也可以拍发信息、传真或用电子邮件来表示祝贺之意。

**(四)祝词、贺词的写作格式**

祝词一般包括标题、称呼、正文、落款四部分组成。

1. 标题

祝词的标题一般有两种形式。一种是有致辞者、致辞场合和文种共同构成,如《周恩来总理在迎接尼克松总统宴会上的祝酒词》;另一种是由致辞对象和致辞内容共同构成,如《在××先生和××小姐婚礼上的祝词》。

2. 称呼

写作开头顶格处,写明祝词对象的姓名。一般要在姓名后面加上称呼或有关的职务头衔,以示敬重,如"尊敬的××先生"。

3. 正文

正文一般由三项内容构成。向受辞方致意要说明自己代表何人或何种组织向受辞方及何项事业祝福贺喜;概括评价受辞方已取得的成就;展望未来美好前景,再次向受辞方表示衷心的祝贺。

4. 落款

落款处应当署上致辞单位名称,或致辞个人姓名,最后还要署上成文日期。

**(五)祝词、贺词的写作要求**

1. 语言要求充满热情、喜悦、鼓励、希望、褒扬之意,以便使对方感到温暖和愉快,受

到激励与鼓舞。

2. 祝词不应使用辩论、谴责、批评等词句和语气。

3. 颂扬与祝贺要恰如其分，过分的赞美之词会使对方感到不安，自己也难免有谄媚之嫌。

【 例文 】

**为庆祝朱总司令六十大寿的祝词**

周恩来

亲爱的总司令朱德同志：

你的六十大寿，是全党的喜事，是中国人民的光荣！

我能回到延安亲自向你祝寿，使我万分高兴。我愿代表那反动统治区千千万万见不到你的同志、朋友和人民向你祝寿，这对我更是无上荣幸。

亲爱的总司令，你几十年的奋斗，已使举世人民公认你是中华民族的救星，劳动群众的先驱，人民军队的创造者和领导者。

亲爱的总司令，你为党为人民真是忠贞不贰，你在革命过程中，经历了艰难曲折，千辛万苦，但你永远高举着革命的火炬，照耀着光明的前途，使千千万万的人民，能够跟随着你充满信心向前迈进！

在我们相识的二十五年当中，你是那样平易近人，但又永远坚定不移。这正是你的伟大！对人民你是那样亲切关怀，对敌人你又是那样憎恶仇恨，这更是你的伟大。

全党中你首先和毛泽东同志合作，创造了中国人民的军队，建立了人民革命的根据地，为中国革命写下了新的纪录，在毛泽东同志旗帜之下，你不愧为他的亲密战友，你称得起人民领袖之一！

亲爱的总司令，你的革命历史，已成为二十世纪中国革命的里程碑，辛亥革命、云南起义、北伐战争、南昌起义、土地革命、抗日战争、生产运动，一直到现在的自卫战争，你是无役不与。你现在六十岁了，仍然这样健壮，相信你会领导中国人民达到民族解放的最后胜利，亲眼看到独裁者的失败，反动力量的灭亡！

你的强健身体，你的快乐精神，象征着中国人民的必然兴旺。

人民祝你长寿！

全党祝你永康！

（延安《解放日报》1946 年 11 月 30 日）

**评析**：这是周恩来给朱德的祝寿词，高度评价了朱德光荣的一生、革命的一生、伟大的一生，表达了对其寿诞的祝福，感情真挚。

## 三、欢迎词

### （一）概念

欢迎词是在迎接来宾的仪式上或召开会议、举办各种活动开始时，由主人对来宾或有关人员的到来表示欢迎的讲话文稿。这里的欢迎词，实际就是欢迎词稿，是社交礼仪类日常应用文的一种。上至国家间的礼宾活动，下至基层单位间的相互交流，乃至庆典、婚宴、开业、新兵入伍、新生入学等仪式上都可以致欢迎词，由此表达致辞者对对方的欢迎、热情和尊重，以达到增进沟通、交流情感的目的。

**（二）特点**

1. 欢愉性

中国有句古话是“有朋自远方来，不亦乐乎”，所以致欢迎词的言辞用语务必富有感情和表现出致辞人的真诚。只有这样才会给客人一种“宾至如归”的感觉，为下一步各种活动的完满举行打下好的基础。

2. 口语性

欢迎词本意是现场面向宾客口头表达的，所以欢迎词要多运用生活化的语言，既简洁又富有生活的情趣，可以拉近主人同来宾的距离。

**（三）写作格式**

欢迎词的结构由标题、称谓、开头、正文、结语、落款六部分构成。

1. 标题

标题有以下两种形式：

（1）欢迎场合或对象加文种构成，如《在校庆 75 周年纪念会上的欢迎词》。

（2）直接用文种命名，直接使用“欢迎词”三个字作标题。

2. 称谓

称谓是对欢迎对象的称呼，应写在标题下面一行的顶格处，面对宾客，宜用亲切的尊称，如“亲爱的朋友：”“尊敬的领导：”等。

3. 开头

欢迎词的开头，表示欢迎即对宾客的光临表示热烈的欢迎。一般要用简洁的文字交代致辞的背景，即什么活动开幕了，然后用热情的话语对来宾表示欢迎，也可以向来宾或者有关方面（人士）兼表祝愿或者感谢。

4. 正文

正文说明欢迎的情由，可叙述彼此的交往、情谊，说明交往的意义。对初次来访者，可多介绍本组织的情况。

欢迎词的主体，具有阐释意义，即首先说明为什么要举办节庆活动、目的何为、意义何在，这是节庆活动欢迎词中一般应当予以交代的。其次根据双方的关系，回顾相互交往的历程，阐明宾客来访的意义，展望美好的未来。最后展示优势，也可以说树立形象。这是节庆活动欢迎词正文的重心所在。

5. 结语

欢迎词的结尾,用敬语表达祝愿。节庆活动欢迎词正文的结尾部分,一般用简洁的句子祝愿活动圆满成功,或者祝愿来宾生活愉快,并另起段落以“谢谢大家!”“谢谢各位!”这样的礼仪结语结束全文。

6. 落款

在正文右下方写上致辞单位的名称或致辞者的姓名,并写上成文日期。在现场致辞结束时,无须念出署名和日期。如果要公开发表,则必须署名和日期。

**【例文】**

**欢迎香港驻军文艺演出队慰问演出的讲话**

梁纪铭

同志们:

香港驻军业余文艺演出队带着驻军首长、机关的亲切关怀和问候,带着精心编排的文艺节目,不辞辛劳来到石岗营区,为我们全体官兵作慰问演出。让我们对演出队的到来表示热烈的欢迎和衷心的感谢!

今年,真可谓盛年盛事。历经沧桑的香港顺利回归祖国,党的十五大又奏响了迈向二十一世纪的凯歌。前两天,本世纪末中国最后一次体育盛会“八运会”又隆重拉开了帷幕。举国上下,喜庆欢腾。作为人民解放军代表的驻港部队官兵同样为祖国的昌盛繁荣和民族的振兴富强而欢欣鼓舞。今晚的演出,就是我们美好心愿和喜庆之情的最好表达。

江泽民同志在党的十五大报告中指出,营造良好的文化环境,是提高社会主义文明程度,推进改革开放和现代化建设的重要条件。军营文化作为军队精神文明建设的重要组成部分,既吸收了我们民族文化的精华,又独具我们军队的风格和特色,是社会主义文化中的一束亮丽奇葩,对军队全面贯彻邓小平新时期建军思想起着重要的推动作用。我们香港驻军文艺演出队就是这束奇葩中的典型代表,她不仅为塑造香港驻军威武文明的良好形象起着积极的“窗口”作用,而且在保证我们香港驻军精神文明走在全社会前列,争做十亿人民榜样的事业中,扮演着重要的角色。今晚,演出队的精彩表演,将极大地鼓舞我们全体干部战士更好地履行防务职责,更好地立足本职开拓进取。我们要以这次慰问演出活动为契机,进一步加强部队文化建设,丰富军营文化生活,从而带动部队各项建设全面发展。

让我们再次以热烈的掌声向演出队的同志们表示最诚挚的谢意!

最后,预祝演出圆满成功!祝大家度过一个开心愉快的夜晚!

**评析：**这是一篇现场讲演欢迎词。精彩得体的讲话不仅对文艺演出队是极大的鼓舞，同时对出席的宾客来说也是令人振奋的。无疑这篇精彩的欢迎词将会对文艺演出起到推波助澜的作用。首先，致辞人用愉快、富有激情与真诚的语言介绍参加慰问演出的宾客，并致以热烈欢迎与衷心感谢。其次，就这次慰问演出来表达自己的美好心愿及对祖国繁荣昌盛的喜悦之情，进而又阐述军营文化同演出的密切关系。最后，再次向来宾表示诚挚的谢意及表达自己的美好祝愿。总体而言，这篇欢迎词是非常精彩与成功的，真诚地表达出了代表者的内心感受，说出了所有与会成员的心声及意愿。

## 四、答谢词

### （一）概念

答谢词是指特定的公共礼仪场合，主人致欢迎词或欢送词后，客人所发表的对主人的热情接待和关照表示谢意的讲话。答谢词也指客人在举行必要的答谢活动中所发表的感谢主人的盛情款待的讲话。

自古以来，人们就提倡“礼尚往来”“知恩报德”“来而不往非礼也”，于是在人际交往中便有了“谢”的言行：或揖拳，或鞠躬，或以言辞道谢，或以纸笔作书（写成谢函、谢帖、感谢信），倘若在庄重的礼仪场合，那便要温文尔雅地致“答谢词”了。可以说，答谢词是一种最高级的致谢形式，它有情有声、声情并茂，能够最充分、最有效地表达谢意，在外交、社交活动日趋频繁的当代社会，发挥着越来越重要的作用。

### （二）类型

依据不同的致谢缘由和致谢内容，答谢词可划分为两个基本类型。

1. “谢遇型”答谢词

“遇”，招待、款待。“谢遇型”答谢词，即用来答谢别人的招待的致辞，它常用于宾主之间，既可用于欢迎仪式、会见仪式上与“欢迎词”相应，也可用于欢送仪式、告别仪式上与“欢送词”相应。

2. “谢恩型”答谢词

“恩”，即受到他人的好处或帮助。“谢恩型”答谢词，即用来答谢别人的帮助的致辞。它常用于捐赠仪式或某种送别仪式上。例如，1998 年长江中下游地区的灾民在接受全国各地捐赠物品的仪式上，在洪水退后为抗洪抢险的解放军战士送行的仪式上，就都使用了这种答谢词。

**（三）特点**

1. 内容与结构要合乎规范

从前文的分析中可以看出，两类答谢词所涉及的写作内容以及所运用的结构形式，各有相对稳定的模式。在写作中，一不可混淆，二不可随心所欲地“独创”，要尽可能地符合写作规范，否则将会张冠李戴、非驴非马。

2. 感情要真挚、坦诚而热烈

既然要“答谢”，就应动真情、吐真言，即要“真挚、坦诚”；虚情假意、言不由衷或矫揉造作，只能引来对方的反感。况且，“答谢”的本身，就是一种“言情”方式，既然要“言情”，就应热烈奔放、热情洋溢，给人以如坐春风的温煦感。

3. 评价要适度，要恰如其分

一般说来，对于对方的行动，“谢遇型”致辞不宜妄加评论、说三道四。而“谢恩型”致辞则可就其“精神”或“风格”作出评价，但要适度，要恰如其分，不可故意拔高、无限升华，以免有“虚情假意”之嫌。

4. 篇幅要简短，语言要精练

礼仪“仪式”毕竟不是开大会，致辞一般应尽量简短。要想篇幅简短，语言必须精练，努力做到“文约题丰”，言简意赅。

**（四）写作要求**

答谢词包括标题、称谓、正文、落款。

1. 标题

一般有三种写法。一是直接以“答谢辞（词）三个字作标题”；二是写致辞场合与文种名，如“在×××上的答谢词”，三是写致辞人、致辞场合和文种名，如“×××在×××上的答谢词”。

2. 称谓

另起一行顶格写致辞对方的姓名、头衔，既可以是广泛对象，也可以是具体对象。称呼后加“：”以示引领全文，如“尊敬的×××：”

3. 正文

这是答谢词的写作重点。首先，对主人的盛情表示感谢，并对对方的优越性予以肯定，表达出自己的荣幸与激动。如“今天，我们怀着无比激动、无比振奋的心情，在这里迎接中国红十字会给我们县师生捐赠救灾粮的亲人”。其次，要对对方的情况作较详细的介绍，以示尊重。最后，应提出希望与之进一步发展关系的强烈意愿。如“希望我们加强合作，不断往来”。结语，再一次用简短的语言表示感谢。如：“借此机会请允许我再一次向大家表示衷心的感谢！”

4. 落款

落款标明写致辞者的职务、姓名和时间,以示对致辞者的尊重,若标题中已经出现可不写。

【例文】

**在接受救灾粮仪式上的答谢词**

亲爱的领导,远道而来的客人们:

今天,我们怀着无比激动、无比振奋的心情,在这里迎接中国红十字会给我们县师生捐赠救灾粮的亲人。

今年2月以来,我国遭受了百年未遇的大旱灾。三个月炎阳连天,滴雨不下,池塘干涸,溪河断流,田地龟裂,禾苗枯死,真是赤地千里!虽经我们奋力抗灾,但自然灾害的肆虐,使10多万人饮水困难,30多万亩田颗粒无收。我们县的中小学生,就有1万多名因受灾辍学,还有几万名同学、教师、亲属靠接济度日。然而,党和政府没有忘记我们,兄弟县市的乡亲没有忘记我们,省市领导多次亲临,视察灾情,组织救援,市县国家干部职工争相解囊,捐粮捐钱。今天,我们又接到了你们无私捐助的大批救灾粮食和水。"一方有难,八方支援。"团结互助,无私奉献,只有在今天优越的社会主义制度下,只有在我们伟大的社会主义中国才能办到!

谢谢你们,远方的亲人!我们全县中小学生、全县人民,一定从你们的援助中吸取力量,奋发图强,重建家园;努力学习,奋勇登攀,以崭新的成绩来报答党和人民的关怀,报答你们的深情厚谊!

二〇一〇年六月二十日

**简析**:2010年我国西南等地发生的旱灾牵动着全国人民的心,并得到党和政府的关注和支持,先后捐款捐物抵御旱灾。该答谢词是在此情况下产生的。正文首先对主人的盛情表示感谢,并对对方的优越性予以肯定,表达出自己的荣幸与激动。然后概括叙述了党和政府对灾区人民的关心、支持和帮助。最后表达了灾区人民重建信心再造美好家园的愿望。措辞诚恳、真切,充满感激之情,文字朴实、精练,篇幅短小而精悍。

# 第二节　书信类文书

书信是一种向特定对象传递信息、交流思想感情的应用文书。"信"古文中有音信、消息之义,如"阳气极于上,阴信萌乎下"(扬雄:《太玄经·应》)。另外,"信"也有托人所传之言可信的意思。书信是人们日常生活、工作中不可缺少的交际、交流思想的工具,是日常生活中使用最广泛的一种应用文体。

书信文体包括一般书信与专用书信。专用书信是用于某种场合,针对某种特定事务或特定需要的具有专门用途的书信。常用专用书信有感谢信、慰问信等。

## 一、感谢信

### (一)概念

感谢信是向帮助、关心和支持过自己的集体(党政机关、企事业单位、社会团体等)或个人表示感谢的专用书信,有感谢和表扬双重意思。

写感谢信既要表达出真切的谢意,又要起到表扬先进、弘扬正气的作用。感谢信常以信函的形式,写给被感谢的单位或个人,也可张贴,还可以借助新闻媒介进行传播。

### (二)类型

根据寄送对象不同,感谢信可以分为三种:

1. 直接寄达感谢对象

这类感谢信是直接寄送给所要感谢的对象,向对方表示深切的感谢。

2. 公开张贴

这类感谢信是寄送对方所在单位有关部门或在其单位公开张贴表扬。

3. 媒体公开播发

这类感谢信是通过广播电台、电视台、报社、杂志社等形式公开表达感谢之意,以引起公众的注意,在全社会宣扬其崇高的品质。

### (三)特点

1. 真实性

要求叙述的事情准确无误、条理清晰,评价要求恰如其分、把握分寸,不要随意拔高,过分修饰会给人以虚伪之感。

2. 感情真挚

“情动而辞发。”没有感情的投入是作不出好文章来的。为情而造文,而非为文而造情。以事表情,以情感人,表达出真诚、朴素、亲切、自然的感激之情。

3. 表达方式多样

由于要求叙述所要感谢的事情真实的情形,可以用叙述、说明和描写的手法,向对方表示感激和赞扬,所以在写表扬信的时候,可以采取多种表达方式。

### (四)写作要求

感谢信的结构一般由标题、称谓、正文、结语、落款五部分构成。

1. 标题

可单独由文种组成，如《感谢信》；可由感谢对象和文种名称共同构成，如《致张子鸣同学的感谢信》；也可由感谢双方和文种名称构成，如《赵明康全家致莲岳社区居委会的感谢信》。

2. 称谓

标题下空一行，顶格处写明被感谢的机关、单位、团体或个人的名称或姓名，然后加上冒号，如“思明区交警大队：”“刘自立同志：”“支援四川抗震救灾的各救援队伍、广大志愿者、社会各界人士、港澳台同胞、海外华人华侨及国际友人：”等。

3. 正文

正文一般包括以下两层意思：

一是写感谢对方的理由，即为什么感谢。首先准确、具体、生动地叙述对方的帮助，交代清楚人物、时间、地点、事迹、过程、结果等基本情况；然后在叙事基础上对对方的帮助作恰贴、诚恳的评价，以揭示其精神品质，肯定对方的行为。在叙述和评价的字里行间要自然渗透感激之情。

二是评价和赞扬，直接表达感谢之意。在叙事和评论的基础上直接对对方表达感谢之意，根据情况也可在表达谢意之后表示以实际行动向对方学习的态度。

4. 结语

写一些表示敬意、感激或祝福的话，如：“对您的帮助表示衷心的感谢”“此致敬礼”或“再次表示诚挚的感谢”之类的话，也可自然结束正文，不写结语。

5. 落款

在正文右下方写感谢者的单位名称或个人姓名和写信的时间。

**【例文】**

**感　谢　信**

支援四川抗震救灾的各救援队伍、广大志愿者、社会各界人士、港澳台同胞、海外华人华侨及国际友人：

2008 年 5 月 12 日 14 时 28 分发生的汶川特大地震，至今日已经一个月。“5 · 12”特大地震破坏性之强、波及范围之广、救灾难度之大为新中国成立以来之最，给人民生命财产造成了巨大损失。

灾难突如其来，震动四川，震惊中国，震撼世界。亿万同胞血脉同搏，国际社会爱心涌流，地不分南北，人不论老幼，纷纷以各种方式支援我省抗震救灾。全国各地各救援队伍紧急赶赴灾区，迅速展开专业救援；广大志愿者积极奔赴一线，全力投入救灾；社会各界人士踊跃捐款捐物，积极献计献策；港澳台同胞、海外华人华侨遥寄哀思，慷慨解囊；国际友人不远万里，驰援灾区。你们不顾个人安危，不计个人得失，始终与灾区人民心相通、情相连、难同担，深刻诠释了“一方有难、八方支援”的同胞情谊，全面展示了“团结、奉献、互助、友爱”的现代志愿精神，充分体现了人的生命高于一切的人文关怀和崇高的爱国主义精神、人道主义精神。在此，四川省“5·12”抗震救灾指挥部谨代表灾区人民和全省8800万人民向你们表示衷心的感谢并致以崇高的敬意！

人间有难，大爱无疆。一次次分秒必争的生死营救，彰显着生命至上的人间大义；一笔笔无私的赈灾捐款，倾注着同舟共济的无价情谊；一件件救灾物资，汇聚成爱心激荡的滚滚暖流；一声声深情的问候，饱含着血浓于水的无限挂牵；一句句真切的鼓励，凝铸成战胜灾害的坚定信念。你们的壮行义举，灾区人民不会忘记！你们的深情厚谊，四川人民永远铭记！

一个月来，在各方面的大力支援和共同努力下，8.4万群众从废墟中被成功救出，36万受伤群众得到及时救治，1000多万受灾群众得到临时安置，抗震救灾斗争取得了重大阶段性成效。我们坚信，在党中央、国务院的坚强领导下，在全国人民的强大支援和国际社会的真诚帮助下，我们自力更生、艰苦奋斗，一定能够夺取抗震救灾和经济社会发展的双胜利，用勤劳的双手重建社会主义美好新家园。

四川省“5·12”抗震救灾指挥部<br>二〇〇八年六月十二日

**简析**：在“5·12大地震”中，中华民族在灾难面前的自强不息、顽强拼搏，万众一心、同舟共济，自力更生、艰苦奋斗的传统美德向世人展现。这篇感谢信情真意切地表达了灾区人民对全国人民深切的感激之情，同时也表达了自己重建家园的决心和信心。首先，简述对方的事迹。“5·12”特大地震灾难突如其来，震动四川，震惊中国，震撼世界。亿万同胞血脉同搏，国际社会爱心涌流，地不分南北，人不论老幼，纷纷以各种方式支援我省抗震救灾”；接着赞颂各界人士“不顾个人安危，不计个人得失，始终与灾区人民心相通、情相连、难同担”，以及在抗震救灾过程中所体现出来的深刻的同胞情谊和“团结、奉献、互助、友爱”的现代志愿精神，“充分体现了人的生命高于一切的人文关怀和崇高的爱国主义精神、人道主义精神”。叙述对方事迹的同时，通过“彰显大义”的生死营救、“无私的赈灾捐款”、“血浓于水的无限挂牵”突出了“大爱无疆”的无限深情，为后文的表示感谢作了铺垫。“你们的壮行义举，灾区人民不会忘记！你们的深情厚谊，四川人民永远铭记”；最后表达灾区人民重建美好家园的决心。“我们坚信……一定能够夺取抗震救灾和经济社会发展的双胜利，用勤劳的双手重建社会主义美好新家园。”整篇感谢信层次清晰，情感真切自然，语言朴实，措辞中肯，是一种真情实感的自然流露。

## 二、慰问信

### （一）概念

慰问信是表示向对方关怀、慰问的信函。它是有关机关或者个人，以组织或个人的名义在他人处于特殊的情况下（如战争、自然灾害、事故），或在节假日，向对方表示问候、关心的应用文。

### （二）类型

慰问信一般分为下面两种：

一种是表示同情安慰。在对方遭受痛苦灾难时表示慰问和同情，并鼓励对方战胜灾难和痛苦，重新燃起对生活的勇气和信心，以崭新的姿态面对生活。

另一种是在节日表示问候。在节日来临之际向被慰问者致以节日的问候。

### （三）特点

1. 热情洋溢，感情真挚

行文时让对方体会到一种亲切、关怀的感情，使对方感受到一种情谊深厚、温暖如春的感觉。这就要求我们在表达情感时充满热情，在全面概括对方可贵精神的同时，要提出殷切希望，勉励他们继续努力，取得胜利。流露的情感要真挚、自然、真切。

2. 说到做到，切实可行

表示慰问的行动要符合实际，说到做到，切实可行。切忌讲空话大话，最终变成一纸空文。

3. 文字简洁

在语言上要求精练、朴实，措辞要恰当，篇幅要短小。

### （四）写作要求

慰问信的结构一般由标题、称谓、正文、结语、落款五部分构成。

1. 标题

可单独由文种组成，如《慰问信》；可由慰问对象和文种名称共同构成，如《给抗击疫情一线人员的慰问信》；也可由慰问双方和文种名称构成，如《××集团致抗震救灾一线员工的慰问信》。

2. 称谓

标题下空一行，顶格处写明被慰问者的名称或姓名称呼。如果是写给个人的，应在姓名后加上“同志”“先生”等字样，后加冒号。如“尊敬的××先生：”“援建四川灾区前线的××同志们：”。如果对象多，要一一写进去，对象的前面多加“敬爱的”“尊敬的”以示尊敬。

3. 正文

（1）用简洁的话说明慰问的原因、背景。如："值此2021年新春佳节即将到来之际……""正当举国欢庆端午佳节的日子里……""在三八国际妇女节来临之际……"等具体背景和形式，接着写表示深切慰问的话，如"致以节日的问候""致以亲切的慰问"等。

（2）慰问缘由或慰问事项。概括叙述对方的先进思想、先进事迹，或战胜困难、舍己为人、不怕牺牲的可贵品格和高尚风格；或者叙述对方所遭受的困难和损失，以示对慰问方处境的关切程度，表达自己的钦佩或同情之情。

（3）写慰问信的单位或个人的愿望和决心。如："我们会尽可能地利用网络给大家普及必要的防灾知识，让大家能及时了解各项避险措施，在灾害环境中学会保护自己、互助友爱""让我们携手共进，为早日实现共同富裕而贡献自己的力量"等。

（4）结合当前形势和任务提出希望或鼓励对方战胜困难，如："希望灾区的人民能够尽快走出悲痛，走出困境，积极投入生产自救的工作中去，用我们的双手，再造我们的美好家园""困难是暂时的，最后的胜利一定是属于我们的"等。

4. 结语

正文的结尾一般会用一句鼓励或祝愿的话作结束语。结语要另起一行写，如"祝节日愉快""祝你们取得更大的成绩"等。结束语也可省略。

5. 落款

位置右下方，分两行写。写慰问者的单位名称或个人姓名，并在署名右下方写明写信的时间。

【例文】

致全体灾区供电企业的慰问信：

入夏以来，全国部分地区灾情不断，先是江浙一带的龙卷风，接着是南方大面积强降雨、泥石流，以及淮河流域的洪水，再加上最近山东、重庆遭受的暴雨、洪水袭击，给国家财产、人民生命造成了巨大损失。

但是在灾难面前，广大供电企业的干部职工为了保证及时恢复供电，危险冲在前，困难踩脚下，夜以继日地战斗在抢修第一线，以大无畏的忘我精神，向国家和人民交上了一份合格的答卷，体现了供电职工高度的社会责任感和过硬的思想素质。你们是全国供电企业的榜样，是全体供电职工的骄傲。值此，谨向你们及家属，致以深切的敬意和亲切的慰问，你们辛苦啦！

目前防汛形势依然严峻，突发事件随时可能发生，各供电企业正在严阵以待。因此我们希望你们能尽快将抗灾中个人和集体的英雄事迹提供给我们，以便在中国供电信息网上进行宣传，进一步弘扬供电企业的优良传统和善于打硬仗的精神。同时在抗灾抢修期间各单位工作上有什么困难和诉求也请及时向我们反映，我们将尽力为大家排忧解难。

预祝大家身体健康，早日取得抗灾保电的最后胜利！

中电联供电分会

20××年7月20日

**简析**：整个慰问信亲切而暖人，比较全面地肯定了灾区供电系统全体干部职工所作的突出贡献，并高度赞扬了供电企业的干部职工抗灾保电的可贵精神，最后希望供电企业在原有成绩的基础上再取得抗灾保电的最后胜利。总体来说，这封慰问信行文诚恳，充满关怀和盛情，措辞恰到好处，充分表达了对抗灾保电干部职工工作生活的亲切关怀。

# 第三节　应聘求职类文书

应聘，包含两层意思，一是接受聘问，二是接受聘请。应聘求职类文书是求职人为求得某一职务而向用人单位陈述自己学识、才干和经历，进行自我推销的书面材料。

应聘求职类文书有求职信、个人简历、招聘启事等。应聘类文书在格式和写作风格上各异，但又有着内在的联系。

## 一、求职信

### （一）求职信的定义

求职信又被称作自荐信，是个体求职者向有关用人单位或相关领导介绍自己的主观愿望和实际才干，以便对方了解自己、相信自己，从而获得某种职务的书信文体。

### （二）求职信的特点和作用

求职信最突出的特点是自荐性。任何形式的自荐信都旨在让对方录用自己，因此在撰写自荐信时要把自己的基本情况，尤其是某方面的特长、优势以及基本设想如实地写出来，设法使对方了解自己，并认定自己的潜力，博得对方的好感。

求职信的作用和特点紧密相连，即通过自我推荐、自我推销获得自己满意的职位。用人单位出于人力、物力以及时间的考虑，一般都要求求职者寄送求职材料，进行比较筛选，再通知面试。因此，求职信是面试的入场券，是寻找工作的敲门砖，是敲开职业大门的第一个重要步骤。

### （三）求职信的分类

1. 根据求职者身份的不同来分

可分为毕业生求职信、待业人员求职信和从业人员求职信三种。

2. 根据阐述问题的角度不同来分

可分为自荐信、应聘信两种。

3. 根据有无明确求职单位来分

可分为专对某一单位而写的求职信和没有明确目标的自荐信。

4. 根据求职信息发送的形式来分

可分为以书面材料寄送或当面呈递的求职信和通过媒体发送的求职信。

**（四）求职信写作的注意事项**

（1）中心明确、重点突出

求职信的核心内容是要针对用人单位的招聘广告或所了解的信息，重点介绍自己前往求职的优势条件，尽可能找出主客观条件相吻合之处，即善于推销自己。

（2）用数据来说明问题，具有说服力，要善于把定量和定性结合起来。

（3）结尾处可强调求职者的愿望要求，如盼望给予肯定答复或给予面试机会以及期望收到录用通知书等。

（4）用词要准确，态度要谦诚，既不要骄傲自大，也不要谦虚过度。

（5）不要写错别字。

**（五）求职信的结构规范**

求职信的格式因写作的目的不同、内容差异、收信人的身份不同而略有差别。但是，求职信的基本格式应包括标题、称呼、正文、祝语、署名、时间和附件等组成部分。

1. 标题

一般以“求职信”三字为标题，居于首页正中。

2. 称呼

称呼要在求职信的第二行顶格书写，求职信如果是写给单位的，称呼则直接写明单位名称即可；如果是写给单位具体负责领导，一般称呼其职务，如“×××经理”；如果是一种没有目的的自荐信，直接称呼“尊敬的领导”即可。求职信的语言要不卑不亢，礼貌得体。

3. 正文

正文是求职信的重心，一般由开头、主体、结语三部分组成。

（1）开头

开头要写清求职的缘由和目的，表述要简明准确，富有吸引力，从而达到两个效果：一是吸引对方有兴趣看完求职材料，二是引导对方自然而然地进入“求职”的主题而不觉突然。

（2）主体

要针对用人单位招聘广告或求职者所了解的信息，介绍自己能够胜任某项工作的优越条件（如知识、学历、经验等），要力求简明、重点突出，尽量做到自己的主观条件和对方的客观需求相一致，从而打动对方，具体说来，包括以下一些内容：

①简述自己的个人基本情况和对该单位的了解。求职者应对自己的姓名、性别、籍贯、年龄、民族、政治身份、学历、专业等情况加以介绍；还要写明自己求职的缘由，如是应聘信要写明应聘信息的来源；如是自荐信，在不知对方是否招聘员工的情况下，应写明对该单位的印象，以表明自己愿意到该单位工作的决心。

②简述自己的优点、特长、工作经历或社会活动实践经历。在这一部分里，要力图向对方展示自己的硬件条件，并表明自己有较强的可塑性，有与某项工作要求相符合的特长、性格和能力，从而让对方觉得无论从哪个角度讲，你都能胜任该项工作。

撰写本部分时，应扬长避短，针对具体情况多角度、多层次、多方位地展示自己。但是，所述内容应力求真实，否则极有可能弄巧成拙。

③写明自己对应聘工作职位的相应要求。现代社会的供需关系是一种双向选择的关系，招聘单位可以对应聘者提出具体要求，求职者也可对单位提出自己的想法，体现平等互惠的关系。

（3）结束语

结语的目的是给人一个完整鲜明的印象。一般表明求职者想得到该项工作的迫切愿望，希望早日得到明确的答复。

4. 祝语

祝语作为求职信的结尾部分，要写上感谢或祝福性的话语。

5. 署名和时间

在祝语的右下方，要写上“求职者×××”，并注明写求职信的具体日期。另外，为方便对方回复、联系，最好写上自己的详细的通信地址和邮政编码以及电话、电子信箱等联系方式。

6. 附件

附件是附在信末用以证明或介绍自己具体情况的书面材料。例如它可以包括在校历年课程表、成绩表、各种获奖证书或等级认定证书、发表的文章、专家或单位提供的推荐信或证明材料等。为慎重起见，所选用的相关证明材料最好加盖必要的公章。

附件在求职信中占有极重要的地位，它不仅让对方对求职者有了具体的感性认识，还可增加用人单位对求职者的信任度。因此，在对方是否决定通知求职者面试或正式录用上，附件具有潜在的和直接的影响力。

【例文1】

## 求职信

尊敬的领导：

您好！

很荣幸您能在百忙之中翻阅我的求职信，谢谢！

我是广东省广州市××学院的学生，经过三年的在校学习，使我的知识水平、思想素质得到了锻炼和提高。

我是一名英语专业的学生，通过专业课的学习，让我掌握了许多外语的知识，能够在英语的听、说、读、写等方面有所提高，能够让我在与人的沟通方面和在使用礼仪方面都有所提高。

在这三年的学习中，我刻苦钻研，努力进取，时刻以一名学生干部的标准来严格要求自己。我能够积极地参加学生会的活动，在学生会，我担任宣传部副部长一职。作为副部长，我能够协助部长搞好工作，从中学习到组织和管理方面的知识，而且能够和各部门友好相处，互相帮助，让我有良好的人际关系。在既忙碌又充实的宣传部中，我协助学生会出了许多海报和板报，能认真负责地完成工作。

我不仅是一名学生干部，而且是一名青年志愿者。本人积极参加志愿者的义务活动，去帮助有需要的人。其间，前往孤儿院、老人院走访探望，参与无偿献血活动，到当地的街道去打扫卫生，协助各大晚会做好维持秩序的工作等。

由于学院实行了“工学结合”的学生培养模式制度，所以在今年的8月份我将履行工学实习的任务，希望能够找到实习的工作单位，进行工学实习实践。

对自己，我秉着一种“用心学习，用心工作，认真负责”的理念，相信我能为贵单位创造有益的价值。

恳请贵单位能够给我一个实习的机会，我会做得很好的！我的联系方式是137××××9527，E-mail：web2010@163.com。

感谢您的阅读，忠心期盼您的回音。同时祝您身体健康，一切顺意！

此致

敬礼！

自荐人：××

20××年4月28日

【例文2】

## 自荐书

尊敬的领导：

您好！

我是广州×××职业技术学院20××年资讯工程专业应届毕业生。在此临近毕业之际，我希望能得到贵单位的赏识与栽培。为了发挥自己的才能，特向贵单位自荐。

三年来,在师友的严格教导及个人的努力下,我在学习上勤奋严谨,对课堂知识不懂就问,力求深刻理解,具备了扎实的专业基础知识,在掌握了本专业知识的基础上,不忘拓展自己的知识面,特别是在计算机应用方面,及时阅读相关书籍,并购置了个人电脑,掌握了 Visual Basic 程序设计方法和 PHP&MYSQL、JavaScript 等动态网站建设技术。不但充实了自己,也培养了自己多方面的技能。更重要的是,严谨的学风和端正的学习态度塑造了我朴实、稳重、创新的性格特点。

为了全面提升个人素质,我积极参加各种活动,抓住每一个机会,锻炼自己。我加入了广州×××职业技术学院柔道队,经过长期刻苦的训练,在多次全国以及广东省比赛中取得优异的成绩。这个经历使我认识到团结合作的重要性,也学到了很多社交方面的知识,增加了阅历,相信这对我今后投身社会将起到重要作用。我深深地感受到,与优秀学生共事,使我在竞争中获益;向实际困难挑战,让我在挫折中成长。祖辈们教我勤奋、尽责、善良、正直,×××职业技术学院培养了我实事求是、开拓进取的作风。

现在,我以满腔的热情,准备投身到现实社会这个大熔炉中,虽然存在很多艰难困苦,但我坚信,大学生活给我的精神财富能够使我战胜它们。

我热爱贵公司所从事的事业,希望贵公司能给我一个发展的平台,我会好好珍惜它,并全力以赴,为实现自己的人生价值而奋斗,为贵公司的发展贡献力量,并且在实践中不断学习、进步。

最后,再次感谢您阅读这份自荐信!静盼佳音!

祝愿贵单位事业蒸蒸日上!

××

20××年6月14日

附件:个人简历

**简析**:以上两封求职信以实力取胜,重点突出,特长、荣誉、经历、能力等部分很有力度,全文文字简约得体,条理清晰,段落合理,把内容层层表现出来,并附上自己的联系方式,想法周到。

## 二、个人简历

### (一)简历的概念

顾名思义,简历就是求职者向用人单位介绍其资格、职位、教育和工作经历等情况的文书,是一个人从小到大、从上学到工作的全部经历。简历是个人形象包括资历与能力的书面表述,对求职者而言,是必不可少的一种应用文。简历是求职材料的重要组成部分,常以表格形式出现。

## （二）简历的种类

个人简历一般分为两类，即一般性的简历和有针对性的简历。

1. 一般性的个人简历

它全面地介绍自己的履历、特长、优势、爱好、兴趣等，可以投放给任何一个用人单位或者求职者尚未确定的用人单位。

2. 有针对性的个人简历

它是求职者在通过各种渠道得知某用人单位的需求和认真分析了自己的条件后，决定向某用人单位投送的简历。

## （三）简历的写法

个人简历可以是表格的形式，也可以是其他形式。从形式上看，一份完备的简历包括封面和正文两部分。

1. 封面

封面是简历的外在包装，主要写清楚姓名、联系地址、联系电话、学校名称即可，内容虽然不多，但它是简历表的门面，一定要设计精致、版式美观大方，字号、字体和颜色的选择要恰当适宜，图案和文字的搭配应相得益彰，特别是要具有一定的创意，给招聘单位留下良好的第一印象。

2. 正文

一份完备的简历正文，应具备以下六个方面的内容：

（1）个人基本情况

个人基本情况包括姓名、性别、年龄、民族、婚否、健康状况、政治面貌、主要社会关系、联系地址及邮编、联系电话和 E - mail 等。

（2）教育背景

教育背景包括就读大（中）专学校、所学专业、所获学位、开设的主要课程及学习成绩以及相关的培训等。对于刚走出校门初次求职的毕业生，可以在简历上列出自己曾经学习过、进修过的与求职应聘单位、岗位直接相关的专业课程和达到的水平，来补充证明自己在某专业知识、技能方面具有相应的能力，让用人单位迅速地判断求职者的学历背景与应聘工作岗位的关联性，从而决定取舍。

（3）工作实践经历

工作实践经历包括在校期间的勤工俭学、兼职打工，实习期间有针对性的工作实践，就业之后的工作实践、参加过的社会活动等。特别要写明以上实践过程中所取得的成绩、效果、创新等。目前，许多招聘单位优先招聘有实际工作经历、经验的人员。因此，在撰写简历时，要注意阐述自己曾经从事过的各项工作及成果，努力挖掘自己在这些方面具有的实践经验，突出自己的经验和能力，提高被录用的概率。

(4)个人的兴趣、爱好和特长

个人的兴趣、爱好和特长包括个人所学专业技术特长和一般特长，如外语、计算机等。对个人特长、兴趣、性格的评价介绍要恰如其分，尽可能使你的特长、兴趣、性格与所谋求的职业特点、要求相吻合。

(5)求职意向

简短清晰，有所侧重，可以顺带勾画一下你的个人发展方向。

(6)联系方式

要清楚地表明怎样才能联系到你，写上手机号、E－mail、联系地址等。

**(三)附件**

个人简历应该浓缩生活的精华部分，要写得简洁精练，切忌拖泥带水。毕业生个人简历的后面，可以附上个人获奖证明，如“三好学生”“优秀学生干部”证书的复印件，外语证书的复印件及驾驶执照的复印件等。这些复印件能够起到辅助作用。

**(四)简历写作的基本要求**

1. 内容要真实

个人简历最重要的要求就是内容要真实，即如实地表达自我经历，不要遗漏高中阶段及其以后任何一段经历，不能弄虚作假、伪造学历和经历，不要夸大自己的能力和业绩。真实的简历就是自己的诚信记录。

2. 表述要全面

简历虽然简要，但要使招聘单位在最短的时间内了解自己的基本情况，对自己有比较清晰的印象，就要在简历的写作中注意内容的全面和完整，要完全符合写作格式内正文部分的要求。此外，还要考虑招聘单位企业性质的区别(外资、中外合资等)，可采用中外文形式写作。同时，还要把自己求职的具体目标和岗位及自身条件、专业技能优势写清楚。虽然在求职信中曾经有过表述，但仍有必要在此重新写明。最后，要把自己所有的证件、获奖证书的复印件和照片一并附上，要把自己的联系方式(电话、E－mail 等)写准确。

3. 重点要突出

由于不同的单位、不同的职位有着不同的要求，写作简历时要进行认真分析，有针对性地进行设计和准备。简历要求全面，但绝非面面俱到、主次不分，而是应根据单位和职位的要求，根据自身的强项，巧妙地突出自己具备符合招聘单位需要的个人优势、实践经历、经验与成果，此乃简历的点睛之笔。

4. 评价要客观

自我评价时，要实事求是，客观公正，既不要虚夸自己的优势、能力、业绩和成果等，也不要过度谦卑、妄自菲薄。自我评价应当实事求是，恰如其分，不卑不亢。有时，适当地坦承自己某些方面的不足,反而更能赢得好感。

5. 篇幅要简短

招聘人员面对大量的求职信、简历,如果简历写得过长,就会采用“跳读”方式,导致遗漏部分内容。如果出现这种情况,对于求职者是非常不利的。所以,写作简历,不宜太长,而应当言简意赅,表达流畅,既要全面,又要突出重点。美国人马库斯·赫特在《简历:跨国公司求职通行证》中说:“有过工作经验的人也许能长篇累牍地描绘他们的经历和经验,但人才招募者愿意看到的则是篇幅在一页左右的简历。”

简历的简明,决定了其语言文字的准确规范、文风的庄重朴实,忌用描绘抒情、议论和引经据典。

6. 版面设计美观大方

一份令人满意的简历,除了内容之外,其版面设计也很重要。简历的版面如同一个人的脸,是给人的“第一印象”。

总之,写一份令人满意的简历并非易事。作为求职者,一定要下功夫,把自己精心打造的个人简历呈现在招聘者的面前。

## 三、招聘启事

### (一)概念

招聘启事是各类机关单位、企业集团或个体经营者招聘人员加盟工作时使用的一种应用文体。社会主义市场经济的发展和国家各种改革措施的出台,使各行业的用人制度有了巨大的改变,招聘制成为一种基本的用工制度,招聘启事随处可见。

### (二)类型

招聘启事从征招的人员来看可分为两类,一是招贤类,一是招工类。

招贤类指用人单位需要招的人员要求素质高、能力强,具有别人无法替代的经营、管理、组织领导等能力,这类招聘启事又称“招贤榜”或者“招贤启事”。

招工类启事则只是需要一般的工作人员,一般不需具有什么特殊的才能或技能,用工的条件一般要求也不严,这类启事可称为“招工启事”。

### (三)特点

1. 实事求是

招聘启事要遵循实事求是的原则,对所招聘的各项内容均应如实填写,特别是介绍本单位的情况和应聘待遇等事项,不要言过其实。

2. 层次分明

招聘启事各项内容可分条列项,也可用不同字体以示区别,醒目标出。

3. 语言精练

招聘启事各项内容要简练得体,庄重严肃又礼貌热情。

**(四)写作要求**

招聘启事的写作格式一般分三项,即标题、正文和落款。

1. 标题

招聘启事可以简单地由事由和文种名称构成,如“招聘启事”或“招工启事”,有的也写作“招贤榜”。较为复杂的招工启事还可以加上招聘的具体内容,如“招聘抄字员”“招聘科技人员启事”,还有的招聘启事在标题中写明招聘的单位名称,如“××服装厂招聘启事”。

2. 正文

招聘启事的正文较为具体,一般而言,需着重交代下列一些事项。

(1)招聘方的情况:包括招聘方的业务、工作范围及地理位置等。

(2)对招聘对象的具体要求:包括招募人员的工作性质、业务类型,以及招募人员的年龄、性别、文化程度、工作经历、技术特长、科技成果等。

(3)招募人员受聘后的待遇:该项内容一般要写明月薪或年薪数额,写明执行标准工休情况,是否解决住房,是否安排家属等。

(4)其他情况:包括应聘人员须交验的证件和应办理的手续以及应聘的手续以及应聘的具体时间、联系的地点、联系人、电话号码等。

3. 落款

落款要求在正文右下角署上发表启事的单位名称和启事的发文时间。题目或正文中已有单位名称的可不再重复。

**【例文】**

**××公司高薪诚聘**

本公司专营塑料包装袋多年,规模产值稳居全国同行前列,前景广阔,正值高速发展阶段,诚邀管理精英加盟,公司将提供优厚的薪金待遇,也可由应聘者提出薪金要求商议。经省人才交流中心批准,现诚聘以下职位:

一、生产现场经理:男,45岁以下,口才好,作风刻苦务实,分析判断力极强,有现场管理数千员工的实力和资历。

二、生产厂长:男,40岁以下,刻苦耐劳,处事果断,能独当一面解决千人以上生产现场问题,当班全过程在车间,用多种办法强化劳动纪律和提高产品质量。

三、人事部主任:男,45岁以下,分析力强,擅长快速准确判别人才及适用岗位,口才好者优先。略逊以上条件者可任副职。

四、监事员:男,50岁以下,作风正派,敢于坚持原则,维护企业利益,善财务监督,有纪检类领导经历优先。

五、工业会计：女，40 岁以下，三年以上会计经历，持会计证，能独立处理全盘工业会计账目，字秀笔快，相关电脑软件操作熟练（广州一名，××省若干名）。

六、采购部主任：男，30～50 岁，悟性强，采购经验丰富，具有极强的采购谈判能力和市场分析判断力，善于领导下属拓展工作，需经常接触废旧塑料。

七、销售部主任：男，45 岁以下，有领导 20 名以上业务员资历，业绩公认突出，对稳定老客户和开拓新市场见解独到精辟。

以上各职位要求留公司住宿，不吸烟。除广州会计外，均在××省××市工作（不收抵押金）。

重点提示：本公司要求相当高，应聘者须认真衡量职位要求，勿贸然来厂，以免浪费双方时间。一经正式录用，由公司报销单程硬卧或汽车单程路费，此外公司不负责任何费用。

欢迎应聘者直接面试：每周星期日 10～13 时；路线：××省××市北沿 107 国道 18 公里××县城入 7 公里铁西工贸区。或将近照、亲笔简历资料及联系电话寄××省××县铁西工贸区华强塑胶公司人事部，邮编：×××，信封注应聘职位，合则专约，资料恕不退回。

××

二〇二〇年五月四日（公章）

**评析**：这则招聘启事语言简练得体，庄重严肃而又不失礼貌热情，足可以看出该公司招贤纳士的诚意。虚席以待各位贤士加盟，所需职位分项列出。就每项而言又提出具体要求，如：性别、年龄、特长要求，有的还有住址限制；另外要求住宿公司，不吸烟等。这则启事还有一个“重点提示”更显示出公司的非同寻常，不是普通的招工，另外也显示出公司对招贤的严肃、认真与重视。最后提出应聘者面试的具体时间，乘车路线及将须交验的材料寄往何处、邮编等。这则启事可谓详而有致，毫无遗漏不当之处。总之，这则招聘启事主要目的很明显，是为了公司前途着想，诚恳地邀请社会各界贤士加盟，其认真、严肃为公司的良好形象作了广告宣传作用。

# 第四节　条据类文书

## 一、概述

### （一）条据的含义



人们在工作和生活中，常常为办理涉及钱财和物品的各种手续而留下存根，或者为说明某种情况和理由而留下字据，这种作为依据的字条就叫作条据。

条据的特点在于一个“便”字，即写起来简便，看起来方便。纸小而作用大，切莫小看了便条字据。

### （二）条据语言的特点

条据的语言应符合简单、准确两大要求。

1. 简单

能以条据形式表达的内容通常都是简单的内容，复杂的内容不宜用条据表述。一般情况下，一张条据只能说明一件事，切勿一据多事。相应地，条据的语言也应简洁明了。能清楚表述条据内容的最简语言是最适宜的语言，切勿拖沓冗长，当然也不可过分简单而致使表述不清。

2. 准确

条据的语言应当准确无误，不可在条据上涂涂改改、乱增乱删。尤其是涉及关键内容的文字和数字，务必要保持整洁，不能有任何涂改。若发现遗漏或错误，应另立一据。在书写金额数量时，应采用大写汉字，如“壹”“叁”“仟”等，而不能采用小写汉字，如“一”“三”“千”等，更不能使用阿拉伯数字。

## 二、类型与写作

条据可分为凭证式条据和说明式条据。

### （一）凭证式条据

凭证式条据，指的是为证明某一事实或契约而出具的条据。凭证式条据一般要求出据者在某一事实或契约发生前写作完毕，并交由接收者作为一种信誉的保证和凭据加以保存。其种类大致有借条、欠条、收条、领条等几类。

1. 借条

借条是个人或单位借用个人或其他单位的现金、财物时所写的凭证性的一种应用文，也称借据。

借条从发文的角度看可以分为两类，一类是个人在借他人或单位的钱物时给对方所写的借据或借条；另一类是单位向个人或其他单位借钱物时所写的一种凭证性借条。同理，若从钱物的借出方看，借据也可分为写给个人的借条和写给单位的借条两种。

（1）借条的结构和写作要求

借条的写法一般来讲包括三部分：

①标题。借条的标题可以由两种方式构成：其一，直接由文种名构成，即在正文上方中间写上“借条”或“借据”字样；其二，在第一行空两格后写上“今借到”作为标题，而正文的其他内容放在下一行顶格写，其实这是一种省去标题的借据的写法。

②正文。正文要写明下列一些内容：首先，从哪里得到了什么东西，数量多少。要写出所借的钱物的数目及物品的品种、型号、式样、规格等，借出方也需写清楚，从单位借出的钱物要写上所为何用；其次，写明归还的具体日期或大致时间，有较为复杂的情况，则要写明具体归还的方法。

③落款。要写上写借条者的单位名称和经手人姓名或借方个人的姓名。必要时需加盖公(私)章，以示负责。单位、个人名称前一般写上“立据人”或“借款人”字样。

在署名上还要写上借钱物的具体时间且年月日要写齐，不要只写月日。

(2)借条写作的注意事项

借条是人们在日常生活中常用的一种凭证，但一般它只受道义的约束，而不受法律的保护。在钱物归还后，应将借条收回或当面销毁。借钱物一方在写好借条时，务必要认真清点好所借东西的数量，以防一些不必要的麻烦。

借条一般较为短小精悍，语言简洁明了。借条文面要干净，不许涂改，若有涂改，需出据方在改动处加盖公章或私章或签名。借条中的钱款数字需大写。

借条要将从哪里借的、借的什么、数量多少、规格怎样、新旧程度，以及归还的时间一一写清。另外，借条仅仅是个人或单位借东西的一个凭证，语言要言简意赅、简明清楚，只需将借还的东西、日期等写出就可以了。

2. 欠条

欠条是个人或单位在欠款、欠物时写给有关单位或个人的凭证性应用文。欠条今天也有人称作“白条”。欠条也是在日常生活中常见的一种凭据类应用文体。

欠条通常适用于下列几种情况：借了他人或单位的钱物到时不能归还，或不能全部归还，有部分的拖欠，此时就需写张欠条；在购买物品或收购产品时，因不能支付或不能全部支付他人的款项而要写张欠条；借了个人或单位的钱物，事后补写的凭证，也可以称作欠条。

(1)欠条的结构和写作要求

欠条一般由标题、正文、落款三部分组成。

①标题。欠条的标题一般由文种名构成，即在正文上方中间以较大字体写上“欠条”两字。也有的在此位置写上“暂欠”或“今欠”字样作为标题，但这种标题正文则在下一行顶格写。

②正文。欠条的正文要写清欠什么人或什么单位什么东西、数量多少，并要注明偿还的日期。

③落款。落款要署上欠方单位名称和经手人的亲笔签名，个人出具的欠条则需署上立欠方个人的姓名，并同时署上欠条的日期。单位的要加盖公章，个人的要加盖私章。

(2)欠条写作的注意事项

欠条是付还欠物、欠款或索要欠物、欠款的凭据，所以在写欠条时不可潦草行事。同时欠条要好好保存，以防丢失。欠条乃人们在日常交往中的一种借还凭证，一般不具有法律的约束力，因此必要时可在立欠条时经由一定的法律程序，以防后患。欠条务必要字迹清晰，不可涂改，若不得不改动的，则需由改动方在改动处加盖公章（私章）或个人签名。欠条中钱款数字要大写。

3. 收条

收条是收到别人或单位送到的钱物时写给对方的一种凭据性的应用文。收条也称作收据。

如果借钱物或欠钱物一方将所欠、借的钱物还回时，借出方当事人不在场，而只能由他人代收时可以写收条。如果当事人在场，则不必再写收条，而只把原来的欠条或借条退回或销毁即可。

（1）收条的结构和写作要求

一个完整的收条，通常由标题、正文、落款三部分组成。

①标题。标题写在正文上方中间位置，字体稍大。标题的写法有两种：一种是直接由文种名构成，即写上“收条”或“收据”字样；另一种是把正文的前三个字作为标题，而正文从第二行顶格处接着往下写，如用“今收到”“现收到”“已收到”作标题。

②正文。正文一般是在第二行空两格处开始写，但以“今收到”为标题的收条是不空格的。正文一般要写明下列内容，即写明收到的钱物的数量、物品的种类、规格等情况。

③落款。落款一般要求写上收钱物的个人姓名或单位的名称，并署上收到的具体日期，一般还要加盖公章。是某人经手的一般要在姓名前署上“经手人：”的字样。是代别人收的，则要在姓名前加上“代收人：”字样。

（2）收条写作的注意事项

在写收条时，务必清点好所收到的物品、钱款的具体数额，做到准确无误、不出差错。是替别人代收的，应在题目使用“代收到”字样，在文尾署名时用“代收人”三个字。收条的语言要求精练，文面内容不得涂改，数额要大写。

4. 领条

领条是领取钱物的单位或个人在领到钱物后，向发放物品的个人或单位所写的一种凭据类的应用文样式。领条在领取物款时经常使用，发放人据此报销账目，而领取者据此表示已如数领取。

（1）领条的结构和写作要求

领条的内容通常由标题、正文、落款三部分组成。

①标题。领条的标题写在正文正上方，字体稍大。标题一般由两种方式组成：一种是直接由文种名组成，即写上“领条”字样；另一种是以正文内容的前三个字为标题，即以“今领到”作为标题。这类标题的正文需顶格写。

②正文。正文一般从标题下一行空两格处写起。正文的内容主要写明下列内容：从

哪里领取，领取的东西都有什么，其数目有多少。有的领条还要写出所领物品具体的用途，若所发放的物品种类较多，则可单独列表表示。

③落款。落款既要在正文右下方写上单位、经手人的名称、姓名。个人领取的则写上个人的姓名。名下署上发文日期。落款处一般需加盖公章和私章。

(2)领条写作的注意事项

领条上应如实记录所领取的钱物的数量品种，领取钱物要当面点清。领条所列的数字要求大写。领取钱款时，要在数字后面加个“整”字，如“陆佰圆整”，以免被别人增添。

**(二)说明式条据**

说明式条据，又称函件式条据，也叫便条，通常指用来传递信息、道明原委的条据。其作用主要是向他人解释、说明某一事情，或向他人发出请求。因此说明式条据具有更强的礼仪规范，要求在措辞用语甚至使用上都要表现得谦恭、礼貌。

说明式条据一般不写标题，但请假条除外。条据开头都有称谓，随后的正文、致敬语和落款一应俱全，与一般书信相同。

说明式条据主要有请假条、留言条、托事条、便函等四类。

1. 请假条

请假条是指因病、因事而不能上班或不能按时上班，或者不能参加某项预定活动时撰写的用以说明原因的条据。请假条应由本人亲自撰写，若因故由他人代写的，应加以说明。机关单位应将基层公务员的请假条妥善保存，作为考勤依据，以便日后核查。

请假条除应写上标题外，其余格式与书信相似。正文中应详细说清请假原因和请假的起止时间。正文结束时应礼貌地写上“望予以批准”“恳请准假”之类的话语。

2. 留言条

留言条是指在专程拜访他人时因故未能与其见面，或是不能久候他人而先行离去时撰写的向对方说明并道清事由的条据。留言条可托他人代交，也可置于交往对象易见之处。

书写留言条时不必加标题，正文中应当多用礼貌用语，不可因未见到对方而有所抱怨。留言中应说清事由，或留下再次联络的方式。尤其是当双方从未打过交道时，更应翔实告诉对方自己的姓名、身份及联络方式。

3. 托事条

托事条即委托他人帮忙办理某事时写的条据。由于托事条的目的往往是有求于人，因此在撰写时务必要委婉用语、礼貌用语。托事条虽无须写标题，但仍应翔实说明所托之人、所托之事、具体要求及本人身份等。托事条往往由他人代为转交。

4. 便函

便函是指为向他人传递某一信息而书写的，内容和形式都较为简单的条据。便函与书信相比，不同之处在于便函一般仅言一事，字数较少，且可不用封文。便函格式较为正规，与书信大致相同。便函的感情色彩不宜过分强烈，但要措辞得体，用语礼貌。

【例文 1】

**借　条**

今借到星火中学凳子叁拾条，作为表彰大会用，会后立即归还。

此据

江湾居委会（公章）

经手人：李光林（签章）

二〇二〇年五月十四日

【例文 2】

**欠　条**

原借张三同志人民币伍佰元整，已还叁佰元整，尚欠贰佰元，一个月后还清。

此据

欠款人：李光林（签章）

二〇二〇年四月二十日

【例文 3】

**收　条**

今收到××党委宣传科学习文件《党员必读》伍拾本。

翔鹭公司批发部

经手人：张华

二〇二〇年三月十七日

【例文 4】

**领　条**

今领到厂部福利科发给三车间的保温桶壹个，保温杯伍拾个，手套伍拾双。

经手人：张三

二〇二〇年五月二十五日

【例文 5】

**请 假 条**

爵士鼓培训班老师：

因我班于 5 月 21 日晚召开班会，任何人不得缺席，所以本人 5 月 21 日晚不能参加爵士鼓培训。特此请假，恳望批准！

谢谢！

19 级工程造价班学生　姚程程

二〇二〇年五月二十日

【例文6】

刘磊同学：

原定星期日的春游改在星期六了。原因是气象台预报星期日有中雨。星期六上午八时在校门口集合，请你准时参加。

同学：王明

二〇二〇年五月二十日

【例文7】

王刚先生：

现有我车间二月份考勤表一份，请您明天上午顺便代交公司人事部郭部长。

方德全

二〇二〇年十二月三十日

（三）注意事项

写作条据应注意如下事项：

（1）条据一般属于说明性文体范围，其四项要素，即写给谁、什么事、谁写的、什么时间写的，要全部写清楚，以免发生纠纷。

（2）是否要写致敬语，应视条据格式、内容和交往对象而定，不可随便处理。

（3）条据应用蓝黑钢笔或毛笔书写，一般不能用红色笔写，重要内容有所改动，应加盖印章。

## 实践应用能力训练

### 一、填空题

1. ________________是得到某人或某单位的帮助、支持或关心后答谢别人的书信。

2. ________________是表示向对方关怀、慰问的信函。

3. ________________是演讲者在群众集会、公众场合或专门会议上发表个人见解的口头演讲的文稿。

4. ________________是指行政机关、企事业单位、社会团体或个人在公共场合欢迎友好团体或个人来访时致辞的讲话稿。

5. ________________泛指在各种喜庆场合中对事情表示祝贺的言辞或文章。

6. ________________是指特定的公共礼仪场合，主人致欢迎词或欢送词后，客人所发表的对主人的热情接待和关照表示谢意的讲话。

7. ________________是求职者向用人单位或单位领导人介绍自己的实际才能、展示实力、求取重视和面试机会的专用书信。

8. ________是求职者向用人单位介绍其资格、职位、教育和工作经历等情况的文书，是一个人从小到大、从上学到工作的全部经历。

9. 祝词按场合不同可分为：________、________、________。

10. 应聘类文书有：________、________、________。

11. 求职信从性质上划分，可分为________和________两种。

**二、选择题**

1. 借到个人或单位的现金、财物时写给对方的条子需要写的条据是________。
   A. 借条　B. 欠条　C. 收据　D. 领条

2. 在收到别人或单位的钱款、财物时写给对方的条子，就是________。
   A. 借条　B. 欠条　C. 收据　D. 领条

3. 借了个人或单位的钱物，归还了一部分，还有部分拖欠，对所欠部分所打的条子，叫________。
   A. 借条　B. 欠条　C. 收据　D. 领条

4. 向单位领取钱物时，写给负责发放人留取的条子，称________。
   A. 借条　B. 欠条　C. 收据　D. 领条

5. 凭证式条据包括________。
   A. 借条　B. 欠条　C. 收据　D. 领条

6. 说明式条据主要有________。
   A. 请假条　B. 留言条　C. 收据　D. 领条
   E. 便条

**三、思考题**

1. 简述感谢信、慰问信的特点。
2. 写感谢信要注意哪些问题？
3. 简述致辞类文书的一般写法。
4. 演讲词具有哪些特点？
5. 简述欢迎词的特点。
6. 简述祝词的特点。
7. 简述答谢词的特点。
8. 简述求职信的特点。
9. 条据写作上要注意的问题有哪些？

**四、改错题**

1. 根据下列材料修改病文

尊敬的贵公司领导您好：

非常感谢您在百忙中抽空审阅我的求职信，给予我毛遂自荐的机会。

我先简单地为您介绍一下我自己。我叫王明，性别男。是一名土木工程（路桥）专业的应届毕业生。本人始终积极向上、奋发进取，在各方面都取得长足的发展，全面提高了自己的综合素质。我学会了思考，学会了做人，学会了如何与人共事，锻炼了组织能力和沟通、协调能力，培养了吃苦耐劳、乐于奉献、关心集体、务实求进的思想。我的将来，正准备为贵公司辉煌的将来而贡献、拼搏！

此致

敬礼

应聘人：张明

二〇二〇年五月二十四日

2. 2010 年 4 月 2 日“刘炜军”向“李晓华”借款人民币 6 万元，约定月利率为 1%，借期半年。

**借　条**

今向李小华借人民币 60000 元，月利率一分。

借款人：炜军

**五、写作实训**

1. 请以在校生代表身份写一篇在欢迎新生入校仪式上宣读的欢迎词。

2. 广州××职业技术学院新生陈凌由家乡乘长途车来校途中，身体不适，晕车呕吐，车到学校所在地后，行李不慎被外校学生拿错，幸而得到同车的软件学院学生刘刚在车上给予细心照顾，并为其拿回行李。为此，陈凌十分感激，请你以陈凌的名义写一封感谢信，向刘刚同学表示感谢。

3. 开学初恰逢教师节，学校准备召开联欢会，请你以学生代表身份写一封祝词，祝老师教师节快乐。

4. 你在报纸上看见××公司人力资源部的一则招聘启事，符合你的专业及个人兴趣，你想去应聘，根据自己实际情况写一份求职信并编制一份简历。要求求职信和简历内容统一，互为辉映，构成一套完整的求职资料。

5. 李明寒假回乡过年。2 月 28 日发生山林火灾，李明和村民上山扑火不幸受伤。3 月 1 日要开学了，他估计自己不能按时回校上课。请你为李明同学写一份请假条。

6. 高青在 2019 年 5 月 9 日借给叶明 35000 元人民币，请你帮他们先拟一张借条。叶明在 6 月 30 日还了 3000 元，并取回了借条，现在请再拟一张欠条。

7. 陈明准备在国庆节期间借用公司的捷达车送父亲回家，并已经征得领导口头同意，请你为陈明写一张借条（注意列明物品及证件的种类和数量）。

**六、情景实训**

**情景实训（一）**

迎国庆演讲比赛方案

为庆祝新中国成立 70 周年，弘扬爱国主义精神，特举行演讲比赛。

一、演讲比赛评委：辅导员，院团委、院学生会干部，系团委、系学生会干部。

二、参赛人员：进入决赛的同学。

三、演讲内容：弘扬爱国主义精神。

四、比赛规则

1. 参赛选手会前抽签，按顺序演讲。
2. 分为两个组，最后各选一名进行决赛。
3. 演讲时间：5 分钟内，超时扣分。
4. 演讲内容符合参赛要求，内容积极上进。
5. 普通话演讲，选手精神饱满，穿戴整齐。
6. 选手服从学校安排，服从评委评定结果。
7. 评选结果最后公布，并对获奖选手颁奖。

**演讲比赛评分表**

| 选手姓名 | 内容 50% | | 表达技巧 40% | | | | 综合 10% | | 超时扣分（10 分） | 总分 |
|---|---|---|---|---|---|---|---|---|---|---|
| | 材料 25%（25 分） | 观点 25%（25 分） | 结构 10%（10 分） | 语言 10%（10 分） | 声调 10%（10 分） | 态势 10%（10 分） | 听众反映（5 分） | 演讲仪表（5 分） | | |
| | | | | | | | | | | |
| | | | | | | | | | | |
| | | | | | | | | | | |

五、评项设立：前三名获一等奖，四至六名获二等奖，七至十名获三等奖。

六、比赛时间、地点：2019 年 10 月 1 日晚 6 点，311 多媒体教室。

七、比赛程序

演讲比赛开幕致辞→宣布比赛开始→学生比赛→公布结果→颁奖→领导讲话→结束

院团委

二〇一九年九月三十日

**情景实训（二）**

这是 2003 国际大专辩论会决赛中的一个片段：

正方：顺境更有利于人的成长（中山大学）

反方：逆境更有利于人的成长（台湾世新大学）

下面是辩论赛的盘问阶段，由正方盘问反方。

黄磊（正方）：好，我们也谈一些小道具，刚才在场上，有人为我们擂鼓助威，但是有时候辩论，可能是孑然一身，形单影只，哪一种更有利于您的发挥呢？

黄靖文（反方）：对方辩友，只要肯为我们加油鼓励，那就是好的了。

黄磊：是呀，所以刚才有人为我们助威，更有利于我们的发挥，否则冷冷清清，可不利于我们的成长。第二个问题,您桌子上放的应该是方便面的盒子吧,方便面可以解饱和方便面能够有利于人的身体健康,是不是一个概念呢?

黄靖文:对方辩友,方便面它是一种食物,我实在不清楚,这个问题跟顺逆境有什么样的关系呀?

黄磊:其实呀,这只是一个简单的类比。在逆境中,人是可以解饱,也可以满足基本的需求,但是它和有利于人的成长是不是两个概念呢?

黄靖文:对方辩友,天将降大任于是人也,正因为这样子,苦其心志,我们才能够更加成功,正因为我们失败过,正因为我们遭遇过逆境,我们才知道,我们更应该上去,更应该努力,更应该成长啊。

黄磊:如何是降大任于是人呢?可要先饿你,再空乏你哟,要劳你哟,才能把责任给你。但是我们每个人的成长,是不是这样的经历呢?再问对方辩友,刚才上场的时候,有人为我们每个人送了一瓶水,让我们上场前润喉,这可谓是对我们的帮助吧,这是不是更有利的呢?

黄靖文:我当然要非常感谢刚刚送水给我们的这位先生,他的确是让我们润润喉。再者对方辩友,刚刚所谓顺境可以饱食,然而对方辩友,当我们饿的时候,我们才会知道,原来非洲的难民他们是这样的饥饿,当我们有能力的时候,我们才会因为我们在饥饿的时候,遭遇过这样的逆境,我们才可以帮助这些人,才可以使我们人生更好地成长,不是吗?

黄磊:可是按照对方的立论,非洲的人身处逆境,有利于他们的成长?我们要救助他们,不就是遏制他们的成长了吗?

黄靖文:正因为他们在非洲,他们饥饿,他们想要努力,他们就更加发展。对方辩友,你可以看看现在……

以上内容,正反双方围绕自己的观点,或稳守,或出击,但无论哪一方,均有一个立足点。留意一下正反方的观点各是什么?

**情景实训(三)**

掌握撰写工作中的欢迎词、欢送词、答谢词。

1. 实训目标:通过本实训掌握起草一般欢迎词、欢送词、答谢词写作要领。

2. 实训背景:广州某职业技术学院工商管理系刘主任带领该系酒店管理专业的部分师生到白鹭洲大酒店餐馆学习,受到了酒店领导和员工的热情欢迎和款待。请为酒店总经理撰写一篇欢迎词和欢送词;为刘主任写一篇答谢词。

3. 实训内容:按照实际情况撰写各种致辞类文书,并分组模拟在白鹭洲大酒店举行欢迎会和临别时召开欢送会的情景。

4. 实训要求

(1)本实训可选择在模拟的办公室或教室进行,最好能配置真实的传真机和能上网的电脑。

(2)实训分小组进行,可以3人一组,其中1人扮演刘主任,1人扮演总经理,1人进行监督和评价,每人都要轮演刘主任和总经理。

(3)每个同学在演练过程中一定要严肃认真,言行符合礼仪规范。

(4)每个同学最好都能按照实训内容设计演练的脚本(包括情节和台词,并给本小组成员分派角色)。

5. 实训提示

(1)欢迎词要求热情洋溢,由一位东道主方面的要员向来宾致辞。

(2)这里的答谢词指客人在举行必要的答谢活动中所发表的感谢主人的盛情款待的讲话,由客人致辞。属于“谢遇型”答谢词,即用来答谢别人的招待的致辞,它常用于宾主之间,既可用于欢迎仪式、会见仪式上与“欢迎词”相应,也可用于欢送仪式、告别仪式上与“欢送词”相应。

(3)欢送词与欢迎词类同,表达欢送和祝愿之意,包含主人对客人的希望要求与祝愿。

**情景实训(四)**

掌握撰写招聘启事和求职书。

1. 实训目标:通过本实训掌握起草招聘启事和求职书的写作要领。

2. 实训背景:××电子公司创立于1985年12月,是一家专业的电视机生产企业;1995年2月“××电子”A股在上海证券交易所挂牌上市。作为全国首批“创新型企业”试点单位、国家重点高新技术企业,其总部现拥有1个国家级技术中心、1个博士后科研工作站、3个芯片联合实验室,全球共有16个研发平台,在业界素有“技术先锋”美誉,是中国数字高清电视标准、中国电子信息产品环保标准等数十个行业标准、国家标准的主要起草制定者。

公司具有完善的质量管控体系,已通过节能、环保、安全、电磁兼容等认证,并获得了“出口免验”“质量免检”以及“联合国采购供应商”等资质,可为全球品牌运营商提供包括设计、制造、物流等在内的ODM服务。

公司高端品牌“××”为“中国出口名牌”,注册商标为“中国驰名商标”;2008年度“××”品牌价值为112.55亿元。公司连续20多年跻身“中国电子信息百强”前列,曾荣膺“中国名牌”“全国发明金奖”“中国平板电视技术先进奖”“中国数字电视售后服务卓越奖”“最佳外观设计奖”以及“年度中国十佳平板电视”四连冠等殊荣。

如今,××公司的行销服务网络已遍及世界五大洲119个国家和地区,是中国最大的彩电出口企业之一,公司将持续致力于在全球数字高清平板电视领域“做专、做强、做大”。

××集团因市场需求现在急招销售代表50人、市场专员20人。其中销售代表:待遇责任底薪3500元加提成,要求22~30岁之间的男性,有直销、保险销售经验者优先;市场专员:待遇4500元加提成,具体要求22~30岁之间(男女不限),有直销经验、保险销售经验、售后服务经验者优先。

3. 实训内容：请根据提供的情况撰写招聘启事和做一份个人简历，作为公司人事主管以寻求优秀人才为目的，作为应聘者以争取获得面试的机会，并通过面试获取职位为目的。

4. 实训要求

（1）本实训可选择在模拟的办公室或教室进行。

（2）实训分小组进行，可以 3 人一组，其中 1 人扮演公司人事主管，1 人扮演求职者，1 人进行监督和评价，每人都要轮流扮演不同的角色。

（3）每个同学在演练过程中一定要严肃认真，言行符合礼仪要求。

（4）每个同学最好都能按照实训内容设计演练的脚本（包括情节与台词，并给本小组成员分派角色）。

5. 实训提示

（1）招聘启事要求做到实事求是。对所招聘的各项内容均应如实填写，特别是介绍本单位的情况和应聘待遇等事项，不要言过其实。

（2）招聘启事各项内容可分条列项，也可用不同字体以示区别，醒目标出，并且要求语言精练。

（3）个人简历要优雅，用字遣词必须适当；其次要有条不紊，将你的姓名、地址、电话、教育背景、工作经验、个人值得提供的资料等，逐项标示清楚，有系统地一一载明；教育背景应先列最高学历；工作经验亦应将最近的经验先列明，越近的经历越应受重视。

# 第三章　党政机关公文

**学习提示：**

学习本章，重点掌握党政机关公文的概念和格式，了解公文的特点；掌握党政机关公文的分类、行文规则及各文种的适用范围；熟悉各文种的结构和写作要求；模拟写作，培养撰写党政机关公文的能力。

党政机关公文是社会公务活动的产物，是党政机关、社会团体、企事业单位办理公务的重要手段。在实际生活中，不但党政机关的正常运行离不开党政公文，各企事业单位和人民团体也都要广泛使用它。因此，公文的写作是各级机关、单位工作人员处理日常公务的重要组成部分，是必备的基本功。通过学习党政公文写作，学生可以在多方面提高自己的素质。提高公文写作的水平，能帮助我们提高政治理论及政策法律水平，引导我们加强实践，注重理论联系实际，培养严谨、规范、细致的作风，能有效提高工作质量和工作效率。现代社会需要的是复合型人才，学好公文写作是一种必要素质，更是一种生存能力。

## 第一节　党政机关公文概述

### 一、党政机关公文的概念

2012 年 4 月 16 日发布的《党政机关公文处理工作条例》（中办发〔2012〕14 号，以下简称《条例》）指出：党政机关公文是党政机关实施领导、履行职能、处理公务的具有特定效力和规范体式的文书，是传达贯彻党和国家的方针政策，公布法规和规章，指导、布置和商洽工作，请示和回复问题，报告和交流情况等的重要工具。

这里的公务是指国家机关、社会组织和团体为办理社会公共事务而进行的有组织、有计划的活动。从事公务活动，是法律赋予行政机关的权利。党政机关公文就是依法从事行政工作和进行公务活动的重要工具。

## 二、党政机关公文的特点

### （一）制发的程序性

公文的撰写和制发，要受公文处理程序的严格制约。公文拟制包括公文的起草、审核、签发等程序；对收文的办理，一般包括签收、登记、初审、承办、传阅、催办、答复等程序；对发文的办理包括复核、登记、印制、核发等程序。这一系列过程不是无序的，其目的是保证公文制发或办理的质量，以维护公文的法定效力和机关的权威性。

### （二）格式的规范性

公文具有法定的格式，是权威机关规定的，必须严格按照格式写作。党政机关公文由最高权力机关及有关部门通过法规性公文规定了严格的格式。还要进一步说明的是，公文格式同时又是程式，呈现出公文写作和办理的程序性特点。

公文格式的规范性，是公文本质特性的发展，是公文写作和办理的需要。公务具有公众性和同一性，对社会组织成员产生一致的认可、制约和指挥，否则社会组织就不可能运作。相应地，反映和办理公务的公文也就形成了格式和程式，从而提高了公文写作和办理公务的效率。

### （三）作者的法定性

公文有法定的作者，即依法成立并能以自己的名义行使职权和担负义务的机关或组织。撰写和制发公文不是个人所为，所体现的是机关或组织的意志。一般科学文章的作者是个人或者是个人之间的自由结合，读者一般是没有限制或者是不可计量的。但是，公文的作者只能是法定的社会组织。有权利进行公文写作的社会组织，必须依照法律在有关政府部门登记注册。这一社会组织就成为公文的法定作者。至于动笔起草公文初稿的人，如秘书，应称为起草人，不是法律意义上的作者。公文的读者是特定的，在公文格式上有专门规定，即“主送机关”“抄送机关”和“传达（阅读）范围”。有一点需要注意的是，有的告知性公文，如通告，指定的读者应包括发出公文的社会组织之外的社会群众。

### （四）效力的制约性

公文只能由法定的作者制发，拟制公文和办理公文都有一定的规定性。也就是说，对于作者和读者，公文具有法规给予社会组织职权所产生的制约性。制约性在不同的公文中有不同的情况。党政机关公文中的命令，对其接受者具有强制性，如果接受者不按命令办理，就会受到法律的制裁；发出命令的政府机关有权依照法律规定，动用军队或警察等对其进行处罚；党政机关公文的决定，具有国家指挥性和约束力；党政机关公文的通知，具有规定性、指挥性和指导性。正因为有制约性，所以公文才能产生现实的管理作用。

## 三、党政机关公文的分类

根据《党政机关公文处理工作条例》规定，党政机关公文有15种：决议、决定、命令（令）、公报、公告、通告、意见、通知、通报、报告、请示、批复、议案、函和纪要。各种公文按不同标准有不同的分类。

### （一）依照行文关系和行文方向

可将公文分为上行文、下行文、平行文3种。

上行文是指具有隶属关系的下级机关或业务部门呈报给上级领导机关或业务主管部门的公文。下行文是具有隶属关系的上级领导机关或业务主管部门发给下级机关或业务部门的公文。平行文是指同系统内的平级机关或者不相隶属的机关、部门之间来往的公文。

所谓隶属关系，是指上下级机关具有直接管理和被管理的关系。例如，福建省政府与泉州市政府就有隶属关系，福建省政府与江西省政府所辖的南昌市政府就没有隶属关系。

### （二）按照紧急程度

可将公文分为紧急公文和普通公文两大类。紧急公文又分为“特急”和“加急”两种。“特急”件应在接到来文后1天内办理完毕，“加急”应在3天内办理完毕，普通公文不作时间上的严格要求，但也要尽快办理，以提高文件的处理效率。

### （三）按照有无保密要求、秘密等级

可将公文分为无保密要求的普通文件和有保密要求的保密文件两大类。保密文件又分为绝密文件、机密文件和秘密文件3类。绝密文件是指涉及党和国家最重要机密的文件，机密文件是指涉及党和国家重要机密的文件，秘密文件是指涉及党和国家机密的文件。所有这些保密文件，一旦泄漏就会使国家的安全和利益遭受损害，因此必须严肃对待，严格管理。

### （四）按照性质的不同

可将公文分为指挥性公文（如命令、决定）、报请性公文（如报告、请示）、知照性公文（如通知、通报）、联系性公文（如函）、实录性（如纪要）公文等几大类。

## 四、党政机关公文的行文规则

### （一）下行文规则

（1）主送受理机关，根据需要抄送相关机关。重要行文应当同时抄送发文机关的直接上级机关。

（2）党委、政府的办公厅（室）根据本级党委、政府授权，可以向下级党委、政府行文，其他部门和单位不得向下级党委、政府发布指令性公文或者在公文中向下级党委、政府提出指令性要求。需经政府审批的具体事项，经政府同意可由政府职能部门行文，文中需注明已经政府同意。

(3)党委、政府的部门在各自职权范围内可以向下级党委、政府的相关部门行文。

(4)涉及多个部门职权范围内的事务,部门之间未协商一致的,不得向下行文;擅自行文的,上级机关应当责令其纠正或者撤销。

(5)上级机关向受双重领导的下级机关行文,必要时抄送该下级机关的另一个上级机关。

**(二)上行文规则**

(1)原则上主送一个上级机关,根据需要同时抄送其他相关上级机关和同级机关,不抄送下级机关。

(2)党委、政府的部门向上级主管部门请示、报告重大事项,应当经本级党委、政府同意或者授权,属于部门职权范围内的事项应直接报送上级主管部门。

(3)下级机关的请示事项,如需以本机关名义向上级机关请示的,应当提出倾向性意见后上报。不得原文转报上级机关。

(4)请示应当一文一事,不得在报告等非请示性公文中夹带请示事项。

(5)除上级机关负责人直接交办事项外,不得以本机关名义向上级机关负责人报送公文,也不得以本机关负责人名义向上级机关报送公文。

(6)受双重领导的机关向一个上级机关行文,必要时应当抄送另一个上级机关。

(7)不符合行文规则的上报公文,上级机关的文秘部门可将其退回到下级呈报机关。

**(三)联合行文规则**

(1)同级党政机关、党政机关与其他同级机关必要时可以联合行文。属于党委、政府各自职权范围内的工作,不得联合行文。党委、政府的部门依据职权可以相互行文。部门内设机构除办公厅(室)外不得对外正式行文。

(2)机关之间联合行文时需注意:一是联合行文的单位不宜过多;二是联合行文要坚持"确有必要"的原则,从实际需要出发,凡可行可不行的都不联合行文;三是联合行文按党、政、军、群的顺序排列。

## 五、党政机关公文的格式

**(一)党政机关公文的书面格式**

《党政机关公文处理工作条例》规定:"公文一般由份号、密级和保密期限、紧急程度、发文机关标志、发文字号、签发人、标题、主送机关、正文、附件说明、发文机关署名、成文日期、印章、附注、附件、抄送机关、印发机关和印发日期、页码等组成。"

《党政机关公文格式》国家标准(GB/T 9704—2012)将组成公文的各要素划分为版头、主体、版记三部分。公文首页首条分隔线以上的部分称为版头,公文首页红色分隔线(不含)以下、公文末页首条分隔线(不含)以上的部分称为主体,公文末页首条分隔线以下、末条分隔线以上的部分称为版记。

1. 版头部分

版头部分一般由份号、密级和保密期限、紧急程度、发文机关标志、发文字号、签发人和版头中的分隔线7个要素构成。

(1)份号。份号是指公文印制份数的顺序号。涉密公文应当标注份号。如需标志份号,一般用6位3号阿拉伯数字,顶格编排在版心左上角第一行。

(2)密级和保密期限。涉密公文应当根据涉密程度分别标注“绝密”“机密”“秘密”和保密期限。密级和保密期限,一般用3号黑体字,顶格编排在版心左上角第二行;保密期限中的数字用阿拉伯数字标注。

(3)紧急程度。紧急程度是指公文送达和办理的时限要求。根据紧急程度,紧急公文应当分别标注“特急”“加急”。如需标注紧急程度,一般用3号黑体字,顶格编排在版心左上角;如需同时标注份号、密级和保密期限、紧急程度,则按照份号、密级和保密期限、紧急程度的顺序自上而下分行排列。

(4)发文机关标志。即由发文机关全称或者规范化简称加“文件”两字组成,也可以使用发文机关全称或者规范化简称。发文机关标志居中排布,上边缘至版心上边缘为35mm,推荐使用小标宋体字,颜色为红色,以醒目、美观、庄重为原则。联合行文时,如需同时标注联署发文机关名称,一般应当将主办机关名称排列在前;如有“文件”两字,应当置于发文机关名称右侧,以联署发文机关名称为准上下居中排布。

(5)发文字号。发文字号由发文机关代字、年份、发文顺序号组成。联合行文时,使用主办机关的发文字号。发文字号编排在发文机关标志下空两行位置,居中排布。年份、发文顺序号用阿拉伯数字标注;年份应标全称,用六角括号“〔〕”括入;发文顺序号不加“第”字,不编虚位(即1不编为01),在阿拉伯数字后加“号”字。如“国办〔2015〕3号”中,“国办”表示由国务院办公厅制发,〔2015〕表示文件是2015年制发的,“3号”表示该文件是当年所发的第3号文件。上行文的发文字号居左空一字编排,与最后一个签发人姓名处在同一行。发文字号是引用和查找公文时的重要依据,正规公文一般都要有发文字号。

(6)签发人。上行文应当标注签发人姓名,由签发人三字加全角冒号和签发人姓名组成,居右空一字,编排在发文机关标志下空两行位置。“签发人”三字用3号仿宋体字,签发人姓名用3号楷体字。

如有多个签发人,签发人姓名要按照发文机关的排列顺序从左到右、自上而下依次均匀编排,一般每行排两个姓名,回行时与上一行第一个签发人姓名对齐。

(7)版头中的分隔线。发文字号之下4mm处居中印一条与版心等宽的红色分隔线。

2. 主体

主体部分一般由标题、主送机关、正文、附件说明、发文机关署名、成文日期、印章、附注、附件等要素构成。

(1)标题。标题由发文机关名称、事由和文种组成,一般用2号小标宋体字,编排于红色分隔线下空两行位置,分一行或多行居中排布;需回行时,要做到词意完整,排列对称,长短适宜,间距恰当,标题排列应当使用梯形或菱形(不要采用上下长度一致的长方形和上下、长中间短的沙漏形标题)。

(2)主送机关。主送机关是指公文的主要受理机关,应当使用机关全称、规范化简称或者同类型机关统称;编排于标题下空一行位置,居左顶格,回行时仍顶格,最后一个机关名称后标全角冒号。如主送机关名称过多导致公文首页不能显示正文时，应当将主送机关名称移至版记。

(3)正文。正文是公文的主体，用来表述公文的内容。公文首页必须显示正文，一般用3号仿宋体字，编排于主送机关名称下一行，每个自然段左空两字，回行顶格。文中结构层次序数一般第一层用黑体字，第二层用楷体字，第三层和第四层用仿宋体字标注。

(4)附件说明。附件说明是指公文附件的顺序号和名称。如有附件，在正文下空一行、左空两字编排“附件”两字，后标全角冒号和附件名称。如有多个附件，要使用阿拉伯数字标注附件顺序号(如“附件:1. ×××××”)；附件名称后不加标点符号。附件名称较长需回行时，应当与上一行附件名称的首字对齐。

(5)发文机关署名、成文日期和印章。发文机关署名即署发文机关全称或者规范化简称。成文日期署会议通过或者发文机关负责人签发的日期。联合行文时，署最后签发机关负责人签发的日期。公文中有发文机关署名的，应当加盖发文机关印章，并与署名机关相符。有特定发文机关标志的普发性公文可以不加盖印章。

①加盖印章的公文。成文日期一般右空四字编排，印章用红色，不得出现空白印章。单一机关行文时，一般在成文日期之上，以成文日期为准居中编排发文机关署名，印章端正、居中下压发文机关署名和成文日期，使发文机关署名和成文日期居印章中心偏下位置，印章顶端应当上距正文(或附件说明)一行之内。联合行文时，一般将各发文机关署名按照发文机关顺序整齐排列在相应位置，并将印章一一对应、端正、居中下压发文机关署名，最后一个印章端正、居中下压发文机关署名和成文日期，印章之间排列整齐、互不相交或相切，每排印章两端不得超出版心，首排印章顶端应当上距正文(或附件说明)一行之内。

②不加盖印章的公文。单一机关行文时，在正文(或附件说明)下空一行、右空两字编排发文机关署名，在发文机关署名下一行编排成文日期，首字比发文机关署名首字右移两字，如成文日期长于发文机关署名，应当使成文日期右空两字编排，并相应增加发文机关署名右空字数。联合行文时，应当先编排主办机关署名，其余发文机关署名依次向下编排。

③加盖签发人签名章的公文。单一机关制发的公文加盖签发人签名章时，在正文(或附件说明)下空两行、右空四字加盖签发人签名章，签名章左空两字标注签发人职务，以签名章为准上下居中排布。在签发人签名章下空一行、右空四字编排成文日期；联合行文时，应当先编排主办机关签发人职务、签名章，其余机关签发人职务、签名章依次向下编排，与主办机关签发人职务、签名章上下对齐；每行只编排一个机关的签发人职务、签名章；签发人职务应当标注全称。签名章一般用红色。

④成文日期中的数字。用阿拉伯数字将年、月、日标全，年份应标全称，月、日不编虚位(即1不编为01)。

⑤特殊情况说明。当公文排版后所剩空白处不能容下印章或签发人签名章、成文日期时，可以采取调整行距、字距的方式解决。

(6)附注。附注是公文印发传达范围等需要说明的事项。如有附注，居左空两字加圆括号编排在成文日期下一行。

(7)附件。附件是公文正文的说明、补充或者参考资料。公文如有附件应当另面编排,并在版记之前与公文正文一起装订。“附件”两字及附件顺序号用3号黑体字顶格编排在版心左上角第一行。附件标题居中编排在版心第三行。附件顺序号和附件标题应当与附件说明的表述一致。附件格式要求同正文。如附件与正文不能一起装订,应当在附件左上角第一行顶格编排公文的发文字号并在其后标注“附件”两字及附件顺序号。

3. 版记

版记一般由抄送机关、印发机关和印发日期、页码等组成。

(1)版记中的分隔线。版记中的分隔线与版心等宽,首条分隔线和末条分隔线用粗线(推荐高度为0.35mm),中间的分隔线用细线(推荐高度为0.25mm)。首条分隔线位于版记中第一个要素之上,末条分隔线与公文最后一面的版心下边缘重合。

(2)抄送机关。抄送机关是除主送机关外需要执行或者知晓公文内容的其他机关,应当使用机关全称、规范化简称或者同类型机关统称。

如有抄送机关,一般用4号仿宋体字,在印发机关和印发日期的上一行、左右各空一字编排。“抄送”两字后加全角冒号和抄送机关名称,回行时与冒号后的首字对齐,最后一个抄送机关名称后标句号。如需把主送机关移至版记,除将“抄送”两字改为“主送”外,编排方法同抄送机关。既有主送机关又有抄送机关时,应当将主送机关置于抄送机关的上一行,之间不加分隔线。

(3)印发机关和印发日期。印发机关和印发日期一般用4号仿宋体字,编排在末条分隔线之上,印发机关左空一字,印发日期右空一字,用阿拉伯数字将年、月、日标全,年份应标全称,月、日不编虚位(即1不编为01),后加“印发”两字。版记中如有其他要素,应当将其与印发机关和印发日期用一条细分隔线隔开。

(4)页码。一般用4号半角宋体阿拉伯数字,编排在公文版心下边缘之下,数字左右各放一条一字线;一字线上距版心下边缘7mm。单页码居右空一字,双页码居左空一字。公文的版记页前有空白页的,空白页和版记页均不编排页码。公文的附件与正文一起装订时,页码应当连续编排。

**(二)公文排版规格与印制装订要求**

公文用纸采用GB/T 148—1997中规定的A4型纸,其成品幅面尺寸为210mm×297mm。公文用纸天头(上白边)为37mm±1mm,公文用纸订口(左白边)为28mm±1mm,版心尺寸为156mm×225mm。

如无特殊说明,公文格式各要素一般用3号仿宋体字。特定情况可以作适当调整。一般每面排22行,每行排28个字,并撑满版心。特定情况可以作适当调整。如无特殊说明,公文中文字的颜色均为黑色。公文应当双面印刷左侧装订,不掉页。

(三)公文格式示意图(如图 3－1～3－12 所示)

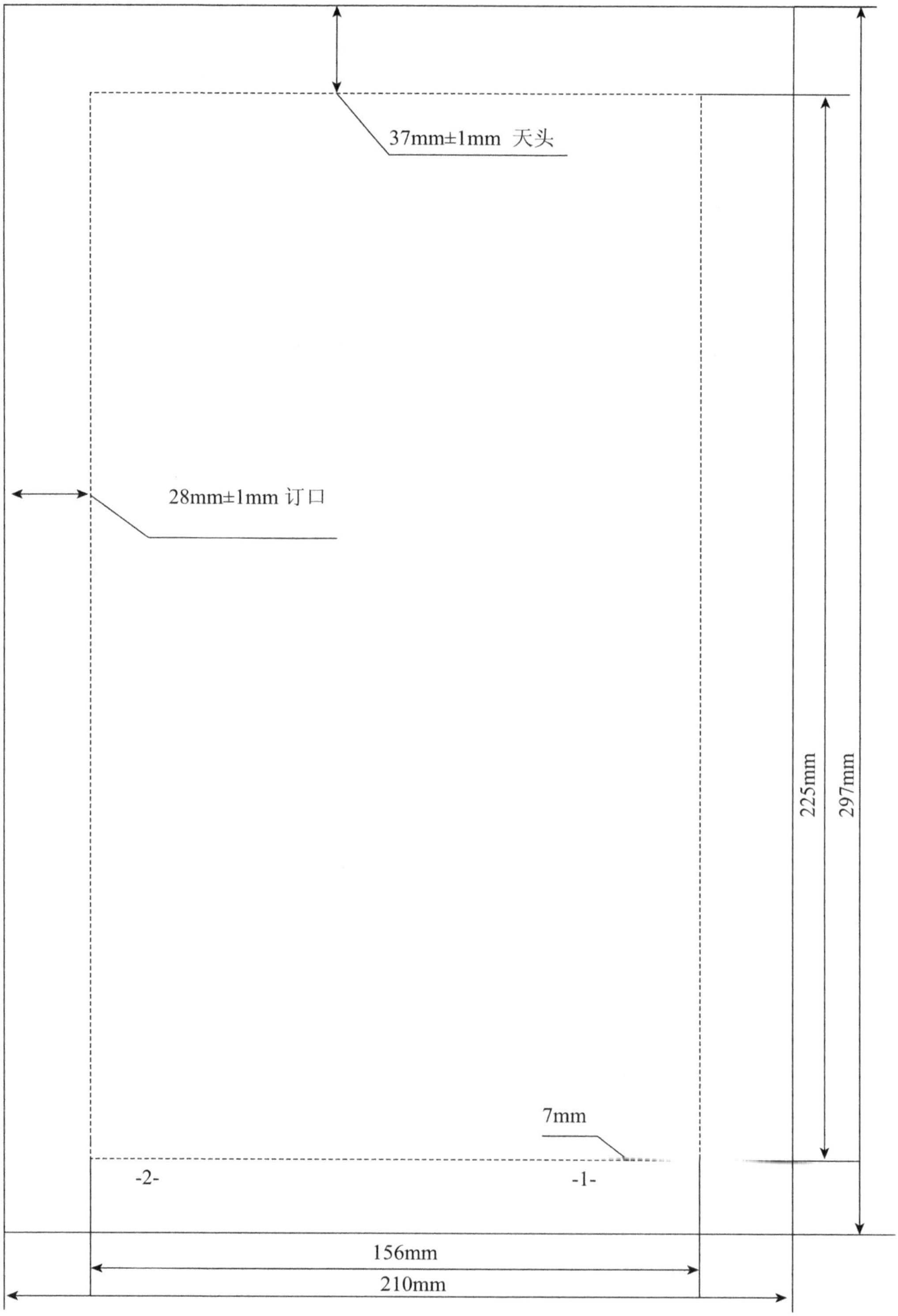


图 3－1　A4 型公文用纸页边及版心尺寸

000001

机密★1年

特急

# ××××××文件

×××〔2012〕10号

## ×××××关于××××××的通知

××××××××：

　　××××××××××××××××××××××××××××××××××××××××××××××××××××××××××××××××××××××××××××××××

　　××××××××××××××××××××××××××××××××××××××。

　　××××××××××××。

　　××××××××××××××××××××××××××××××××××××××××××××××××××××××××××××××××××××××××××××××××××

— 1 —

**图3－2　公文首页版式**

000001

机密★1年

特急

×××××× 
× × ×　**文件**
××××××

×××〔2012〕10号

**××××××关于×××××××的通知**

××××××××：

××××××××××××××××××××××××××。

×××××××××××××××××××××××××××××××××××××××××××××××××××××××××××××××××××××××××××××××××××××

××××××××××××××××××××××××××

— 1 —

**图3-3　联合行文公文首页版式1**

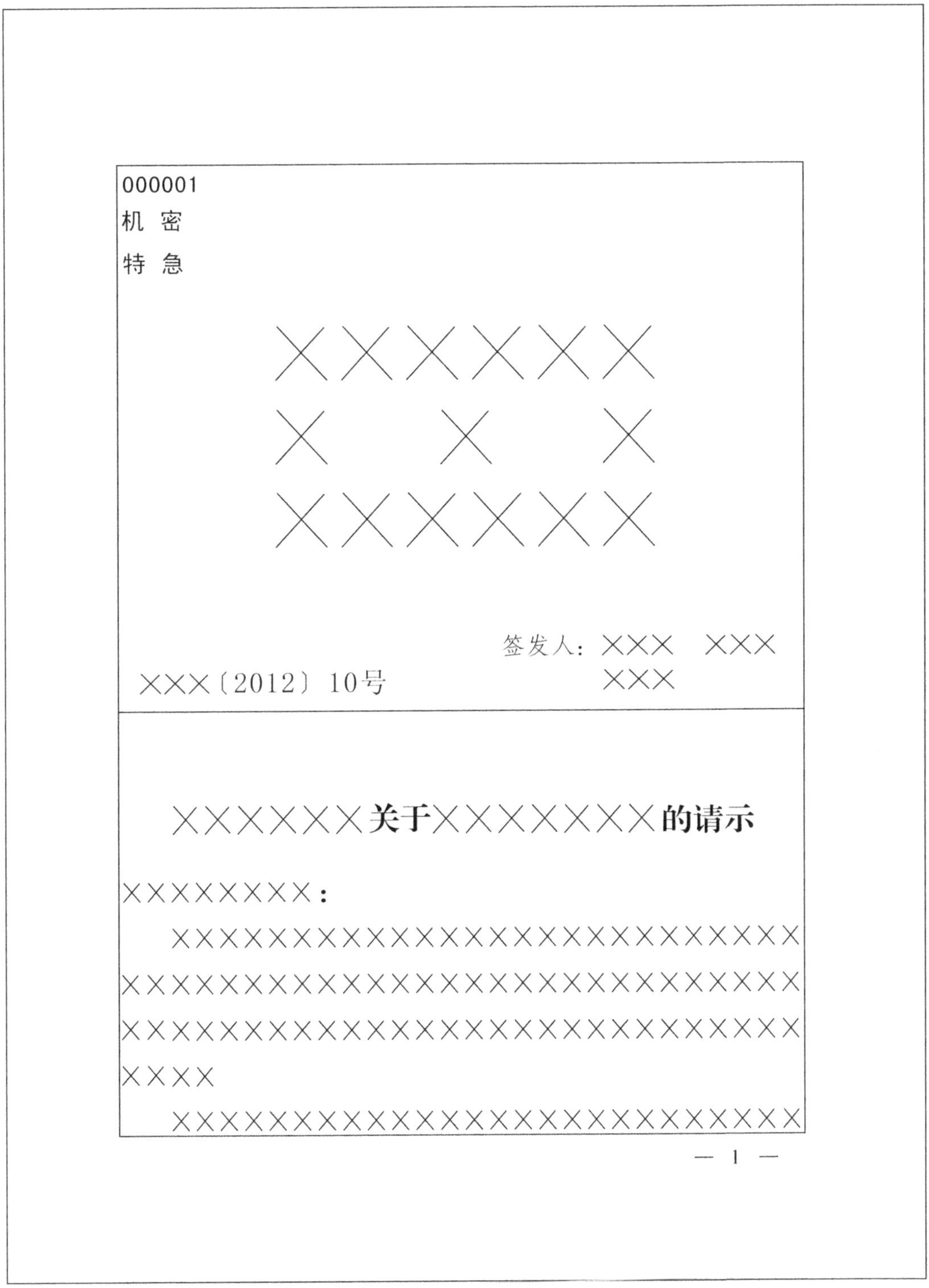

000001

机　密

特　急

×××××××

×　×　×

××××××

签发人：×××　×××

×××〔2012〕10号　　　　　　×××

××××××关于×××××××的请示

××××××××：

××××××××××××××××××××××××××××××××××××××××××××××××××××××××××××××××××××××××××××××××××××××

××××××××××××××××××××××××××

— 1 —

**图3－4　联合行文公文首页版式2**

XXXXXXXXXXXXXXX。

　　XXXXXXXXXXXXXXXXXXXXXXXXXX
XXXXXXXXXXXXXXXXXXXXXXXXXXXX
XXXXXXXXXXX。

XXXXXXXXXXX
2012年7月1日

（XXXXX）

抄送：XXXXXXXX，XXXXXX，XXXXX，XXXXX，
XXXXX。

XXXXXXXXX　2012年7月1日印发

— 2 —

图3－5　公文末页版式1

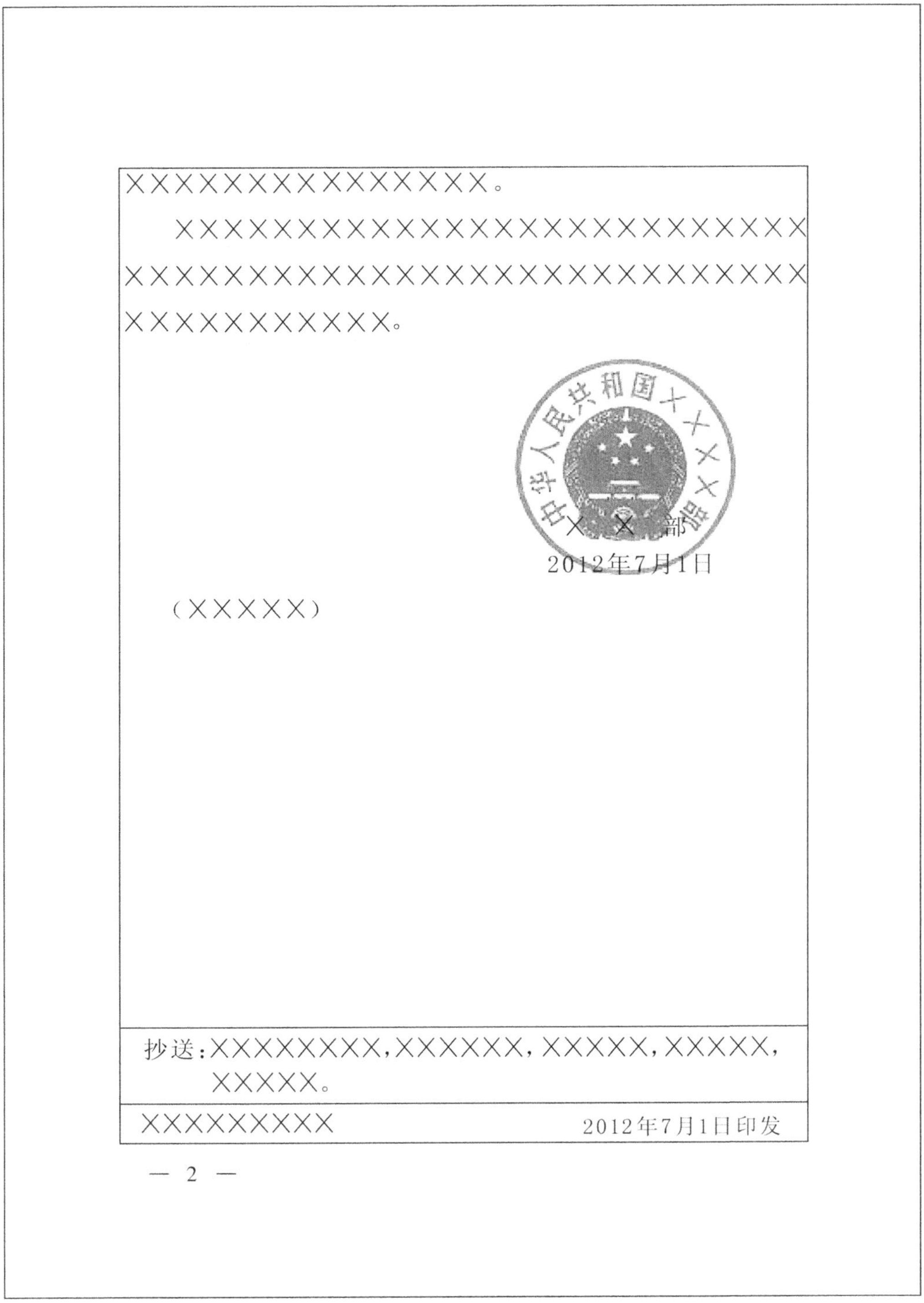

×××××××××××××××。

　　××××××××××××××××××××××××××××××××××××××××××××××××××××××××××××××××。

（×××××）

抄送：××××××××，××××××，×××××，×××××，×××××。

×××××××××　　2012年7月1日印发

— 2 —



**图3－6　公文末页版式2**

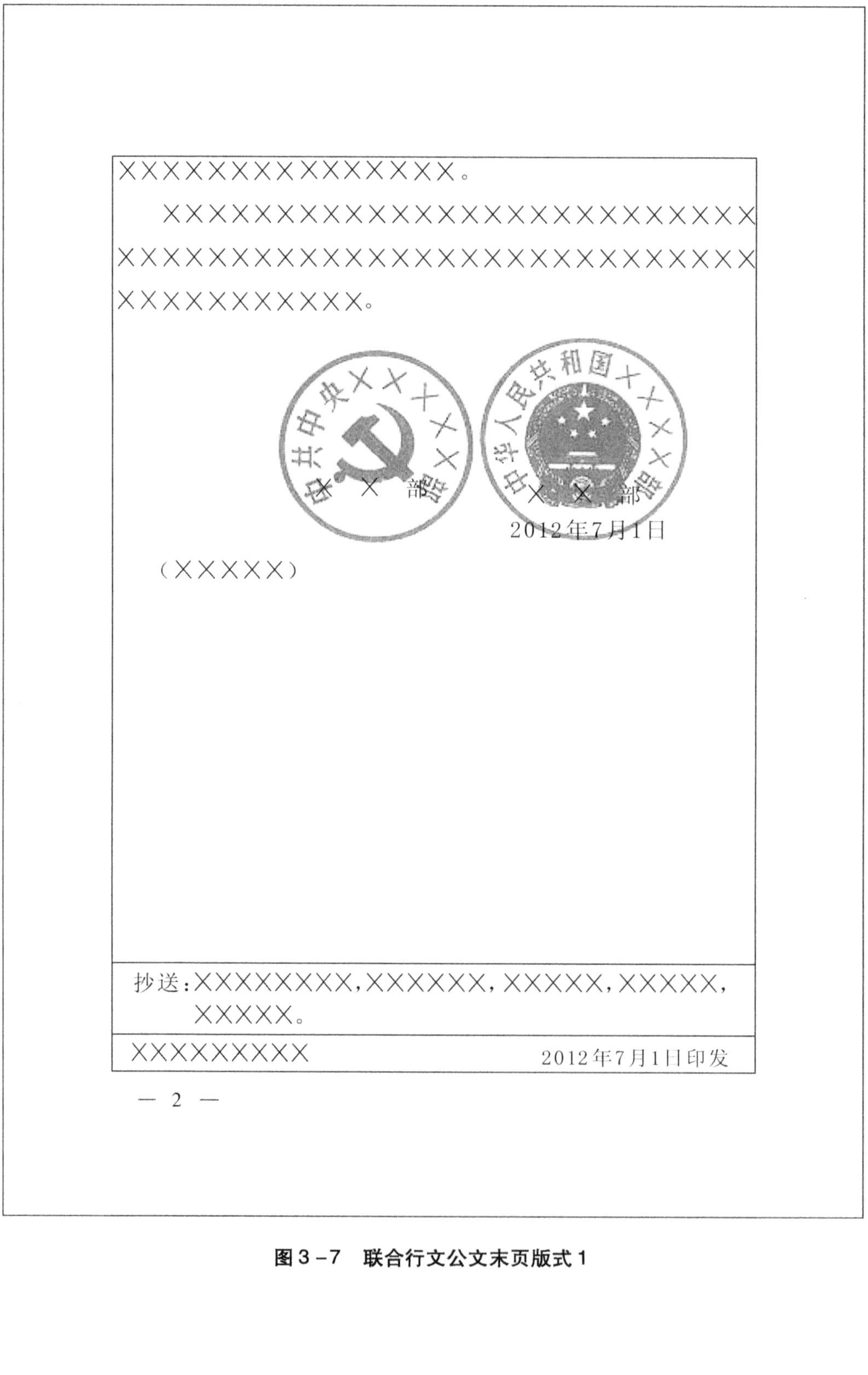

×××××××××××××××。

　　×××××××××××××××××××××××××××
×××××××××××××××××××××××××××××
××××××××××××。

中共中央××××部　　中华人民共和国××××部

2012年7月1日

（×××××）

抄送：××××××××，××××××，×××××，×××××，
　　　×××××。

×××××××××　　2012年7月1日印发

— 2 —

图 3－7　联合行文公文末页版式 1

××××××××××××××××。

　　××××××××××××××××××××××××××××××××××××××××××××××××××××××××××××××××××××××××××。

2012年7月1日

（×××××）

抄送：×××××××××，×××××××，×××××，×××××，×××××。

××××××××××　　2012年7月1日印发

— 2 —

图3－8　联合行文公文末页版式2

××××××××××××××××。

　　×××××××××××××××××××××××××××××××××××××××××××××××××××××××××××××××××××××××。

附件：1. ××××××××××××××××××××××××××××××

　　　2. ××××××××××××××

××××××××
×　×　×　×
2012年7月1日

（×××××）

— 2 —

图3－9　附件说明页版式

附件2

××××××××××××××

　　××××××××××××××××××××××××××
××××××××××××××××××××××××××××
×××。

　　××××××××××××××××××××××××××
××××××××××××××××××××××××××××
××××××××××××××××××××××××××××
××××××××××××××××××××××××××××
××××××××××××××××××××××××××××
×××××××××××××××。

抄送：××××××××，××××××，×××××，×××××，
　　　×××××。

×××××××××　　　　2012年7月1日印发

— 2 —

图3－10　带附件行文尾页格式

# 中华人民共和国×××××部

000001　　　　　　　　　　　　　　×××〔2012〕10号

机 密

特 急

## ×××××关于××××××××的通知

××××××××：

　　×××××××××××××××××××××××××
×××××××××××××××××××××××××××
×××××××××××××××××××××××××××
××××××××××××××××××××××××。

　　×××××××××××××××××××××××××
×××××××××××××××××××××××××××
×××××××××××××××××××××××××××
×××××××××××××××××××××××。

　　×××××××××××××××××××××××××
×××××××××××××××××××××××××××
×××××××××××××××××××××××××××
×××××××××××××××××××××××××××
×××××××××××××××××××××××××××
×××××××××××××××××××××××××××
××××××××××××××××××××××××。

**图3－11　信函格式首页样式**

# ××××××令

第×××号

××××××××××××××××××××××××××
×××××××××××××××××××××××××××。
××××××××××××××××××××××××××××
×××××××××××××××××××××××××。

部　长　×××

2012年7月1日

— 1 —

图3－12　命令(令)格式样式

# 第二节　党政机关公文的写作

## 一、决议

### （一）决议的概念、特点及种类

1. 决议的概念

决议是“适用于会议讨论通过的重大决策事项”的公文，是 2012 年 4 月 16 日中办、国办联合印发的《党政机关公文处理工作条例》中新增的正式公文文种。决议是指党的领导机关就重要事项，经会议讨论通过其决策，并要求进行贯彻执行的重要指导性公文。

2. 决议的特点

（1）权威性。决议是经党的会议讨论通过才能生效并由党的领导机关发布的，是党的领导机关意志的反映。决议的内容事关重要决策事项，一经公布，全党、全国上下都必须坚决执行。

（2）指导性。决议表述的观点和对事项的评价都具有指导意义。

3. 决议的种类

决议一般分为公布性决议、批准性决议和阐述性决议三种。

（1）公布性决议是为公布某种法规、提案而写作的决议。

（2）批准性决议是为肯定或否定某种议案的文件。

（3）阐述性决议是对某些重大结论的具体内容加以展开阐述的文件。

### （二）决议的格式与写法

决议由首部和正文两部分组成。

1. 首部

首部包括标题和成文时间。

（1）标题。决议的标题有两种形式：一种由发文机关（或会议名称）、事由和文种构成；另一种由事由和文种构成。

（2）成文时间。即决议正式通过的日期，一般放在标题下，在小括号内注明会议名称及通过时间，也可只写通过时间。

2. 正文

正文由决议缘由、决议事项和结语三部分组成。

（1）决议缘由。一般简要说明有关会议审议决议涉及事项的情况，陈述作出决议的原因、根据、背景、目的或意义。

(2)决议事项。该部分写明会议通过的决议事项,或会议对有关文件、事项作出的评价、决定,或对有关工作作出的部署安排和要求、措施。

(3)结语。一般紧扣决议事项有针对性地提出希望、号召和执行要求。有的决议可不单列这部分。

**【例文】**

**第十二届全国人民代表大会第三次会议关于政府工作报告的决议**

(2015年3月15日第十二届全国人民代表大会第三次会议通过)

第十二届全国人民代表大会第三次会议听取和审议了国务院总理李克强所作的政府工作报告。会议充分肯定国务院过去一年的工作,同意报告提出的2015年工作总体部署、目标任务和政策措施,决定批准这个报告。

会议号召,全国各族人民紧密团结在以习近平同志为总书记的党中央周围,高举中国特色社会主义伟大旗帜,全面贯彻党的十八大和十八届三中、四中全会精神,以邓小平理论、"三个代表"重要思想、科学发展观为指导,深入贯彻习近平总书记系列重要讲话精神,按照全面建成小康社会、全面深化改革、全面依法治国、全面从严治党的战略布局,坚持稳中求进工作总基调,主动适应经济发展新常态,凝心聚力,攻坚克难,开拓创新,扎实工作,促进经济平稳健康发展和社会和谐稳定,为实现"两个一百年"奋斗目标、实现中华民族伟大复兴的中国梦而努力奋斗!

**简析**:本决议的开头属于导语式开头,对报告作了总概述与总评价。决议主体按照报告内容重要顺序把报告的主要思想概述了出来,是概述报告内容与概述讨论心得的完满结合;结尾号召性的语言具有很强的鼓舞性。

## 二、决定

### (一)决定的概念、特点及种类

1. 决定的概念

决定是适用于对重要事项作出决策和部署、奖惩有关单位和人员、变更或者撤销下级机关不适当的决定事项的公文。

2. 决定的特点

(1)规定性。决定具有法定的强制力,用于规范人们的行为,要求受文机关和个人认真遵守、执行。

(2)指导性。决定用于记载或传达党和国家领导机关对重要事项或重大行动的决策,有较强的政策性和理论性,是指导工作的准则,如《国务院关于坚决打击骗取出口退税、严厉惩治金融和财税领域违法乱纪行为的决定》。

3. 决定的种类

根据性质,决定可分为以下两类:

(1)对重要事项作出处理或安排的决定。它常用于机构设置、人事安排、表彰先进、对某件事故的处理等。这种决定属于周知性决定,结构相对简单,篇幅较短,没有执行要求。

(2)对重大行动作出安排的决定。这种决定常用于领导机关对于重大的政治活动、行政活动、经济活动作出安排,篇幅较长,有较强的执行要求。

**(二)决定的格式与写法**

1. 标题及题注

决定的标题一般包括发文机关、事由、文种 3 个要素,并在题下标明成文时间,如《中共广州市委广州市人民政府关于走新型城市化发展道路建设廉洁广州的决定(2012 年 5 月 30 日)》。

有些决定则把成文时间标在正文后面,而不是标在题下。有的标题也可以由事由与文种两个要素组成。

由会议发出的决定,其标题应写“会议名称、事由、文种”3 个要素,并在题下标明“什么时间什么会议(全称)通过”。

2. 主送机关

如果该决定是在一定范围内发送的,要写主送机关。如果该决定属于普发性公文,不必写主送机关。

3. 正文

决定的正文,一般由原因、事项两部分组成。原因部分一般简明扼要地写明作出决定的目的、依据、理由。事项部分直截了当地写明所决定的具体事项。事项之后常常用提出要求、希望或发出号召收束。

4. 落款

在落款处署上发文机关及发文日期,盖上印章。

**【 例文 】**

**国务院关于 2014 年度国家科学技术奖励的决定**

国发〔2015〕4 号

各省、自治区、直辖市人民政府,国务院各部委、各直属机构:

为全面贯彻党的十八大和十八届二中、三中、四中全会精神,大力实施科教兴国战略、人才强国战略和创新驱动发展战略,国务院决定,对为我国科学技术进步、经济社会发展、国防现代化建设做出突出贡献的科学技术人员和组织给予奖励。

根据《国家科学技术奖励条例》的规定,经国家科学技术奖励评审委员会评审、国家科学技术奖励委员会审定和科技部审核，国务院批准并报请国家主席习近平签署，授予于敏院士国家最高科学技术奖；国务院批准，授予“网络计算的模式及基础理论研究”国家自然科学奖一等奖，授予“哺乳动物多能性干细胞的建立与调控机制研究”等45项成果国家自然科学奖二等奖，授予“甲醇制取低碳烯烃（DMTO）技术”等3项成果国家技术发明奖一等奖，授予“水稻籼粳杂种优势利用相关基因挖掘与新品种培育”等67项成果国家技术发明奖二等奖，授予“天河一号高效能计算机系统”等3项成果国家科学技术进步奖特等奖，授予“我国首次对甲型H1N1流感大流行有效防控及集成创新性研究”等26项成果国家科学技术进步奖一等奖，授予“工业工程振动控制关键技术研究与应用”等173项成果国家科学技术进步奖二等奖，授予若列斯·伊万诺维奇·阿尔费罗夫等7名外国专家和美国德州大学MD安德森癌症中心中华人民共和国国际科学技术合作奖。

全国科学技术工作者要向于敏院士及全体获奖者学习，继续发扬求真务实、勇于创新的科学精神，深入实施创新驱动发展战略，坚定不移走中国特色自主创新道路，为加快建设创新型国家、全面建成小康社会，实现“两个一百年”奋斗目标和中华民族伟大复兴的中国梦作出新的更大贡献。

国务院

（印章）

2015年1月6日

**简析**：这是对重要事项作出处理的决定，即对为我国科学技术进步、经济社会发展、国防现代化建设作出突出贡献的科学技术人员和组织给予奖励。首先说明奖励的原因，然后写明具体奖励事项，最后发出号召，希望广大科技工作者为实现创新驱动发展、全面建成小康社会和中华民族伟大复兴作出新的更大贡献。

## 三、命令（令）

### （一）命令（令）的概念、特点及种类

#### 1. 命令（令）的概念

命令（令）是适用于公布行政法规和规章、宣布施行重大强制性措施、批准授予和晋升衔级、嘉奖有关单位和人员的公文。

命令（令）是由国家领导机关发布的具有强制性的文种，在公文中强制程度最高，要求必须坚决执行。命令（令）具有严格的发布权限。《中华人民共和国宪法》规定，中华人民共和国人民代表大会，中华人民共和国人民代表大会委员长、中华人民共和国主席、国务院总理、国务院各部、各委员会及县级与县级以上人民代表大会、人民政府可以按照法律规定的权限发布命令，有些特殊机构根据授权也可发布命令，如“防汛抗旱指挥部”“防震指挥部”等，其他机关则无权发布命令。

2. 命令(令)的特点

(1)权威性。命令(令)虽然本身不是法律、法规,但是可以以颁布法律、法规的形式发布。有些规定重大行政措施的命令(令)和发布行政法规的命令(令),就具有法律的效力,并具有法规的强制作用。

(2)强制性。命令(令)一经发布,有关的下级机关或人员都必须无条件地服从和执行,违抗命令(令)或延误执行,都将受到严肃处理甚至严厉处罚。

(3)严肃性。命令(令)的文句简洁而准确,语气坚定而严肃,结构严谨而完整,风格质朴而庄重。

3. 命令(令)的种类

从功用上分,命令(令)可以分为发布令、行政令、任免令、嘉奖令等。

(1)发布令。发布令用于发布行政法规与规章,赋予所发布的法规、规章立即生效并予以施行的法定效力。

(2)行政令。行政令用于采取重大强制性行政措施,施行行政领导与指挥,如《国务院关于在我国统一实行法定计量单位的命令》《国务院关于进行第五次全国人口普查登记的命令》。

(3)任免令。任免令用于任免事项,是任命或者免除政府官员时所颁布的一种命令。

(4)嘉奖令。嘉奖令是为嘉奖有功人员而颁布的命令。

**(二)命令(令)的格式与写法**

命令(令)一般由标题、发文号、正文三部分组成。

1. 标题

标题一般由发文机关、事由、文种三个要素组成,如《中华人民共和国国务院关于发布新版人民币的命令》。但常常会省略事由,只由发文机关(首长职务)与文种两个要素组成,如《中华人民共和国国务院令》。

2. 发文号

命令(令)的发文号不同于一般公文的发文字号,不是由代号、年份、序号组成,而是编号。编号的方法是以发令机关或发令人的任期为届,按其在任期内所发命令(令)的流水号编序,至任期满为止,如“第一号”“第二号”。

3. 正文

正文一般写明发布命令的依据、注意事项、执行要求。命令的性质不同,对依据、事项、要求的侧重点也就不同。

(1)发布令。发布令是依照有关法律规定发布行政法规和规章,正文一般包括发布对象,批准机关(会议),批准的生效、施行日期。有的发布令也可不写批准机关。

(2)任免令。任免令主要用于国家高级领导干部和其他工作人员的任免。正文写明任免的机关(会议)名称、任免人员的姓名和任免职务。

(3)行政令。行政令主要用于宣布施行重大强制性行政措施,实施行政领导与指挥。正文写明发布命令的依据、事项与执行要求。

(4)嘉奖令。嘉奖令一般先说明嘉奖原因,然后作出嘉奖决定,最后发出号召。

**【例文】**

**中华人民共和国主席令**

第45号

《中华人民共和国民法典》已由中华人民共和国第十三届全国人民代表大会第三次会议于2020年5月28日通过,现予公布,自2021年1月1日起施行。

中华人民共和国主席　习近平(签名章)

2020年5月28日

**简析:**这是发布令,宣布《中华人民共和国民法典》批准机关、通过及实施日期。

## 四、公报

### (一)公报的概念

公报是适用于公布重要决定或者重大事项的公文。

公报是周知性公文,它往往在报刊、广播、电视上发布,被看作党或政府正式发布的“官方”的报道。它的作用是能够将党或政府以及人民团体的重大事件或决定事项,迅速广泛地传递到国内外。

### (二)公报的种类

公报根据内容的不同,可以分为以下几种:

1. 会议公报

会议公报是用于报道重要会议或会谈的决定和情报的公报。这种公报一般用于党中央召开的会议。

2. 事项公报

它是党的高级领导机关用于发布重大情况、重要事件的文件。高层行政机关、部门向人民群众公布重大决策、重要事项或重大措施时有时也沿用此类公报。

3. 联合公报

这是一种特殊用途的公报,用于发布国家之间、政党之间、团体之间经过会议达成的某种协议,如《中俄联合公报》。

**（三）公报的格式与写法**

1. 标题、成文时间

（1）标题。会议公报往往以会议名称加文种的形式构成标题，如《中国共产党第××届中央委员会第×次全体会议公报》；事项公报则与一般公文相同，以发文机关、内容、文种构成标题，如《中华人民共和国、印度共和国和俄罗斯联邦外交部长会晤联合公报》；有时候也只留文种，如《新闻公报》《公报》。

（2）成文时间。成文时间标注在标题之下，包括公报发布的年、月、日。

2. 正文

正文包括开头、主体两部分。

（1）开头，即前言部分。事件性公报要求用最鲜明、最精练的语言概述事件的核心内容，即何时、何地、发生了什么重大事件；会议性公报要求概述会议的名称、时间、地点、参加人员等；联合公报要求概述公报的来由，即在何时、何地、谁与谁举行了什么会谈或谁对谁进行了什么性质的访问等。

（2）主体。它是公报的核心内容，要求把公报的内容完整、系统、有序地表达清楚，常见的有三种写作方式：一种是分段式，即每段说明一层意思或一项决定；第二种是序号式，多用于内容复杂、问题较多的公报；第三种是条款式，多用于联合公报。

3. 尾部

事件性公报和会议性公报一般没有尾部；联合公报要在正文之后写明双方签署人的身份、姓名、日期，并写明签署地点。

**（四）注意事项**

日期、地点、人数、事实、数据必须绝对确切可靠，中心议题要突出，语言要简明、概括、朴实、庄重、得体。

**【例文】**

**中共第十八届中央委员会第五次全体会议公报**

（2015年10月29日中国共产党第十八届中央委员会第五次全体会议通过）

中国共产党第十八届中央委员会第五次全体会议，于2015年10月26日至29日在北京举行。

出席这次全会的有，中央委员199人，候补中央委员156人。中央纪律检查委员会常务委员会委员和有关方面负责同志列席了会议。党的十八大代表中部分基层同志和专家学者也列席了会议。

全会由中央政治局主持。中央委员会总书记习近平作了重要讲话。

全会听取和讨论了习近平受中央政治局委托作的工作报告，审议通过了《中共中央关于制定国民经济和社会发展第十三个五年规划的建议》。习近平就《建议（讨论稿）》

向全会作了说明。

……

全会高度评价"十二五"时期我国发展取得的重大成就,认为面对错综复杂的国际环境和艰巨繁重的国内改革发展稳定任务,我们党团结带领全国各族人民顽强拼搏、开拓创新,奋力开创了党和国家事业发展新局面,我国经济实力、科技实力、国防实力、国际影响力又上了一个大台阶。尤为重要的是,党的十八大以来,以习近平同志为总书记的党中央毫不动摇坚持和发展中国特色社会主义,勇于实践、善于创新,深化对共产党执政规律、社会主义建设规律、人类社会发展规律的认识,形成一系列治国理政新理念新思想新战略,为在新的历史条件下深化改革开放、加快推进社会主义现代化提供了科学理论指导和行动指南。

全会深入分析了"十三五"时期我国发展环境的基本特征,认为我国发展仍处于可以大有作为的重要战略机遇期,也面临诸多矛盾叠加、风险隐患增多的严峻挑战。我们要准确把握战略机遇期内涵的深刻变化,更加有效地应对各种风险和挑战,继续集中力量把自己的事情办好,不断开拓发展新境界。

全会提出了"十三五"时期我国发展的指导思想:高举中国特色社会主义伟大旗帜,全面贯彻党的十八大和十八届三中、四中全会精神,以马克思列宁主义、毛泽东思想、邓小平理论、"三个代表"重要思想、科学发展观为指导,深入贯彻习近平总书记系列重要讲话精神,坚持全面建成小康社会、全面深化改革、全面依法治国、全面从严治党的战略布局,坚持发展是第一要务,以提高发展质量和效益为中心,加快形成引领经济发展新常态的体制机制和发展方式,保持战略定力,坚持稳中求进,统筹推进经济建设、政治建设、文化建设、社会建设、生态文明建设和党的建设,确保如期全面建成小康社会,为实现第二个百年奋斗目标、实现中华民族伟大复兴的中国梦奠定更加坚实的基础。

……

全会号召,全党全国各族人民要更加紧密地团结在以习近平同志为总书记的党中央周围,万众一心,艰苦奋斗,共同夺取全面建成小康社会决胜阶段的伟大胜利!

**简析**:该公报公布了这次会议的相关内容,主要是总结"十二五"时期我国发展取得的重大成就,提出了"十三五"时期我国发展的指导思想。

## 五、公告

### (一)公告的概念、特点及种类

#### 1. 公告的概念

公告是适用于向国内外宣布重要事项或者法定事项的公文。

2. 公告的特点

它属于公开宣布的告晓性公文,与其他告晓一般事件的“通知”和用于表扬、批评和传达重要情况的“通报”不同,具有高度的庄严性和权威性。

3. 公告的种类

公告有发布性公告、告知性公告、关涉国内外有关方面事项的公告。

**(二)公告的格式与写法**

公告包括标题、正文、落款和成文日期等。

1. 标题

标题的构成形式有以下4种:

(1)发文机关+事由+文种,如《中共中央、全国人大常委会、国务院关于宋庆龄副委员长病情的公告》。

(2)发文机关名称+文种,如《中华人民共和国国务院公告》。

(3)事由+文种,前加“关于”,如《关于坚决制止捕杀国家珍稀野生动物的公告》。

(4)只写“公告”。

2. 正文

正文直述公告缘由,宣布事项。正文内容必须是真正的要事,要高度概括;大多是消息性,一般不提出执行要求。

3. 落款

落款写明公告发布机关全称和发文日期。公告标题系发文机关名称加文种的,也可不写公告发布机关名称。

**(三)公告的写作要求**

(1)公告的作者是国家领导机关,地方机关、基层单位、群众团体不制发公告。

(2)公告是向国内外“宣布”事项,有的公告事项要求公众执行,有的仅为使大众周知,所以公告重在事项写作,要求明确而具体,事由可简明或不写。

(3)一则公告只公布一项专门事件或事项。

(4)语言要准确、通俗和简明。

**【例文】**

**第一批高危险性体育项目目录公告**

第16号

为落实《全民健身条例》对高危险性体育项目经营活动管理的相关要求,保障人民群众参与高危险性体育项目的人身安全,根据《全民健身条例》第三十二条第四款的规定,经国务院批准,现将第一批高危险性体育项目目录公告如下:

一、游泳

二、高山滑雪、自由式滑雪、单板滑雪

三、潜水

四、攀岩

各高危险性体育项目经营单位和相关部门应按照《全民健身条例》的规定，做好高危险性体育项目经营的申报和管理工作。本公告公布前已经开展目录所列高危险性体育项目经营的，经营单位应当在其经营场所醒目位置张贴本公告，对消费者进行提示，并于公告公布后6个月内按照相关规定办理许可手续。

消费者应增强自我保护意识，了解高危险性体育项目的特点，服从经营单位工作人员的劝诫和指导。

特此公告。

国家体育总局 人力资源社会保障部 国家工商行政管理总局

（印章）（印章）（印章）

2013年5月1日

附件：（略）

**简析**：这是一则由几个部门联合发出的知照性公告，即告知“第一批高危险性体育项目目录”及相关要求。

## 六、通告

### （一）通告的概念、种类

1. 通告的概念

通告是适用于在一定范围内公布应当遵守或者周知的事项的公文。

2. 通告的种类

（1）周知类通告：主要使受文者了解重要情况、重要消息，因此文中不提直接的执行要求。

（2）执行类通告：主要向受文者交代需要遵守、执行的政策、措施以及其他行为规范，具有一定的强制力。

### （二）通告的格式和写法

通告由标题、正文和落款三部分组成。

1. 标题

标题一般由发文机关、事由和文种构成，如《×××市人民政府关于防汛救灾的紧急通告》，但也可根据具体情况，使用发文机关加文种，如《中华人民共和国公安部通告》，事由加文种，如《关于整治机动车超载违章的通告》或只写“通告”二字。

2. 正文

正文由缘由和通告事项两部分组成。缘由为发布通告的原因和根据，事项为须知和遵守的内容，用“特通告如下”转承连接。通告事项是面向大众的，应简洁明了，叙述清楚，通俗易懂，便于掌握。结尾部分可提出要求、希望，并用“特此通告”作结，有时也可不写，形式比较灵活。

3. 落款

落款即在正文后签署发布通告的机关名称和日期。

**（三）通告的写作要求**

（1）通告的撰稿者，要有政策观念，以政策衡量通告的事项，确保其不与现行政策抵牾，不搞不符合法律程序的“土政策”。

（2）因通告可以用来处理带有一定专业性的公务，所以撰稿者在写有关专业性内容时，难免会使用一些术语，但应尽量选择为大多数人所熟悉的行业用语。同时，撰稿者也要具备一定的专业知识。

（3）通告的内容一定要突出，才能给人以深刻的印象。

（4）通告一般可以张贴、见报，也可以文件形式下达。

## 七、意见

**（一）意见的概念**

意见是适用于对重要问题提出见解和处理办法的公文。

“意见”这种公文，往往是上呈然后批转下发的，一般是由主管机关或职能部门对自己认为是重要的问题提出看法、主张、措施、办法，要求上级批准实施或批转更大范围实行，所以可以说它是报请性公文中的呈转公文。

**（二）意见的特点**

意见属于可多个方向行文的公文。由领导机关或主管部门就某一个问题提出的意见，有关部门必须认真贯彻执行，不能把它当作一般意见来对待。意见的内容偏重于原则的阐述，具有普遍的指导意义。意见在提出处理问题的办法时，为使有关机构有所遵循，一般规定得比较具体，具有可操作性。

**（三）意见的格式与写法**

意见由标题、主送机关、正文、落款几部分组成。

1. 标题

意见的标题由发文机关、事由、文种三个要素组成，如《上海市人民政府关于加快本市民政事业发展的若干意见》，有时也可省略发文机关，采用二联式，如《关于加快本市高速公路网建设的若干政策意见》。

2. 主送机关

经上级批转下发的意见，因主送机关已标注在批转通知中，故无须再标注主送机关。直接下发的意见，需要标注主送机关。因为下属的单位较多，主送机关很可能是多个的。

3. 正文

正文包括前言、主体和结尾三部分。

(1)前言。意见的正文，一般先写前言，前言往往说明提出意见的目的，交代提出意见的依据，阐述布置工作的意义和重要性。

(2)主体。如果是指示性意见，主体部分要写出意见的具体内容，包括明确工作任务，阐明对此工作应有的基本认识，提出原则性的要求、政策性的措施、处理的办法等。为了使表达有条理性，一般采用分层、段前加小标题的写法。如果是计划性意见，主体部分要写明目标、措施、步骤三项内容。

(3)结尾。意见一般可以自然收束，不用专设结尾。如果需要，结尾往往是提出号召、希望或督查要求等。

4. 落款

落款署上发文机关名称和日期。直接下发的意见，一般都在文后盖上发文机关的印章，写上发文日期。由上级机关用通知等公文批转的意见，发文机关和成文日期均见于通知，意见本身不需要再在正文之后盖上发文机关印章和写上成文日期。

**【例文】**

**教育部关于改进和加强研究生课程建设的意见**

教研〔2014〕5号

各省、自治区、直辖市教育厅(教委)，新疆生产建设兵团教育局，中国人民解放军总参军训部，有关部门(单位)教育司(局)，各研究生培养单位：

为贯彻《国家中长期教育改革和发展规划纲要(2010—2020年)》，落实《教育部国家发展改革委财政部关于深化研究生教育改革的意见》要求，更好地发挥课程学习在研究生培养中的作用，提高研究生培养质量，现就加强研究生课程建设提出以下意见：

一、进一步明确加强研究生课程建设的重要意义和总体要求

1. 高度重视课程学习在研究生培养中的重要作用。课程学习是我国学位和研究生教育制度的重要特征，是保障研究生培养质量的必备环节，在研究生成长成才中具有全面、综合和基础性作用。重视课程学习，加强课程建设，提高课程质量，是当前深化研究生教育改革的重要和紧迫任务。

……

十、强化政策和条件保障

20. 有关教育主管部门要高度重视研究生课程建设工作，通过规划引导、资源配置和质量监管等手段，鼓励和支持研究生培养单位不断加强课程建设、教学改革和管理。鼓

励省级教育行政主管部门组织实施课程建设试点和课程建设示范项目,组织开展课程建设经验交流,营造重视课程建设的良好氛围。进一步完善国家教学成果奖励政策,对研究生教学成果的评审奖励实行分类管理,加大对研究生教学成果的奖励力度。

教育部

2014 年 12 月 5 日

**简析**:这是一篇指导性的意见,即就改进和加强研究生课程建设的有些事项提出了指导性意见。意见内容具体明确,条理清晰,具有很强的指导性。

## 八、通知

### (一)通知的概念、特点及种类

1. 通知的概念

通知是知照性公文,适用于发布、传达要求下级机关执行和有关单位周知或者执行的事项,批转、转发公文。

2. 通知的特点

(1)知照性,通知的主要功能在于知照。

(2)广泛性,通知的广泛性表现在多方面。

(3)时效性,通知有一定的时效要求。

3. 通知的分类

根据适用范围,通知大体可分为以下类型:

(1)发布性通知,用于发布法规、规章。

(2)批转性通知,用于上级机关批转下级机关的公文。

(3)转发性通知,用于转发上级机关或不相隶属机关的公文。

(4)传达性通知,用于传达要求下级机关执行和有关单位周知或者执行的事项。

(5)指示性通知,用于上级机关指示下级机关开展工作。

(6)任免性通知,根据通知“适用于发布、传达要求下级机关执行和有关单位周知或者执行的事项”的界定,通知可以适用于任免和聘用干部。

(7)事务性通知,用于上级机关要求下属机关办理、执行或需要了解周知的事项。

(8)会议通知,用于组织会议的机关、单位将会议内容和相关事项预先告知拟参会的单位、部门或个人。

### (二)通知的格式与写法

通知包括标题、主送机关、正文、落款四部分。

1. 标题

通知的标题有四种写法：第一种一般采用公文标题的常规写法，由“发文机关＋事由＋文种”组成，如《中共中央办公厅、国务院办公厅关于严禁用公费变相出国(境)旅游的通知》。第二种可以省略发文机关，由“事由＋文种”组成标题，如《关于印发〈规范国有土地租赁若干意见〉的通知》(国土资发〔1999〕222号)。第三种由“发文机关＋文种”组成，如《国务院通知》。第四种只有文种“通知”二字。如果是“联合通知”“紧急通知”“补充通知”，要在标题中写明。

发布规章的通知，所发布的规章名称要出现在标题的主要内容部分，并使用书名号。

批转和转发文件的公文，所转发的文件内容要出现在标题中，但不一定使用书名，如《国务院办公厅转发教育部等部门关于进一步加快高等学校后勤社会化改革意见的通知》。

2. 主送机关

通知属于下行文，应有明确的主送机关。通知的主送机关可以是一个，也可以是多个。通知的发文对象比较广泛，因此，主送机关较多，要注意主送机关排列的规范性。如人事部《关于解除国家公务员行政处分有关问题的通知》的主送机关：

各省、自治区、直辖市人事(人事劳动)厅(局)、监察厅(局)；国务院各部委、各直属机构人事(干部)部门、监察局(室)：

由于级别、名称不同，主送机关的称法和排列非常复杂，这个序列显然是经过深思熟虑后确定下来的。

3. 正文

一般由开头、主体、结尾组成。开头写发通知的原因、依据和目的；主体写通知事项，内容多的可采用条款式；结尾要写明要求、希望等，也可不写结尾。主体是行文的重点。不同类型的通知主体各有侧重。

(1)批转或转发性通知。要写明被批转或转发公文的全称(加书名号)和文号(加括号)，根据不同情况用“现转发给你们，请遵照办理”“希研究执行”“请认真贯彻执行”“望参照执行”或“供参阅”等词语。有些批转、转发性通知在此之后还可根据本地、本单位的具体情况说明下发的目的，提出进一步的要求或贯彻文件精神的具体方法、步骤、措施等。

(2)发布性通知。要写明被发布公文的全称(加书名号)和什么时间由什么机关或会议通过，提出执行要求。必要时可强调该法规的重要性，提出认真贯彻执行的要求，请受文单位予以重视。

(3)指示性通知。正文部分一般由通知目的、通知事项、执行要求三项基本内容构成。

通知目的即要写清楚发通知的根据、理由或目的，应做到简短扼要，抓住最主要的写，不可离题，该说的要说清楚，然后用“现通知如下”或“特(紧急)通知如下”等字句转入通知事项部分。

通知事项是通知的核心部分，这部分写作质量如何将直接影响受文单位对通知精神的理解和贯彻执行，所以在写作时要特别重视，一定要做到准确、清楚，有利于理解与贯彻。所谓准确，是指通知事项中的概念要准确、周密、前后一致；所谓清楚，是指语义不产生歧义，不让人感到费解；所谓有利于理解与贯彻，是指受文单位一接到通知就能十分清楚地了解到本通知要做些什么事、如何做、做到什么程度。

执行要求是通知的结尾部分，其写法较灵活，通常有三种：一是事项部分写完后，没有其他要求，结尾常在事项部分后另起一行，写上“特此通知”；二是有执行要求，比较简单，常在结尾处写上“以上通知，望认真贯彻执行”“以上通知，自发布之日起执行”“本通知望各单位结合自己的实际情况贯彻执行”等；三是要求比较详细具体，这种情况下撰文要准确、清楚，必要时仍要分项分条。

(4)告知性通知。告知性通知要写明告知事项、背景或依据，写明事项的内容，提出要求。表达应准确，通知中涉及的时间、地点、单位名称、人名和活动内容要清楚无误。

(5)会议通知。通常，一份完整的会议通知应当包括以下几方面内容：①开会的目的或根据；②会议的主要议程；③参加对象的条件及名额分配；④会议的时间、地点；⑤出席会议者应自备的物件，如介绍信、经费、照片、论文等；⑥报到的具体方式，如报到时间、接站安排或路线等；⑦有关事宜准确、齐全、具体是对会议通知所写事项的基本要求。但在具体的实践中，并不是以上七点都必须同时具备，故可根据实际情况省略其中的个别项目。

(6)任免通知。任免通知是在任用或免除一般干部职务时所使用的通知，即上级机关向下级机关宣布对有关人员任免决定的一种通知。这种通知写法简单，要求写明决定任免的时间、机关、会议或文件依据及任免人员的职务。任职通知还要附带说明该职务所享受的级别待遇，免职通知则要说明“另行分配工作”等。此外，如果是向本单位下属发布上级任免决定的通知，往往只写通知内容而不写根据，带有传达的性质。

4. 落款

通知落款的写法与其他公文相同，写明发文机关、发文日期即可，但标题中如果已经标明发文机关的，落款时可以省略。

**(三)通知的写作要求**

1. 颁布或转发性通知

此类通知要求在正文中简短地说明所颁布或转发公文的制发机关、制发(批准、生效)日期、公文标题以及颁发或转发的目的、意义与要求等。被颁布或转发的公文均为通知的附件，须注明附件的序号、标题、件数。

2. 指示性通知

此类通知须写明提出指示的根据与指示事项，内容要求明确、具体。

3. 会议通知

此类通知要求写明召开会议的名称、目的、议题、时间、会址、对参加会议人员的要求(如准备发言、文件、论文、生活用品等)、注意事项以及筹办会议单位名称、联系人、联系地址、电话号码、会议食宿安排、去会址路线、接洽标志等。有的通知后面还要附上入场凭证或请柬等。总之,要写得清楚、具体,对必须写明的项目无一错漏,以保证会议按预定要求准时召开。

4. 任免人员的通知

此类通知要求写明批准的机关、日期与被任免人员的职务、姓名。

【例文】

**国务院批转发展改革委等部门**
**关于深化收入分配制度改革若干意见的通知**

国发〔2013〕6号

各省、自治区、直辖市人民政府,国务院各部委、各直属机构:

国务院同意发展改革委、财政部、人力资源社会保障部《关于深化收入分配制度改革的若干意见》,现批转给你们,请认真贯彻执行。

收入分配制度是经济社会发展中一项带有根本性、基础性的制度安排,是社会主义市场经济体制的重要基石。改革开放以来,我国收入分配制度改革不断推进,与基本国情、发展阶段相适应的收入分配制度基本建立。同时,收入分配领域仍存在一些亟待解决的突出问题,城乡区域发展差距和居民收入分配差距依然较大,收入分配秩序不规范,隐性收入、非法收入问题比较突出,部分群众生活比较困难。当前,我国已经进入全面建成小康社会的决定性阶段,按照党的十八大提出的千方百计增加居民收入的战略部署,要继续深化收入分配制度改革,优化收入分配结构,调动各方面积极性,促进经济发展方式转变,维护社会公平正义与和谐稳定,实现发展成果由人民共享,为全面建成小康社会奠定扎实基础。

我国仍处于并将长期处于社会主义初级阶段,当前收入分配领域出现的问题是发展中的矛盾、前进中的问题,必须通过促进发展、深化改革来逐步加以解决。解决这些问题,也是城乡居民在收入普遍增加、生活不断改善过程中的新要求新期待。同时也应该看到,深化收入分配制度改革,是一项十分艰巨复杂的系统工程,不可能一蹴而就,必须从我国基本国情和发展阶段出发,立足当前、着眼长远,克难攻坚、有序推进。

深化收入分配制度改革,要坚持共同发展、共享成果。倡导勤劳致富、支持创业创新、保护合法经营,在不断创造社会财富、增强综合国力的同时,普遍提高人民富裕程度。坚持注重效率、维护公平。初次分配和再分配都要兼顾效率和公平,初次分配要注重效率,创造机会公平的竞争环境,维护劳动收入的主体地位;再分配要更加注重公平,提高公共资源配置效率,缩小收入差距。坚持市场调节、政府调控。充分发挥市场机制在要素配置和价格形成中的基础性作用,更好地发挥政府对收入分配的调控作用,规范收入分配秩序,增加低收入者收入,调节过高收入。坚持积极而为、量力而行。妥善处理好改革发展稳定的关系,着力解决人民群众反映突出的矛盾和问题,突出增量改革,带动存量调整。

各地区、各部门要深入学习和全面贯彻落实党的十八大精神,充分认识深化收入分配制度改革的重大意义,将其列入重要议事日程,建立统筹协调机制,把落实收入分配政策、增加城乡居民收入、缩小收入分配差距、规范收入分配秩序作为重要任务。各有关部门要围绕重点任务,明确工作责任,抓紧研究出台配套方案和实施细则,及时跟踪评估政策实施效果。各地区要结合本地实际,制定具体措施,确保改革各项任务落到实处。要坚持正确的舆论导向,引导社会预期,回应群众关切,凝聚各方共识,形成改革合力,为深化收入分配制度改革营造良好的社会环境。

附件:关于深化收入分配制度改革的若干意见(略)

国务院

2013 年 2 月 3 日

(此件公开发布)

**简析**:这是一则批转性通知,首先表明态度,对这个"意见"表示"同意";其次要求受文单位"贯彻"执行;最后强调了贯彻执行的重要意义,言简意赅。

## 九、通报

### (一)通报的概念、特点及种类

1. 通报的概念

通报是适用于表彰先进、批评错误、传达重要精神和告知重要情况的公文。

2. 通报的特点

(1)典型性。通报的事实,不论是表彰性的、批评性的,还是通报情况的,都要求有典型意义。典型就是具有普遍性、代表性,事实越典型,其警示和借鉴意义越大,只有个性却没有普遍意义的题材,缺乏广泛的指导价值。

(2)指导性。通报的内容,其价值往往并不单纯在于发布动态信息、宣布事件处理结果,而是要激励先进、督促后进,树立学习榜样,或者提供反面典型,使读者能够总结经验、吸取教训,得到有益的启示和警示。

(3)时效性。上级机关应适时发布通报,通报的事实较为具体,对发生的时间、地点等要素都要进行交代,这就要求通报及时发布。通报的内容总是跟特定时期的背景有着紧密的联系,通报得过于迟缓,达不到其沟通情况、宣传教育的目的。因此,通报的制发应该迅速、及时,以免时过境迁,失去其积极的作用。

3. 通报的种类

(1)表彰通报。表彰通报是用来表彰先进人物或先进集体,介绍先进事迹、推广典型经验的,是从高层机关到基层单位都广泛采用的常用公文类型。

(2)批评通报。批评通报是对工作中发生、出现的重大事故、重大失误、错误倾向、不良风气提出批评时使用的公文文种,重在以儆效尤,有针砭、警示、纠正的作用。批评通报可以针对个人所犯的错误制发,也可以针对某一部门、单位的不良现象制发,还可以针对普遍存在的某种问题制发。

(3)情况通报。用来传达重要精神、沟通重要情况的通报是情况通报。为了让下级单位对一些重要事件或全局状况有所了解,上级机关应适时发布这样的通报。常见的工作情况通报内容主要有工作进展情况、落实情况、评比检查结果等。

(二)通报的格式与写法

通报由标题、主送机关、正文、落款组成。

1. 通报的标题

通报的标题一般由“发文机关 + 事由 + 文种”构成,有时也可只由“发文机关 + 文种”构成或者由“事由 + 文种”构成或直接用“通报”二字。

2. 主送机关

指定下发单位的通报要写明主送机关,通报的主送机关一般较多,以体现“通”的特点。

3. 通报的正文

(1)表彰及批评通报

①介绍事实情况。介绍先进人物或集体的行动及其影响,要写清时间、地点、人物、基本事件过程。如果对个人的错误进行处理,要写明违纪人员的基本情况,然后对错误事实进行叙述,要写得简明、清晰。如果是针对某一普遍存在的问题进行通报,要选择一些有代表性的事实进行综合叙述;表达时应概括叙述,只要将事实讲清即可,篇幅不宜过长。

②进行分析评价。对先进人物、典型事迹应表明其代表的积极倾向,指出其意义,以便激励先进、督促后进;对于单一错误事实,要对错误的性质、危害进行分析,一般都写得比较简短;对于综合性的不良现象或问题,分析要系统,主要采用议论的写法,要注意文字的精练,措辞要有分寸感,不能出现过誉或贬低的现象。

③作出奖惩决定。这部分写什么会议或什么机构决定,给予表彰对象以什么样的表彰和奖励,或者给予批评对象以什么样的处分和惩罚,在表达上要清晰、简洁,用词得当。

④提出希望要求。结尾部分用来提出希望、发出号召。这部分表述的是发文的目的,是整篇的思想落脚点,应该写得有针对性,具有教育意义,以使受文单位对通报高度

重视、认清性质、采取措施。

(2)情况通报

①缘由和目的。开头首先叙述基本事实,包括阐明发布通报的根据、原因、目的等。开头文字不宜过长,应该综合归纳、要言不烦。

②情况和信息。主体部分主要叙述情况、传达信息,通常内容较多,篇幅稍长,要注意梳理归类,对结构进行合理安排。

③希望和要求。在明确情况的基础上,对受文单位提出一些希望和要求。这部分是全文思想的归结之处,写法因文而异,总的原则是抓住要点、切实可行、简练明白。

### (三)通报的写作要求

#### 1. 通报一般不提出具体工作要求

在实践中,一部分传达上级指示精神的公文既可用通知也可用通报。在内容上通报不同于通知的是,通报一般不提出工作上的具体要求以及需要具体组织实施的事项。

#### 2. 通报文风要朴实

文字表述要简洁明快,言之有据,切忌夸张渲染。无论是表扬还是批评,都要以实事求是的态度对事实认真核查,一定不要拔高或扭曲。

#### 3. 通报观点要鲜明,提倡什么,反对什么,要是非分明,忌含糊其词

在行文篇幅上要详略得当,切忌把表彰通报写成报告文学,把批评通报写成情况纪实。一般来讲,即使长一点的通报,也要以不超过 2000 字为宜。

**【例文】**

**关于表扬在新冠肺炎疫情防控工作中表现突出的先进集体和先进个人(第三批)的通报**

各县(市、区)党委,市委各部委办,市直(含驻汕)各单位,市各人民团体,市委"两新"工委:

近段时间以来,全市各级党组织和广大党员干部坚决贯彻落实习近平总书记关于疫情防控工作重要讲话和重要指示批示精神,按照中央、省委和市委部署,统筹做好疫情防控和经济社会发展工作,涌现出一批组织有力、措施得当、推进有序、成效明显的先进集体和坚守一线、冲锋在前、担当有为、无私奉献的先进个人。为进一步激发全市各级党组织和广大党员干部实干当先、奋勇争先,继第一、第二批先进集体和先进个人通报表扬后,对在疫情防控斗争一线担当作为、表现突出的 48 个集体和 102 名个人(第三批)予以通报表扬。

当前,国内疫情防控形势持续向好,生产生活秩序加快恢复,但国外形势依然严峻,外防输入、内防反弹任务依然艰巨。我市疫情防控和经济社会发展工作统筹推进,基层基础建设年、"项目双进"会战年、营商环境优化年三大行动正有序铺开。希望本批受到通报表扬的集体和个人珍惜荣誉,再接再厉,再立新功。希望全市各级党组织和广大党

员干部以先进为标杆、以典型为榜样，牢记习近平总书记嘱托要求，不获全胜决不轻言成功，摒弃厌战情绪、松劲心态，保持“咬定青山不放松”的韧劲和“不破楼兰终不还”的拼劲，不断巩固成果、扩大战果，坚持疫情防控和经济社会发展两手抓两不误两促进，以“三大行动”为抓手，一年当作三年用，不忘初心、牢记使命，实干当先、奋勇争先，比学赶超、赛龙夺锦，为夺取疫情防控和经济社会发展“双胜利”，决胜全面建成小康社会，全力打造沿海经济带的亮丽明珠作出新的更大贡献。

中共××市委组织部

2020 年 4 月 15 日

## 十、报告

### （一）报告的概念、特点及种类

#### 1. 报告的概念

报告是适用于向上级机关汇报工作、反映情况、回复上级机关的询问的公文。

报告属上行公文，应用相当广泛。它可以用于定期或不定期地向上级机关汇报工作，反映本部门、本单位贯彻执行各项方针、政策、批示的情况，反映实际工作中遇到的问题，为上级机关制定方针、政策或者作出决策、指示提供依据；还可以用于回复上级机关的询问。

#### 2. 报告的特点

（1）行文的单向性。报告是下级机关向上级机关行文，旨在为上级机关提供情况，不需要受文单位批复，属单向行文。

（2）表达的陈述性。报告用于汇报工作、反映情况，具体地陈述本部门、本单位贯彻执行各项方针、政策的情况，某一阶段做了哪些工作，怎样开展的，取得了哪些成绩，存在什么问题，表达方式是叙述和说明。

#### 3. 报告的分类

根据性质的不同，报告可分为综合报告和专题报告两种；根据时间期限的不同，可分为定期报告和不定期报告两种；根据内容不同，可分为工作报告、情况报告、答复报告和递送报告等。需要说明的是，有些专业部门使用的报告文书，如调查报告、审计报告、咨询报告、立案报告、评估报告等，虽然标题上也有“报告”二字，但其概念、性质和写作要求与行政公文中的报告不同，不属于行政公文范畴，不应与之混淆。

按内容划分，报告有以下几种：

（1）工作报告。工作报告是向上级机关或重要会议汇报工作情况的报告。它主要用于总结工作，反映某一阶段、某个方面贯彻落实政策、法令、批示的情况，如×××在××

省××会议上所作的《政府工作报告》。

(2)情况报告。它用于向上级反映工作中的重大情况、特殊情况和新动态等的报告。这种报告便于上级和机关根据下级情况及时采取措施,指导工作。

(3)回复报告。它是针对上级机关向下级机关提出询问或要求,经过调查研究后所作的陈述情况或者回答问题的报告。

(4)报送报告。它是以报告的形式,向上级呈报其他文件、物件的说明性公文。

**(二)报告的结构和写法**

报告一般由标题、主送机关、正文和落款组成。

1. 标题

报告的标题常见的形式有两种,一种是由"发文机关+事由+文种"构成,如《××部关于××抗灾救灾工作情况的报告》;另一种是由"事由+文种"构成,如《政府工作报告》等。

2. 主送机关

报告的主送机关可以是一个,也可以是几个,顶格写于文首,其后用冒号。

3. 正文

报告的正文一般由开头、主体和结语等部分组成。

(1)开头。开头主要交代报告的缘由,概括说明报告的目的、意义或根据,然后用"现将××情况报告如下"一语转入下文。

(2)主体。这是报告的核心部分,用来说明报告事项。它一般包括两方面内容:一是工作情况及问题,二是进一步开展工作的意见。

在不同类型的报告中,正文中报告事项的内容可以有所侧重。工作报告在总结情况的基础上,重点提出下一步工作安排意见,大多都采用序号、小标题区分层次。答复报告则根据真实、全面的情况,按照上级机关的询问和要求回答问题,陈述理由。递送报告,只需写清楚报送材料(文件、物件)的名称、数量即可。

(3)结语。根据报告种类的不同一般都有不同的程式化用语,应另起段来写。工作报告和情况报告的结束语常用"特此报告",答复报告多用"专此报告",递送报告则用"请审阅""请收阅"等。

4. 落款

落款处署名并写上成文时间。

**(三)报告的写作要求**

1. 工作报告

(1)要写明工作进程、成绩与经验、问题与不足、改进的措施、未来的打算。

(2)主次要分明,重点要突出,点面结合。

(3)要客观全面报告工作情况,实事求是,从客观反映的成绩或问题中揭示出一定的规律。

(4)报告不得夹带请示事项。

2. 情况报告

重在反映“动态”情况,如突发情况、意外事故,工作中出现的新事物、新问题、新动向。报告要及时,详略要得当。

3. 回复报告

针对上级的询问,实事求是地回复。

4. 递送报告

将报送材料(文件、物件)的名称、数量写清楚即可。结尾用“请收阅”“请查收”等惯用语。

## 十一、请示

### (一)请示的概念、特点及种类

1. 请示的概念

请示是适用于向上级机关请求指示、批准事项的公文。

2. 请示的特点

(1)请求性。只有本机关无权决定或无力解决而又必须解决的事项,才可以用“请示”行文,即请求上级机关给予指示、决断或答复、批准。

(2)超前性。请示必须在办理事项之前行文。

(3)单一性。请示要一事一请示,且主送机关只能为一个。

(4)呈批性。请示的目的是针对某一事项取得上级的指示或批准,上级机关对呈报的请求事项无论是否同意,都必须给予明确的“批复”,属于双向行文。

(5)隶属性。发文单位只能按照隶属关系向直接的主管机关发文请示。

3. 请示的种类

按照内容和性质的不同,可将请示分为请求指示性请示和请求批准性请示。

(1)请求指示性请示。针对有关政策问题请求上级机关指示时所写的请示。

(2)请求批准性请示。针对具体工作问题请求上级机关批准时所写的请示。

### (二)请示的结构与写法

请示由标题、主送机关、正文、落款组成。

1. 标题

一般由请示单位 + 事由 + 文种或事由 + 文种组成。

2. 主送机关

即直属上级机关,一般只报送一个主管的领导机关。

3. 正文

正文一般由以下三部分组成。

(1)请示缘由,即提出请示的原因和理由。

(2)请示事项,即提出有关问题要求上级指示或批准。提出的请示,要符合有关方针、政策,切实可行。

(3)请示要求,即应明确提出要求解决问题的方法或途径,常用"以上妥否,请批示""以上当否,请批示",等等。

4. 落款

如果标题已经有发文机关名称,落款处可省略。在发文机关下方,标明成文日期。

**【例文】**

**××市人民政府关于建立××市体育学校的请示**

××省人民政府:

我市体育事业在省委、省政府的关怀下,有了一定发展,在开展群众性体育活动,提高运动技术水平方面取得了一些成绩。但是,近年来我市运动技术水平与兄弟地市相比有下降趋势。其原因之一是我市体育师资严重缺乏。全市有中小学5636所,有体育教师1600人,其中学过体育的只有286人,这种状况已影响到基础训练。此外,我市重点业余体校毕业生的出路问题不能解决,不仅造成了体育人才的大量外流,而且严重影响了这所体校的招生,使重点业余体校日渐失去生机与活力。这些问题的存在,对全面提高我市的教育质量,为国家培养和输送优秀人才,产生了十分不利的影响。

鉴于上述情况,我们认为,我市急需建立一所以培养体育师资和优秀运动员为目标的体育学校,因此,拟将市重点业余体校改办成中等专业性质的体育学校。具体办学意见如下:

一、学校名称:(略)

二、学制及课程设置:(略)

三、招生对象及规模:(略)

四、场地设施:(略)

五、师资:(略)

六、经费:(略)

以上请示妥否,请批示。

××市人民政府

(印章)

20××年×月×日

**简析**:这份请示充分陈述申请建立体育学校的理由,抓住了请示的重点,理由充分必要,使得上级部门很难拒绝。

## 十二、批复

### (一)批复的概念、特点及种类

1. 批复的概念

批复是适用于答复下级机关请示事项的公文。

2. 批复的特点

(1)被动性。批复的写作以下级的请示为前提,它是专门用于答复下级机关请示事项的公文,先有上报的请示,后有下发的批复,一来一往,被动行文,这一点与其他公文有所不同。

(2)针对性。批复要针对请示事项表明是否同意或是否可行的态度,批复事项必须针对请示内容来答复,而不能另找与请示内容不相关的话题。因此批复的内容必须明确、简洁,以利于下级机关贯彻执行。

(3)权威性。批复表示的是上级机关的结论性意见,下级机关对上级机关的答复必须认真贯彻执行,不得违背,批复的效用在这方面类似命令、决定,带有很强的权威性。

(4)明确性。批复的内容要具体明确,不能模棱两可。

3. 批复的种类

根据批复内容和性质的不同,可以分为指示性批复、批准性批复和批转性批复三种。

(1)指示性批复:用于答复下级的指示性请示。

(2)批准性批复:用于答复下级的批准性请示。

(3)批转性批复:用于答复下级的批转性请示。

### (二)批复的格式与写法

批复一般由标题、主送机关、正文、落款构成。

1. 标题

最常见的是完全式的标题,由“发文机关+事由+文种”构成,如《国务院关于长沙市城市总体规划的批复》。还有一种完全式的标题是发文机关+表态词+事项+文种,这种较为简明、全面和常用,如《××市政府关于不同意××板材厂修建办公楼的批复》;也有的批复只写事项和文种。

2. 主送机关

即报送请示的直属下级机关。

3. 正文

正文包括批复引语、批复意见和批复要求三部分。

(1)批复引语要点出批复对象,一般称收到某文或某文收悉,而且要写明是对于何时、何号、关于何事的请示的答复,如:“你厂关于修建办公楼的请示(×发〔2008〕3号)已收悉,经研究批复如下”。

(2)批复意见是针对请示中提出的问题所作的答复和指示,意思要明确,语气要适当,同意什么,不同意什么,为什么某些条款不同意,注意事项等都要写清楚。

(3)批复要求(其实可以单独算作结尾),是从上级机关的角度提出的一些补充性意见,或是表明希望、提出号召。如果同意,可写要求;不同意,亦可提供其他解决办法;结尾写上:“特此批复”或“此复”。

4. 落款

落款部分写批复发文机关和成文日期。

**(三)批复的写作要求**

批复既是上级机关指示性、政策性较强的公文,又是对下级单位请求指示、批准的答复性公文,因此,撰写批复要慎重及时,要根据现行政策法令及办事准则及时给予答复。撰写时,不管同意与否,批复意见必须十分清楚明白,态度明朗,不可含糊其词,模棱两可,以免下级无所适从。同时批复必须有针对性地一文一批复,即请示要求解决什么问题,批复就答复什么问题。

**【例文】**

**国务院关于同意建立金属非金属矿山整顿**
**工作部际联席会议制度的批复**

安全监管总局:

你局《关于建立金属非金属矿山整顿工作部际联席会议制度的请示》(安监总管一〔2012〕152号)收悉。现批复如下:

同意建立由安全监管总局牵头的金属非金属矿山整顿工作部际联席会议制度。联席会议不刻制印章,不正式行文,请按照国务院有关文件精神认真组织开展工作。

附件:金属非金属矿山整顿工作部际联席会议制度(略)

国务院

(印章)

2013年1月30日

**简析**:这是一则表态性批复。全文先引来文标题和文号,以便收文者明确这是自己哪篇请示的批复,然后表示对该请示的态度及意见,最后提出要求。

## 十三、议案

### (一)议案的概念及种类

1. 议案的概念

议案是国家权力机关或立法机关提出的议事公文,是适用于各级人民政府按照法律程序向同级人民代表大会或者人民代表大会常务委员会提请审议事项的公文。

2. 议案的种类

(1)条约议案:是国务院向全国人民代表大会常务委员会提出的请予批准已签订的国际条约而用的议案。

(2)立法议案:是国务院向全国人大、全国人大常委会,地方各级人民政府向地方各级人代会及其常务委员会提出的请求立法的议案。

(3)事项议案:是国务院向全国人大、全国人大常委会,地方各级人民政府向地方各级人代会及其常务委员会提出的请求审议其职权范围内事项的议案,如变动某种机构、任免人员等。

### (二)议案的结构格式

1. 标题

议案的标题必须采用“三要素”式(完全式)的写法,即由“发文机关+事由+文种”构成。如果是立法议案,必须在法的名称后用圆括号括上“草案”二字,如:“国务院关于提请审议《中华人民共和国道路交通安全法(草案)》的议案”。

2. 发文字号

发文字号多用“函”字表示,如:国函〔2020〕192号。

3. 主送机关

议案的主送机关只能是审议议案的同级人民代表大会及其常务委员会。

4. 正文

正文一般由提请审议说明、提请审议事项(事项议案)、审议请求组成。

5. 落款

落款处写发文机关名称和日期。

### (三)议案的写作要求

1. 严格履行法定程序

议案的提出必须严格履行法定程序。发文机关必须具有议案提出权,主送机关必须具有议案审议权,提请审议的事项必须属于主送机关职权范围内的事项。

2. 内容单一,一文一事

内容必须单一,要求一文一事,便于主送机关审议和处理。

3. 用语必须准确、质朴、严密

议案的用语必须准确、质朴、严密,以体现议案的庄重、严肃。

【例文】

**国务院关于提请审议《中华人民共和国企业所得税法(草案)》的议案**

全国人民代表大会常务委员会:

为了适应对外开放的新形式,统一内资、外资企业所得税,创造企业公平竞争的市场环境,促进社会主义市场经济健康发展,国务院有关部门在认真调查研究、总结实践经验、广泛听取各方面意见的基础上,拟订了《中华人民共和国企业所得税法(草案)》。这个草案已经国务院常务会议讨论通过,现提请审议。

国务院总理×××

(签名章)

20××年9月28日

**简析**:这是一篇重大事项议案,内容是关于《中华人民共和国企业所得税法(草案)》的重大事项,先写制定的重要性,然后提出请"全国人民代表大会常务委员会"审议,按有关规定,由国务院总理签署,格式规范。

## 十四、函

### (一)函的概念、特点及种类

1. 函的概念

函是适用于不相隶属机关之间商洽工作、询问和答复问题,请求批准和答复审批事项的公文。函为平行文。

2. 函的特点

(1)使用范围的广泛性。函没有机关单位使用权限的限制,而且涉及的内容比较广泛。

(2)写作的灵活简便性。函的写法灵活简便,篇幅短小,制作程序、手续一般也较为简易。函是公文中最轻型的一个文种。

3. 函的种类

(1)商洽函:不相隶属机关之间商洽工作的函。

(2)询问函:向有关机关询问情况的函。

(3)答复函:针对询问函而制发的复函。

(4)请批函:向有关部门请求批准的函。注意其与请示的区别。请批函用于不相隶属机关；请示用于下级机关对上级机关。

### （二）函的格式与写法

函由标题、主送机关、正文和落款四部分组成。

1. 标题

函的标题一般有两种形式：一种是由“发文机关名称＋事由＋文种”构成，如《山东省人民政府关于济南新机场名称的函》；另一种是由“事由＋文种”构成，如《关于商请派车接送学生的函》。

2. 主送机关

即受文并办理来函事项的机关单位，于文首顶格写明全称或者规范化简称，其后用冒号。

3. 正文

正文一般由开头、主体、结尾、结语等部分组成。

（1）开头。开头主要说明发函的缘由。一般要求概括交代发函的目的、根据、原因等内容，然后用“现将有关问题说明如下：”或“现将有关事项函复如下：”等过渡语转入下文。复函的缘由部分，一般首先引叙来文的标题、发文字号，然后再交代根据，以说明发文的缘由。

（2）主体。这是函的核心内容部分，主要说明致函事项。函的事项部分内容单一，一函一事，行文要直陈其事。无论是商洽工作、询问和答复问题，还是向有关主管部门请求批准事项等，都要用简洁得体的语言把需要告诉对方的问题、意见叙写清楚。如果是复函，还要注意答复事项的针对性和明确性。

（3）结尾。结尾部分一般用礼貌性的语言向对方提出希望，或请对方协助解决某一问题，或请对方及时复函，或请对方提出意见，或请主管部门批准等。

（4）结语。通常应根据函询、函告、函商或函复的事项，选择运用不同的结束语，如“特此函询（商）”“请即复函”“特此函告”“特此函复”等。有的函也可以不用结束语，如属便函，可以像普通信件一样，使用“此致”“敬礼”。

4. 落款

落款部分署发函机关名称和成文日期。

### （三）函的写作要求

函的写作，首先要注意行文简洁明确，用语把握分寸。无论是平行机关还是不相隶属机关的行文，都要注意语气平和有礼，不要倚势压人或强人所难，也不必逢迎恭维、曲意客套。至于复函，则要注意行文的针对性，答复的明确性。

【例文】

××市卫生局关于向××经贸学院商借教室的函

××经贸学院:

我市为传达贯彻党的十八大精神,拟对本系统在职干部进行不脱产培训。因场地不够,拟向贵校借用教室。时间是今年11、12两个月的所有双休日,每天上午8时至下午5时;数目5间,有关经费及细节,我局将派人前来商定。望能得到贵校支持。

妥否,请函复。

××市卫生局

(印章)

20××年10月20日

**简析**:这则商洽函,说明致函缘由及商洽的内容事项,语言凝练,格式标准。

## 十五、纪要

### (一)纪要的概念、特点及种类

1. 纪要的概念

纪要是适用于记载会议主要情况和议定事项的公文。纪要产生于会议后期或者会后,是具有多个行文方向的纪实性公文。

纪要是根据会议情况、会议记录和各种会议材料,经过综合整理而形成的概括性强、凝练度高的文件,具有情况通报、执行依据等作用。任何类型的会议都可印发纪要,尚待决议的,或者有不同意见的,也可以写入纪要。

2. 纪要的特点

(1)纪实性。纪要必须是会议宗旨、基本精神和所议定事项的概要纪实,不能随意增减和更改内容,任何不真实的材料都不得写进纪要。

(2)概括性。纪要必须精其髓、概其要,以极为简洁精练的文字高度概括会议的内容和结论。既要反映与会者的一致意见,又要兼顾个别同志有价值的看法。有的纪要,还要有一定的分析说理。

(3)条理性。纪要要对会议精神和议定事项分类别、分层次予以归纳、概括,使之眉目清晰、条理清楚。

3. 纪要的种类

(1)办公纪要。这类纪要是用于传达由机关、单位召开的办公会议所研究的工作、议定的事项和布置的任务,要求与会单位和有关方面、有关人员共同遵守、执行。行政约束力很强,具有明确的指示性。

(2)其他纪要。这类纪要是指由专门工作会议、专题讨论会、座谈会、学术研究会等形成的纪要,有的起到通报会议情况的作用,使有关人员尽快知道会议的基本情况和主要精神;有的具有指导作用,它所传达的会议精神,可对有关方面的工作予以指导。

### (二)纪要的写作格式

纪要的写法因会议内容与类型不同而有所不同。就总体而言,一般由标题、成文日期、正文构成,具体写法如下:

1. 标题

(1)单行标题:会议名称 + 文种,如《全国农村工作会议纪要》;召开会议的机关 + 内容 + 文种,如《省经贸委关于企业扭亏会议纪要》。

(2)双行标题:以正副标题形式出现“文章式标题 + 文件式标题”,如《穷追猛打,除恶务尽——××市扫黄打黑工作会议纪要》。

2. 成文日期

成文日期的位置有两种:一种写于标题下,一种写于正文右下方。

3. 正文

正文由两部分组成。

(1)会议情况:主要包括会议时间、地点、名称、主持人、与会人员、基本议程。

(2)议定事项:常务会、办公会、日常工作例会的纪要,一般包括会议内容、议定事项,有的还可概述议定事项的意义。工作会议、专业会议和座谈会的纪要,往往还要写出经验、做法、今后工作的意见、措施和要求。

### (三)纪要的写作要求和注意事项

(1)要正确地集中会议的意见。没有取得一致意见的,一般不写入纪要,但对少数人意见中的合理部分,也要注意吸收。

(2)要抓住要点来写,不要写成会议记录。

(3)善于归纳问题。即对会议内容作分类整理和理论概括。归纳概括会议情况的主要依据是会议的原始记录、会议印发的文件和领导人的讲话稿。

(4)必须实事求是,忠实会议内容。可以对与会者的发言进行概括和提炼,也可适当删节,但不可凭空增添内容和篡改原意。

**【例文】**

**“五五”普法专题座谈纪要**

(20××年6月30日)

20××年6月26日,政协某县委员会召开县“五五”普法专题座谈会。县委副书记×××、政府常务副县长×××、人大常委会副主任×××、县政法委书记×××等领导同志应邀参加会议并做了讲话。会议在听取县司法局局长×××同志《关于我县第五个五年普法工作情况汇报》的基础上，展开了热烈的讨论，现将座谈会议情况纪要如下。

会议认为：普法工作是提高公民法律素质、推进依法治国方略、建设社会主义法治国家、构建社会主义和谐社会的一项基础性工作，非常重要，意义重大。我县“五五”普法工作在县普法工作领导小组的领导下，起步良好。县司法局作为普法工作的职能部门，领导重视、工作扎实、措施到位，较好地发挥了参谋助手作用。在实际工作中，能紧密结合我县实际，突出普法的重点内容、重点区域和重点人群，分行业编印普法读本，以“一学三讲”为主题学法律、讲权利、讲义务、讲责任，深入推进法制宣传“六进”活动进机关、进乡村、进社区、进学校、进企业、进单位，通过广泛的发动和宣传，有效地推动了我县“五五”普法工作的有序开展。基本上做到了宣传教育工作有措施、有重点、有声势、有成效；较好地调动了广大干部职工群众懂法、知法、守法的自觉性和积极性；进一步提高了领导干部依法决策、依法管理、依法行政的水平和公民的法律素质及法制意识；有效地推进了我县普法工作的进程，为我县的改革发展与和谐稳定营造了良好的法制环境。

会议指出：我县“五五”普法工作虽然起步良好，但也还存在不容忽视的问题：一是少数领导重视程度不够，思想认识依然存在“重建轻管”重经济建设、轻依法管理。特别是有些乡镇领导思想观念没有真正转变到依法行政、依法管理上来，对法制宣传教育的重要性缺乏认识，研究不够，支持不力。二是少数部门普法流于形式。在宣传思想上仍然是传统模式，收效甚微。三是宣传形式比较单一，边远村组和交通不便的地方普法宣传还有“死角”。

会议建议：各级党委、政府及其职能部门要进一步提高认识，站在以法治国、建设社会主义法治国家和构建社会主义和谐社会的高度，充分认识开展“五五”普法工作的重要意义，把思想统一到中央、省、市的文件精神上来，再加措施、再鼓干劲，切实做好“五五”普法的各项工作。在具体工作中各级党委一要把“五五”普法、依法治县工作纳入党委组的议事日程，切实加强领导，确保“五五”普法工作的顺利实施。二要从思想上和行动上引起重视，建立健全“党委领导、人大监督、政府实施、政协支持、各部门积极配合”的工作机制，形成一把手统管，县级四大班子领导共同参与、上下配合的组织体系。

会议要求：在“五五”普法过程中，要进一步扩大参与面。各级各部门单位要进一步提高思想认识，加强协调与配合。努力营造全民参与的氛围，并形成全社会共同参与的“大普法”格局。一是县司法局要在充分发挥职能作用的同时，注重发挥各成员单位在普法教育中的作用，一改过去司法行政部门单兵作战的被动局面。二是县普法办应号召和指导各部门、各单位开阔思路，积极探索新方式方法。继续坚持以人为本、司法为民的理念，坚持从群众实际需要出发，开展法制宣传教育。把与群众生产、生活密切相关的法律法规，结合案例分析编排通俗易懂的普法教材，要用身边的人和事教育广大群众。并针对不同层次、思想状况、心理特点和理解能力，确定不同的普法内容和目标，因人施教。三是各执法部门应进一步配合“五五”普法，加大法律法规的宣传力度，并做到持之以恒，以求取得好的效果。四是广播电视、政府网站等大众传媒要加强法制宣传，发挥覆盖面宽的优势，加强普法宣传，提高教育吸引力，做到“电视有影、广播有声、网络有连接”。五是在普法教育宣传方面，要围绕构建和谐社会突出宣传重点。在实际工作中力求做到“五抓五促”，即抓领导层的普法教育，促其依法决策，依法管理；抓青少年学生的普法教育，促其知法、守法；抓执法主体的普法教育，促其公正执法；抓部门的普法教育，促其依法行政；抓百姓普法教育，促其知法、懂法，不违法和形成维权意识。在宣传形式上，既要坚持传统做法，又要有创新，形式多种多样。同时还要深入扩面，深要深到底，扩要扩到边，做到不留死角。要通过以上措施，努力实现党委、政府各部门各司其职、齐抓共管，司法行政部门与政府各部门、社会团体和基层组织有效联动，全社会共同参与的工作格局，从而全面推进“五五”普法工作的落实。

会议强调：要切实加强制度建设。各部门要建立定期通报制度、信息交流制度、经验总结制度。我县“五五”普法工作前期工作虽然扎实有效，但后期工作任重道远。县普法办要切实履职，积极当好“五五”普法领导小组的助手，进一步加大对全县普法工作的督促指导工作，要及时对工作进展情况进行督导检查，总结经验、分析问题、查找不足、指导工作。“五五”普法各成员单位和各执法部门都要认真总结经验，加强信息交流，推动“五五”普法工作向纵深发展。将普法工作纳入本部门、本系统的年度工作考核范围，与业务工作同部署、同考核、同奖惩，实现普法工作的制度化、规范化。同时县人民政府每年结合实际确定合理的经费标准，并列入财政预算，保证普法经费，以促进“五五”普法工作的顺利进行。

会议最后强调：县普法领导小组一定要加强对“五五”普法工作的领导，至少每年召开一次例会，听取汇报，制定措施，确保我县“五五”普法工作的有效开展。县普法办要进一步把“一学三讲”和“六进”活动做实、做细、做出成效，并总结推广。还要建立健全考核办法，加强对普法宣传教育的检查和考核，细化考核办法，注重实效，随时了解普法情况，以求取得实际效果。

注：“五五”普法，就是《中央宣传部、司法部关于在公民中开展法制宣传教育的第五个五年规划》。

**简析**：该则纪要用“会议认为”“会议指出”“会议建议”“会议要求”“会议强调”等习惯用语综述了会议的综合意见，层次清楚，真实地记载了会议的相关情况。

**【知识链接】**

## 现代应用文的文采美

李向丽

所谓文采，是指经过作者修饰、润色、加工过的富于美感的书面语言。孔子曰：“言之无文，行而不远。”所以，诸葛亮的《前出师表》、李斯的《谏逐客书》等应用文，至今仍充满生命力。那么，现代应用文在日益强调其规范的同时，还需不需要文采，需要哪些方面的文采？我就这个问题，谈谈自己的看法。

我认为，现代应用文强调规范化，不是削弱它的文采，而是恰恰相反，要强化它的文采。只有具备文采的现代应用文，才能既实用，又流传永久。

现代应用文文采美的内涵丰富，主要是：

一、简洁美。简洁，就是用最简短的文字，表达丰富、确切的内容，言简意赅。赵翼说："言简意深，一语胜人千百。"（《瓯北诗话》）历代写作大家都很重视语言的简洁、洗练、精美。刘知几说："文约而事丰，此述作之优美者也。"（《史通叙事》）李渔说："意则期多，字唯求少。"（《闲情偶寄》）鲁迅曾主张："竭力将可有可无的字、句、段删去。"（《答北斗杂志社问》）老舍先生也一再强调："世界上最好的著作差不多也就是文字清浅简练的著作。"（《论怎样学习语言》）

简洁并不等于单调浅陋，也不是随意的省略，它是智慧的结晶，是提炼洗选的结果，是"豪华落尽见真谛"（穆青语）的境界。应用文写作以高效、迅速地传递信息、处理公务为己任，以反映公务活动为特定的内容，以取得社会效益和经济效益为目的，具有很强的时效性和实用性，故语言的高度简洁、准确和精美，就显得尤为重要。

"从财政学的观点来说，财政的钱只能一个顶一个用……绝不能把拨给张三的钱交给李四支配，反之亦同。信贷资金则不同，张三把一笔钱存入银行，……，银行把这笔资金贷给李四，李四就取得了对这笔资金的支配权；李四归还贷款后，银行又可以把这笔资金的支配权交给第三者，如此等等。"（《中国金融：信用是扩大积累的有力杠杆》）在此，作者用简洁、通俗的语言准确地解释了财政资金和信贷资金的区别。要想使现代应用文的语言深得简洁美之妙，一要用词准确，二要注意选取有生命力的语词，三要运用恰当的修辞手法，四要重视文章的反复修改。"能改则瑕可为瑜，瓦砾可为朱玉。"只有这样，才能真正做到"篇无累句，句无累字"，言简而意赅，文约美溢。

二、朴实美。就是现代应用文语言的自然美、本色美，即选用那些质朴无华的语言，不加雕琢地表现出事物固有天成的原貌，以达到"平字见奇，常字见险，陈字见新，朴字见色"（沈德潜《说诗晬语》）的美学效果。朴实之美历来备受人们的推崇：庄子认为文章"素朴而天下莫能与之争美"；薛贯也强调，文章的语言"宁拙毋巧，宁精毋弱，宁僻毋俗"（《一瓢诗话》）；鲁迅先生一贯主张作文必须"有真意，去粉饰，少做作，勿卖弄"（《南腔北调集·作文秘诀》）。

现代应用文的实用性，决定了它的语言必须具有真理般的自然质朴，浑然天成。如国家旅游局《关于进一步发展假日旅游的若干意见》中的这段文字："由于供给不足以及对出现的新情况估计不够，应对措施跟不上等原因，假日旅游也暴露出一些问题：民航、铁路、公路运力相对不足，旅游出行受到制约；重点景区旅游者爆满，景区、景点容量和配套设施严重不足；许多地方中低档旅游住宿设施短缺，致使一些旅游者露宿街头；一些地区不同程度地存在旅游服务质量不高、哄抬价格、欺客宰客等问题。"



这段文字充分体现了现代应用文自然平淡本色的朴实美，没有华丽的辞藻，也没有浓郁的抒情，而是用实实在在的语言，直截了当地把“五一”假日旅游“黄金周”出现的问题确确实实地反映出来，给人的印象十分鲜明、深刻。

相反，一些过分的修饰和渲染，倒是现代应用文写作的大忌。如一份秘书专业函授学员的学习总结这样写道：

“金秋送爽的十月，正是瓜果成熟和收获的季节。苹果是那么红，葡萄像水晶，好一派欣欣向荣的丰收景象！在这丰收的季节，我们秘书专业一年的学习胜利结束，也获得了丰收。我们带着丰收的喜悦，遥谢春城里的教师，真是‘丰收果里有你的甘甜，也有我的甘甜’。静思我们学习中有哪些收获，还存在着哪些不足，该是认真总结的时候了！”

这种过多的抒情、描写以及不恰当的引用，给人以华而不实之感，当然也就不美。

三、流畅美。流畅，作为一种美学风格，一向为写作理论家所称道。古人就认为，好的文章应“圆美流转”，指的就是流畅美。我认为，现代应用文的流畅美，主要是指“文气的畅达”（曹丕《典论·论文》）。要想使现代应用文的语言富于流畅美，关键是意脉的贯通。“气有不顺处，须疏之使顺；机有不圆处，须炼之使圆；血脉有不贯处，须融之使贯”（唐彪《读书作文谱·卷五》）。因此，一是要注意现代应用文的气势贯通；二是要注意现代应用文的逻辑贯通；三是要有意识地加强音节与音节间的配合，使之具有节奏美和音韵美，使现代应用文的语言整齐而不呆板，错落而不杂乱，错落有致，音韵和谐。如国家旅游局《关于进一步发展假日旅游的若干意见》的开头段：“去年，国务院决定增加法定休假日，加上调整的两个双休日，形成了春节、‘五一’、‘十一’三个假日旅游‘黄金周’，极大地激发了人民群众的旅游热情，国内旅游空前火爆，特别是今年‘五一’放假期间旅游人数创历史最高纪录。‘黄金周’假日旅游推动了我国旅游业以及铁道、交通、民航、城市出租汽车和餐饮、商业等相关行业的发展，有力地拉动了内需，增加了财政收入；满足了人民群众的旅游需要，丰富了节日生活，对提高人们的物质文化生活水平起到了积极的作用，受到了社会各方面的普遍欢迎；繁荣了地方经济，促进了资源优势向产业优势的转化以及一些地区特色经济的形成。各级地方政府和国务院有关部门高度重视假日旅游工作，进行了精心的组织和安排，假日旅游秩序正常，未发生重大人员伤亡事故和治安事件。”

这段文字，作者在不少地方应用了字数相当、结构相同、词性相对、平仄相谐的偶句，读来语气流畅，给人美感。

四、生动美。长期以来，不少学者将追求生动、讲究文采看作现代应用文写作之“大忌”，而将平实、直白看作现代应用文对语言的主要要求。我认为，这是一种误解。其实现代应用文语言的平实、直白和流畅、生动并不矛盾。虽然现代应用文不能像文学作品那样，生动含蓄，文采飞扬，言有尽而意无穷，但并不排斥一定程度上的生动性。多一些活泼，多几分生动，不仅可以深化现代应用文的内涵，而且还可以增添文章的感染力。

那么，怎样才能使现代应用文的语言生动呢？我认为，主要应注意这么三点：一是精心提炼富有表现力的群众语言；二是恰当应用比喻、拟人、借代、顶真、换算等修辞方法；三是恰当地使用专业术语。如一份农村工作总结写联产承包责任制的好处：

“过去是头遍敲钟，被窝里哼哼；二遍敲钟，才把被子蹬；三遍敲钟，慢慢腾腾去上工。现在是，哨子不吹钟不响，群众自觉把地上。联产联着心，挑担有众人。干部操心，群众关心，人人都有责任心。”

总结用生动的群众语言，形象地说明“大锅饭”的弊端，生动地反映联产承包责任制的巨大威力。

五、模糊美。模糊语言，是一种外延不确定，内涵无定指，在表义上具有弹性的语言。

但它既不是含糊其词、模棱两可、令人费解的低劣用语，也不是文学作品中那种高深莫测、深刻含蓄、多义多解、回味无穷的艺术语言，而是指通过模糊语言在公文中的修辞作用，达到表意上的高度精确，正确而深刻地反映实际工作本质规律的实用语言，从而形成一种现代应用文语言的独特的模糊美。

如《中共中央、国务院批转国家农委〈关于积极发展农村多种经营的报告〉的通知》中的一段文字：“我国居民的食物构成，在今后相当长的历史时期，除纯牧区外，还只能以粮食为主。”

再如《中共中央关于社会主义精神文明建设指导方针的决议》中的两段文字：“到本世纪末，要使我国经济达到小康水平；到下世纪中叶，接近世界发达国家水平。”“从中央到基层的各级党组织，必须用更多的时间和精力来加强党对精神文明建设的领导。”

前者中的“相当长的历史时期”，后者中的“本世纪末”“下世纪中叶”“接近”“更多的时间和精力”等，都是些用得十分准确的模糊词，因而达到了表意上的高度精确，从而形成一种模糊美。

总之，我们应该看到，尽管应用文的实用语言和文学作品艺术语言有许多本质上的区别，但各种文体在发展过程中，仍有相辅相成、相融相补的特征。因而，现代应用文的写作不但不应该拒绝文采，而恰恰相反，在不损害它的实用性的前提下，应该发展文采美。只有具备文采美的现代应用文，才能传之久远。

## 实践应用能力训练

**一、思考题**

1. 什么是党政机关公文？
2. 党政机关公文的特点和作用是什么？
3. 简述“决定”撰写的规范格式及要求。
4. 简述“通告”的类型及写作规范格式及要求。
5. 简述“通知”的类型及写作规范格式及要求。
6. 简述“通报”的类型及写作规范格式及要求。
7. 简述“报告”与“请示”的区别，撰拟“请示”应注意哪些事项。
8. 简述“函”适用的范围及“函”的写作有哪些规范格式及要求。

9. 纪要的开头一般要写哪些内容？

**二、案例分析**

案例一：

××集团为了配合××市精神文明建设活动，同时，为了弘扬本企业的企业文化，拟定成立一个摄影协会，丰富员工们的业余生活。总经理交代办公室小张起草一份通知。以下是小张拟写的通知。

**××集团关于成立摄影小组的通知**

各下属公司、集团公司各部门：

我公司成立一个摄影协会，目的是更好地配合××市精神文明建设活动，丰富我们的业余文化生活，培养我们的情操，有利于我们提高观察生活的能力，从生活中挖掘出美的事物，使我们更加热爱我们的社会主义祖国。本协会将聘请专业或业余摄影家来讲学，在一两年内本协会成员除了能掌握摄影基础知识外，还能学会在拍摄过程中常用的方法，如追随法、逆光摄影法、高调摄影等，以及在冲洗照片过程中常用的如冲洗技术、多次曝光叠加成像、修改底片等方法。待初步掌握了这些技能后，我们还将外出采访，从而更好地深入实际，了解社会，还将尽可能地游历祖国名山大川，拍出有浓郁的生活气息和绮丽风光的艺术照片，并举办学员作品展览，评出优秀作品，对作者予以适当奖励。结业时，凡掌握了所学内容者，都发给毕业证书，并赠送纪念品。总之，凡加入本协会的同志，只要认真学习，虚心请教，相互交流，取长补短，切磋技艺，都会在摄影技术上取得很大进步，成为对祖国有用的人才。凡是对摄影有兴趣的同志，都可以自愿报名参加，要自带照相机，有摄影作品的同志最好交上来，以供录取时参考。活动时间每星期二、四下午，报名处在办公室 203 室，报名时交一张一寸照片，报名时间 12 月 1—10 日，过期不再补报。有关各项要求望及时发给各部门给予转达，尽快将名单报上来。摄影是一门艺术，它会使我们的生活更加充实，激发我们对祖国的爱和为祖国献身的勇气，望大家踊跃参加。

××集团办公室<br>二〇二〇年十一月三十日

请问：秘书小张拟写的这则通知，存在怎样的问题？根据通知的写作要求，重新拟写一份符合要求的通知。

案例二：

宋主任在××集团下属的××酒店办公室工作的历史悠久，工作经验十分丰富。但他文化水平一般，没有经过正规的写作课程培训，这一天，宋主任接到酒店张经理的一项指示：要他就本酒店与宏达贸易公司人事纠纷一事的处理向集团公司写一份“请示报告”。宋主任回头把这项任务交给秘书李萍。李萍刚从大学毕业，她清楚地知道“请示”和“报告”是两种不同的文种。根据领导交代的内容事项，她判定应用“请示”。文稿写好后，交给了宋主任。主任一看标题，随手就在“请示”的后面加上“报告”两字。李萍刚进公司，主任又是自己的直接顶头上司，当时也就不便加以解释。几天之后，李萍向宋主任推荐了一篇文章:《请示和报告不能混淆》。主任草草地看了一遍,不以为然地说:“纯粹一家之言,不足为据。《公文处理办法》中把报告和请示列为一类,我们现在既是‘反映情况’,又是‘请求批准’,为什么不能用‘请示报告’呢?而且你看,有很多人都是写‘请示报告’,就是上级,也常常在用呢!”

请问:李萍的想法对不对?她应该怎样做才能说服宋主任?

案例三:

**××集团商品技术研发部关于选择出国人员的指示**

××集团销售公司:

我集团商品技术研发部定于明年3月初派一考察小组赴德国进行调研活动。总经理决定你公司派一名熟悉业务和懂德语的专业人员参加。你公司审批的出国人员资料,必须于12月底前寄我部办公室。

敬请复函。

附件:《出国人员业务标准及德语水平标准》一份

××集团商品技术研发部(公章)

二〇二〇年六月八日

请问:上述公文格式和用语正确吗?请你根据秘书公文写作的基本规范要求修改这则公文的格式和语言。

**三、改错题**

(一)分析下列事例有无错误,并说明原因。

1. 某市人事局向市直属各单位下发年终考核工作通知,抄报于该市政府办公室。

2. ×市×区区属图书馆为办好图书事业,满足该区群众读书的要求,特向区政府请示增加经费,并将该请示抄送该区人事局、劳动局、物价局、财政局。

3. ×省×市×区区属瓷器厂因税务问题受到该区税务所的处罚,该厂认为处罚不符合国家税法,特向市税务局申诉,并同时向省税务厅申诉,并抄报于市政府、区政府。

4. 某市农林局写例行报告,一向市政府汇报2020年全年工作,二在报告中请示了2021年增建农机站的事项,三建议对困难地区减免乡政府提留费用。

5. ×市×工业总公司因市属重点企业×××机械厂领导班子个别人贪污犯罪,准备调整该厂领导班子,特向市政府请示,并将该请示抄送该厂办公室。

6. ×市纪检委员会将2020年纪检情况通报于市各直属机关和各局。

7. ××成人教育学院是受××市××区政府和市成人教育局双重领导的单位。该××成人教育学院就2020年需增加教育经费一事,特向两个上级机关请示。

8. 中共××市委与市委宣传部就学习贯彻中共第十四次代表大会精神,建设有特色的社会主义联合向下发出通知。

（二）评析下面的公文有什么错误。

**关于××市民政事业费管理使用问题的通报**

××市任意挪用、占用和滥用民政事业费的问题，是非常严峻的。民政事业费是体现党和国家对广大优抚、救济对象生活疾苦的关怀，任何人挪用、侵占和占用民政事业费必须限期如数追回。为了严明党纪国法，对挪用、占用民政事业费的有关人员，要按党纪政纪严肃处理，并将处理结果报省人民政府。

各地要把××市的问题引以为借鉴，加强民政事业费的管理，杜绝××市问题再度发生。

二〇二〇年×月×日

**四、写作实训**

（一）根据下面的材料写一套公文。

××信息工程学院经过几年的发展已升为高等职业技术学院，在校生人数已超过3000人。但是学校的一些必要的教学设施却一时不能适应其发展规模的需要，特别是缺乏一座独立的图书馆，这既影响了学生的学习也制约了学校的发展。为解决这一问题，学校决定建造一座独立的图书馆。为此，学校向省计委计财处写一份请示，请示拨款150万元修建一座4000平方米的图书馆，并抄报省教委计财处、省财政厅计财处。请你代拟这份请示。

省计委计财处接到的××信息工程学院请示后，能否批准其所提出的要求？请你代省计委计财处给××信息工程学院写一份批复。

为推动2020年普通高等学校毕业生就业工作的开展，拓宽毕业生就业渠道，为毕业生择业和用人单位选才搭建交流平台，建立统一高效的毕业生就业市场，实现毕业生顺利就业，由广东省教育厅主办，××市人事局、××市毕业生就业主管部门承办，××信息工程学院协办的“2020年广东省（××地区）普通高等学校毕业生供需见面会”，定于2020年11月20日在××举行。请你代拟一份活动邀请函。

拟写要求：

1. 必须包含标题、主送机关、正文、结束语、成文日期、附注等要素。

2. 注意事项以及联系方式要说清楚。

3. 字数不少于500字。

（二）根据下面材料写相关的公文。

1. ××信息工程学院2018届机电一体化专业学生按教学计划要到××市建设与管理局下属单位进行为期一个月的毕业实习。实习内容：机械设备操作及理论知识运用。

实习时间：2020年11月25日—12月25日；实习人数：30人；食宿无须对方安排；实习费用按有关文件规定付给对方。

按上述内容，以学校之名给××市建设与管理局下属单位写一份公函，然后再以××市建设与管理局下属单位之名，给学校写一份回函作答复。

2. ××市建设与管理局办公室根据10月10日局办公会议精神给各区建设与管理局下发一份通知，要求其做好接收××信息工程学院为本系统代培的2008届机要专业毕业生回各自原委培单位实习的工作。

请按此内容写一份布置事项的通知(按公文的格式写)。

3. 根据下面的内容写一则通报。

2020年×月×日下午5时左右，广州市某机械厂青年工人王松林在骑自行车下班途经广州登峰北路时，看见一个歹徒抢了一位女青年的皮包后逃走，小王跳下车截住歹徒并把他抓住，但却被另一个随后接应的歹徒从背后扎了一刀，小王手臂受伤，仍紧紧抓住歹徒不放。最后，闻讯而来的几位民警和保安人员把两个歹徒都抓获了。

广州市某机械厂决定给予王松林通报表扬，并发给奖金6000元。

(三)根据指定要求撰写公文。

要求：标题结构正确、事由和文种准确。公文体式正确，措辞得体，简洁明确。

1. 某省工业厅就本省企业浪费能源问题，研究决定对能源超标大户予以制裁，特发文给各市工业局。

2. 某省农业厅就2020年春季抗旱救灾问题，向省政府请求急拨救灾款5000万元。

3. 某市某区齿轮厂发生重大火灾，该区人民政府特向本区各单位发出信息，要求以此为鉴，搞好防火工作。

4. 某市劳动局为了解决下岗职工再就业问题，经研究决定对下岗职工进行义务培训，以利他们再就业，特向市有关单位发文。

(四)根据指定材料撰写公文。

1. 根据下列材料拟写一份通报。

某男，××电子集团有限公司员工。平时工作散漫，积极性低，201×年3月15日给其调换工作不服从调动，且其后几天连续旷工。

××发〔201×〕3号文件《××电子集团有限公司关于员工考勤实施细则》，通报批评，同时扣除本月工资和奖金。

2. 根据下面材料，拟写一份会议通知。

全国市场营销协会决定于20××年7月10日至16日在广西壮族自治区南宁市召开一年一度的营销协会年会。于6月28日发出会议通知。会议的内容是研究和探讨当前营销学的有关学术问题和热点问题，全国市场营销协会的会员均可参加。会期为7天，7月10日报到，报到和开会地点是：南宁军区空军招待所。要求：每位与会者于会前半个月交来相关学术论文一篇。会务费自理。

**五、情景实训**

**情景实训(一)**

应掌握撰写工作中的商务信函：

1. 实训目标：通过本实训掌握起草一般商务信函的要领。

2. 实训背景：××集团2020年恰逢成立60周年。公司决定筹办60周年庆典活动。一为庆祝公司成立60周年，希望公司越来越兴旺；二为借此机会酬谢多年来帮助关心公司的政府领导、社会各界、业务往来公司、公司同人等。老总让秘书小张起草邀请信，以传真的方式发给对方，正式邀请各位代表前来参加××集团60周年庆典活动。

3. 实训内容：按照实际情况撰写各种商务信函。

4. 实训要求

(1)本实训可选择在模拟的办公室或教室进行，最好能配置真实的传真机和能上网的电脑。

(2)实训分小组进行，可以3人一组，其中1人扮演小张，1人扮演上司，1人进行监督和评价，每人都要轮演小张和上司。

(3)每个同学在演练过程中一定要严肃认真，言行符合礼仪规范。

(4)每个同学最好都能按照实训内容设计演练的脚本(包括情节和台词，并给本小组成员分派角色)。

5. 实训提示

(1)写明邀请对方参加的活动是什么，在什么地方、什么时间举行。

(2)如有必要还应说明与对方相关的具体细节，例如，需要对方发言等。

(3)最后通常为期待对方尽早答复或征求对方对此邀请的意见。

**情景实训(二)**

应掌握撰写工作中的会议纪要：

1. 实训目标：通过本实训掌握起草会议纪要的要领。

2. 实训背景：某集团是一家国有大中型企业，主要经营电器、电子商品。2009年5月中央领导亲临该集团实地考察，肯定了集团公司的发展，同时，提出集团公司必须立足海西，发展经济，加快改革步伐，为实现海西经济的腾飞作出应有的贡献。公司领导在中央领导的深切关怀下，决定尽快找准契机，确定集团公司未来的发展方向，为海西经济发展添砖加瓦。

3. 实训内容：按照实际情况撰写各种纪要。

4. 实训要求

(1)本实训可选择在模拟的会议室或教室进行，最好能配置真实的会议设备(如电话、投影仪、话筒等)。

(2)实训分小组进行，可以10人一组，其中1人扮演会议记录人，1人扮演上司，7人扮演参加会议讨论人员，1人进行监督和评价，每人都轮演会议记录人和上司。

(3)每个同学在演练过程中一定要严肃认真，言行符合礼仪规范。

(4)每个同学最好都能按照实训内容设计演练的脚本(包括情节和台词，并给本小组成员分派角色)。

5. 实训提示

(1)会议记录人应详细记录会议过程中的情况。

(2)会后撰拟纪要根据会议记录拟写,不可根据自己意见加以改写,要在会议记录的基础上形成纪要。

(3)最后形成的纪要一定要求上级领导签字审核,同时注意保密措施。

# 第四章　事务文书写作

**学习提示：**

学习事务文书，要求学生熟练掌握事务文书的概念和类型、特点；常用事物文书的写作，重点把握计划、总结、调查报告和规章制度等常用事务文书的写作要领。

事务文书是机关、团体、企事业单位在处理日常事务时用来沟通信息、安排工作、总结得失、研究问题的实用文体，是应用文写作的重要组成部分。它虽不是“法定”公文，但却是各机关单位使用最广、最多的一类公文。

由于这类管理类文体处理的日常事务亦为公务，所以事务文书属于广义的公文范畴。它与狭义公文(《党政机关公文处理工作条例》所规定的公文种类)的区别在于：一是无统一规定的文本格式；二是不能单独作为文件发文，需要时只能作为公文的附件行文；三是必要时它可公开面向社会，或提供新闻线索(如简报)或通过传媒宣传(如经验性总结、调查报告等)。

## 第一节　事务文书概述

### 一、事务文书的种类

事务文书依其性质与作用的不同，可以分为如下几类：

**(一)计划类**

包括计划、规划、方案、设想、安排等。其共同点是对未来工作的内容、步骤、措施与方案等进行的设想。

**(二)总结报告类**

包括总结、调查报告、述职报告等。其共同特点是归纳某种工作的主要内容、成绩与经验、问题与不足等，并写成文字，向社会、上级或本单位所作的报告。

**(三)规章类**

包括规则、章程、制度、条例、守则等。其共同点是为了更好地开展工作而制定的某些制约性措施。

## 二、事务文书的特点

### （一）制发程序、行文格式无严格规定

法定公文在行文规则、制发程序上有严格的规范要求，在写作结构上也有基本固定的模式，形成了一定风格。事务类文书与之相比，表现出较大的灵活性，呈现出较多的风格。如工作计划，可以条目列出，也可以表格列出；可以在标题下方注明单位名称和时间，也可注于文末。

### （二）事务文书本身一般不具备法定的权威

事务文书一般不单独行文，它要发挥本身的作用，需要配以法定公文。如单位工作计划必须以正式下发工作计划的通知形式方具备必须贯彻执行的效力，否则，它的内容只能被看作一种参考意见。

### （三）使用频率高、应用范围广

事务类文书在党政机关、企事业单位、社会团体的日常工作中使用频率之高、范围之广，是其他类型文书无法相比的。

## 三、事务文书的作用

常用事务文书的主要任务是部署工作、交流情况、联系工作、总结经验、规范行为、礼仪应酬等，应用十分广泛，具体说来，有以下几个方面的作用。

### （一）咨议性作用

事务文书对决策者和上级有关部门具有咨询、建议的作用。通过总结经验教训，掌握现代管理所需信息，对工作中的焦点、难点问题进行调查研究，调整工作思路，改进工作方法，及时地修改工作计划，取得更高的工作效率。

### （二）规范约束作用

为了使全体社会成员或组织内的人员共同遵守一定的行为准则，就需要制定各种规章制度，如章程、条例、准则等，它起着约束、监督的作用。计划类的文书是单位、部门要求其成员在特定的时期内，为了完成或达到一个共同的目标，采取统一行动的依据，对计划范围内的每一个成员都有规范和约束作用；同时又是监督检查工作完成情况的依据。

### （三）喻事明理的作用

为了推动各方面工作的开展，各行业、各部门都要依据上级精神，及时向下级各部门讲解政策、布置任务，通常情况下，上级部门会以会议的形式来达到这个目的，而领导人在会议上使用的讲话稿、演讲稿等承担了这一任务。如调查报告、简报等文种也可起到宣传教育的作用，它们或直接或间接地用工作实践中的经验、做法来分析形势、讲解政

策、明确任务、传达信息、统一行动。

**(四)留存备查、沟通情况的作用**

由于语言交流受到时空限制,许多工作不可能面对面地交流,需要借助文字材料来处理公务、交流情况。其中的一部分成为机关活动的原始记录,这些文字材料都是珍贵的历史资料,具有极其重要的保存价值。同时,它们又是留存备查的依据和凭证,如会议记录、大事记等。有的在机关或行业的活动中,又起着交流情况的作用,便于上下左右的沟通联系,如简报、调查报告等。

### 四、事务文书的写作要求

**(一)大量地、详尽地掌握材料**

如调查报告,具有纪实性特点,需要进行深入调查,充分掌握材料。因此,在动笔前,要认真回顾工作的全过程,广泛仔细搜集工作、生活中的第一手材料。归纳起来,事务文书的写作一般应掌握以下材料:背景材料、现实的典型材料、过程性材料、主观性材料。

**(二)要有超前意识**

撰写事务文书,需要具备超前意识,站在时代和未来的高度,审视、分析问题,科学合理地揭示和把握事物未来的发展趋势。

**(三)坚持实事求是的写作态度**

从材料的搜集、整理、分类、分析直至形成完整的文章,所有的环节都应坚持实事求是的写作态度。撰写事务文书所用的材料要保证真实、准确,对事实的评价也须尽量客观、公正,既不能夸大也不能缩小。

## 第二节 计划

### 一、概念

计划是党政机关、社会团体、企事业单位和个人,为了实现某项目标和完成某项任务而事先作的安排和打算。

### 二、特点

**(一)预见性**

这是计划最明显的特点之一。计划不是对已经形成的事实和状况的描述,而是在行动之前对行动的任务、目标、方法、措施所作出的预见性确认。但这种预想不是盲目的、空想的，而是以上级部门的规定和指示为指导，以本单位的实际条件为基础，以过去的成绩和问题为依据，对今后的发展趋势作出科学预测之后作出的。可以说，预见是否准确，决定了计划写作的成败。

**（二）针对性**

计划一是根据党和国家的方针政策、上级部门的工作安排和指示精神而定，二是针对本单位的工作任务、主客观条件和相应能力而定。总之，从实际出发制订出来的计划，才是有意义、有价值的计划。

**（三）可行性**

可行性是和预见性、针对性紧密联系在一起的，预见准确、针对性强的计划，在现实中才真正可行。如果目标定得过高、措施无力实施，这个计划就是空中楼阁；反过来说，目标定得过低，措施方法都没有创见性，虽然很容易实现，却并不能因而取得有价值的成就，那也算不上有可行性。

**（四）约束性**

计划一经通过、批准或认定，在其所指向的范围内就具有了约束作用，在这一范围内无论是集体还是个人都必须按计划的内容开展工作和活动，不得违背和拖延。

## 三、基本类型

按照不同的分类标准，计划可分为多种类型。

按其所指向的工作、活动的领域来分，可分为工作计划、学习计划、生产计划、教学计划、销售计划、采购计划、分配计划、财务计划等。

按适用范围的大小不同，可分为国家计划、地区计划、单位计划、班组计划等。

按适用时间的长短不同，可分为长期计划、中期计划、短期计划三类，具体还可以称为十年计划、五年计划、年度计划、季度计划、月份计划等。

按指挥性的强弱不同，可分为指令性计划、指导性计划。

按涉及面大小的不同，可分为综合性计划、专题性计划。

## 四、作用

无论是单位还是个人，无论办什么事情，事先都应有个打算和安排。有了计划，工作就有了明确的目标和具体的步骤，就可以协调大家的行动，增强工作的主动性，减少盲目性，使工作有条不紊地进行。同时，计划本身又是对工作进度和质量的考核标准，对大家有较强的约束和督促作用。所以计划对工作既有指导作用，又有推动作用。

一般说来，计划是指人们为了达到某种目的而对未来的行动所作的设想和部署。它是人们在多领域、多层次上使用的一种自觉的行为。在任何领域、任何层次上，完整的计划都必须具备目标、时限和主体三大要素。常识告诉我们，工作的内容越是复杂，参与实施计划的行为主体和涉及的环节越多，越需要计划性。我国古代就有“凡事预则立，不预则废”的思想。西方经济学家也阐明了这个道理：“虽然我们无法预见未来，但如果我们没有根据当时所得到的信息而制订的未来计划，我们就无法合理地行事。”

## 五、适用范围

计划通常是单位（部门）或个人使用。根据工作需要，也可以上送下达。上送，即报送上级领导机关和主管部门，供领导机关了解某一段时间内其下属单位的工作安排和打算，以便下属单位接受督促检查或接受必要的指导和帮助。下达，供下级所属单位了解上级领导机关的工作部署和安排，以便下属单位在工作中与上级步调一致。

## 六、工作计划的写法

工作计划一般由标题、正文、落款三部分组成。

### （一）标题

计划的标题常规写法是由单位名称、适用时间、指向事务、文种四个要素组成。如《××建筑工程安装公司2020年工作计划》《××学院2020—2021年第一学期教学工作计划》。

除常规写法外，还有一些变通的写法。变通一方面表现在要素的省略上，一方面表现在文体、名称的变化上。

有些计划，省略单位名称，由适用时间、指向事务和文种组成，如《2020年度全民义务植树造林工作计划》。

有的计划，省略适用时间，这在专题计划中比较常见，如《××大学第二期教师安居工程工作计划》。

有的计划，省略单位名称和适用时间两个要素，由指向事务和文种组成，如《科研工作计划》。

省略要素时要注意，越是基层单位的计划，省略要素的情况越普遍，因为涉及范围小，有些要素不说大家也明白。越是大单位的正规的计划，要素越不可省略。

再说文种名称的变化。由于每一份计划所强调的重心各有侧重，其指挥性、约束性的强弱程度也有较大不同，计划不一定都用本名作标题，可以根据自身的特点和需要变换名称，如《××大学党委宣传部2020年度工作要点》《党委中心学习组2020年理论学习安排》。

### （二）正文

#### 1. 前言

前言是计划的开头部分，简明扼要地表达出制订计划的背景、根据、目的、意义、指导思想等，一般一两个自然段即可。如：

2020年，我市将在市政府、党委正确领导下，以党中央的十九大精神为指针，坚持以科学发展观统领工作和建设，紧紧围绕为全市地方经济大发展创造良好安全环境的总目标，以保障和改善民生为着力点，以推进信息化建设为载体，以加强执法规范化建设为重点，以构建和谐的警民关系为支撑，求真务实，改革创新，真抓实干，为服务经济社会发展、维护社会和谐稳定作出新贡献。特制定了以下2021年市政府工作计划书，请参考。

前言有时可以更短小一些，如：

根据省委和县委工作会议精神和会议上具体部署意见，结合我县粮食工作实际情况，为全面完成2020年粮食工作任务，制订工作计划如下：

前言的详略长短，要根据工作的重要程度、内容的多少来确定，总体上以精练简洁为原则。

2. 主体

主体部分要一一列出准备开展的工作（学习）的目标、任务以及完成时限等，并提出步骤、方法、措施、要求。这是计划最重要的内容，也是篇幅最大的一部分。通常主体部分由于内容繁多，需要分层、分条撰写，常见的结构形式为：用“一、二、三……”的序码分层次，用“（一）、（二）、（三）……”加“1、2、3……”的序码分条款。具体如何分层递进，依内容的多少及其内在的逻辑性而定，可参考后附例文。

3. 结尾

结尾可以用来提出希望、发出号召、展望前景、明确执行要求等，也可以在条款之后就结束全文，不写专门的结尾部分。

**（三）落款**

在正文的右下方写明单位名称（个人总结写明个人姓名），在落款下面写明制订计划的具体日期。如果以文件的形式下发，还要加盖公章。

**【例文】**

××县政府采购工作计划

20××年我县政府采购工作的指导思想和总体要求是：以认真贯彻实施《政府采购法》和规范政府采购行为为重点，按照“巩固成果，开拓创新，依法采购，与时俱进”的原则，进一步深化政府采购制度改革，完善各项政府采购管理规章制度、措施和办法，建立科学、规范、合法的政府采购监督管理体制和运行机制，努力完成好我县各项政府采购工作任务。

根据以上指导思想总体要求，20××年××县政府采购工作重点做好以下方面的工作：

一、深入贯彻实施《政府采购法》，进一步做好改善政府采购制度改革环境工作，充分利用广播、电视、报刊等新闻媒体，采取有效形式，宣传贯彻实施《政府采购法》以及政府采购工作所取得的重大成果和好的做法，在全县范围内形成学法、知法、守法、用法的良好氛围。

二、进一步理顺政府采购监管体制和运行机制。按照省政府办公厅×政办发(×××××)××号文件精神,财政部门要把政府采购工作的定位全面转变到监督管理上来,工作重点放在编制政府采购预算和计划,制定规章制度,政策指导,聘用专家管理和监督检查上。

三、加强政府采购管理制度。认真贯彻落实上级有关文件精神,根据我县实际情况,制定出相关制度和办法,逐步建立健全我县政府采购制度体系,指导和规范政府采购活动。

四、认真搞好控购工作。严格审核控购申请表,按控购规定审批,全年完成控购检查单位××个。

五、加强队伍建设。要抓好廉政建设和工作作风建设,牢固树立法制观念和服务观念;要抓好业务建设,提高管理水平,牢固树立效益与效率观念;要加强法律知识、管理知识及政府采购领域相关专业知识学习,掌握计算机运用知识。

××县政府采购管理中心

20××年1月8日

**【知识链接】**

**"计划"的名称**

计划是个统称,像规划、纲要、设想、打算、要点、方案、意见、安排等都是根据计划目标远近、时间长短、内容详略等差异而确定的名称。

规划:是一种时间跨度长(三年以上),范围广,内容较为概括的计划。如《××市城市建设总体规划》。

纲要:和规划相同,它们都是各级领导机关根据战略方针,为实现总体目标对某个地区或某一事项作出长远部署。不同的是纲要比规划更为原则和概括,一般只对工作方向、目标提出纲领式要求和指导性措施。如《××市20××年经济发展纲要》。

设想:是一种粗线条的、初步的、预备性的非正式计划。相对来讲,其适用时限较长。如《××市拓展就业安置门路的设想》。

打算:也是一种粗线条的、其想法不太成熟的非正式计划。相对设想,它的内容范围不大且考虑的事情是近期要做的。如《××学校争创文明校园的打算》。

要点:是将计划的主要内容择要摘编,使之简明突出。它适用于时间相对较短的计划。如《××局20××年工作要点》。

方案:从目的、要求、方式、方法、进度等都部署具体周密有很强可操作性的计划。方案一般适合专项性工作,其实施往往须经上级批准。如《××市住房分配制度改革实施方案》。

意见:属粗线条计划,它适用于上级向下级布置工作任务并提供基本的思路、方法,交代政策,提出要求等。如《××公司关于下属企业20××年扭亏增盈全面提高经济效益的意见》。

安排:是短期内要做的,且范围不大、内容单一、布置具体的一类计划。如《××系第

×周工作安排》。

# 第三节　总结

## 一、概念和特点

总结是人们对前一段的实践活动进行检查和评价，肯定成绩，找出差距，概括经验和教训，认识事物的规律，用来指导今后工作的实际活动的一种应用文。总结所使用的范围很广泛，任何部门和个人在完成了前一段的工作之后，都要对工作进行回顾，总结最直接的目的在于找出事物发展的规律，为今后的工作提供依据。总结可以培养人们正确的观察和分析事物的能力，提高认识水平；可以用来指导今后的工作，还可以提高领导水平和领导艺术。所以总结具有理论性、实践性、回顾性和操作性的特点。

## 二、类型

总结根据不同的标准，可以分为如下几种类型：

按性质分，有综合性总结和专题性总结。

按内容分，有工作总结、学习总结、生产总结、思想总结等。

按范围分，有部门总结、单位总结、个人总结等。

按时间分，有年终总结、半年总结、季度总结、月份总结、阶段总结等。

以上是根据不同的标准把总结分成若干种类，其实相同的一篇总结可能同时具备上述几类总结的特点。

## 三、结构和写法

总结一般由标题、正文、落款组成。

**（一）标题**

总结的标题要根据总结的要求和内容而定，总结的标题有如下两种：

1. 公文式标题

一般由单位名称、时间、内容、文种组成，如《××法院20××年受理刑事案件工作总结》《××学院20××年招生工作总结》。标题中四项内容可以根据实际进行删减，有时可省略发文机关名称，只写时间、内容和文种，如《20××年度拥军优属工作总结》；也可省略发文机关和时间，只写内容和文种，如《团建工作总结》。标题各项是否省略，要根据实际情况决定。

2. 新闻式标题

新闻式标题是对总结内容的高度概括,其作用是突出总结的中心。新闻式标题有两种形式,一种是单标题,用来揭示总结的中心,如《消化革新引进技术,小厂家也有大作为》《科技立厂,人才兴业》。一种是正副标题,正标题揭示总结中心,副标题标明单位名称、时间、内容范围、文种,如《推动学院文化精品——××学院教务处20××年"校园文化周"工作总结》《知名教授上讲台　教书育人放异彩——××大学德育工作总结》。

(二)正文

1. 开头

情况概述,这一部分概述基本情况:有的交代基本情况;有的揭示总结的主要精神和中心内容;有的概括主要经验;有的介绍成绩和成效;等等。这部分要写得提纲挈领,以便使读者对总结先有一个概括的了解,为下面的具体介绍打下基础。

2. 主体

这部分是总结的重点,一般包括下面几个方面:

(1)成绩、经验

成绩是指在实践活动中所取得的物质成果和精神成果。经验是取得优良成绩的原因和条件,如正确的指导思想、积极的工作态度、科学的工作方法、坚强的意志等;教训是由于思想不对头、方法不得当,或由于其他的一些原因犯了错误,造成损失而得出的反面经验。这一部分是总结的主要内容。

(2)存在的问题

存在的问题是实践中深切感觉到应当解决而暂时没有条件解决或没有办法解决的问题。关于存在的问题,这一部分在总结中可单列一项,可以在总结经验和成绩时附带说明或加以指点,也可以同努力的方向一起说明。这部分内容可以根据实践活动的具体情况和总结的目的要求灵活掌握。

(3)今后的努力方向

这是在总结经验教训的基础上,分析形式,明确方向,确定任务,提出措施,展望未来。这部分可长可短,但必须起到鼓舞斗志、增强信心的积极作用。

3. 结尾

这一部分主要写今后的工作设想和努力的方向。在前一段工作的基础上提出新的目标和任务,展望工作前景,明确方向,或针对前阶段工作的问题,提出改进措施和工作设想。这部分内容的安排视情况而定。

(三)落款

在正文的右下方写明单位名称(个人总结写明个人姓名),在落款下面写明总结的具体日期。单位名称已经在标题中出现的,此处可以省略。

## 四、正文的结构形式

正文的结构形式常见的有以下几种：

第一，直叙法，是按事物发生、发展的过程来组织材料的一种方法。这种方法由过去说到现在，由原因讲到结果，来龙去脉清楚，符合人的认识规律，但若处理不当的话，容易变成平铺直叙，显得呆板。

第二，倒叙法，是先写出结果，然后追叙产生的原因和经过的一种组织材料的方法。这种方法，因果倒置，有强调结果的作用，一开始就给读者留下深刻的印象，能引导读者去分析和研究产生后果的原因，并吸取经验和教训。

第三，归类叙述法，是对所掌握的材料按性质进行分类，把具备相同性质的材料进行分析的方法。常见的情况：先介绍基本情况，后将内容按性质分为几个部分、几个层次进行叙述。这种方法观点突出、逻辑严密，在写总结的时候经常运用。

## 五、总结的意义及作用

总结所要解决和回答的中心问题，不是某一时期要做什么、如何去做、做到什么程度的问题，而是对某种工作实施结果的总鉴定和总结论，是对以往工作实践的一种理性认识。

总结是做好各项工作的重要环节。通过它，可以全面地、系统地了解以往的工作情况，可以正确认识以往工作中的优缺点；可以明确下一步工作的方向，少走弯路、少犯错误，提高工作效率。

总结还是认识世界的重要手段，是由感性认识上升到理性认识的必经之路。通过总结，使零星的、肤浅的、表面的感性认识上升到全面的、系统的、本质的理性认识上来，寻找出工作和事物发展的规律，从而掌握并运用这些规律。

写好总结，需勤于思索，善于总结。总结中，需对工作的失误等有个正确的认识，勇于承认错误，可以形成批评与自我批评的良好作风。写好总结，需从以往的工作实际出发，可养成调查研究之风。

**【例文一】**

**××学校学生会20××年度工作总结**

本届学生会成立之后，在校领导和学生处、团委老师的具体指导和支持下，紧紧围绕创建优秀院校的中心工作，充分发挥学生会“自我教育、自我管理、自我服务”的工作职能，在广大同学的鼎力相助下，经过全体学生会成员的共同努力，不断拓宽工作领域，创新工作模式，改进工作方法，整体上完成了学期初制订的工作计划，并取得了显著的成绩，现总结如下：

一、贴近学生生活方面

结合我校实际，在新老校区以问卷调查的形式进行了一次“学子之声”专题调研，举行了“学生会与你面对面”的座谈，对于从中反映出来的问题，学生会及时作了总结，并向有关部门反映，都得到了不同程度的解决。通过这些活动，拉近了学生会与同学们之间的距离，增强了同学们对学生会的了解、信任与支持，同时也增强了学生会成员的责任感。

二、学风建设方面

组织举办首届“新科杯”演讲大赛，在此次活动中也加强了与外校学生会的联系。协助团委举办了第一期成长论坛，并多次组织中西文化讲座，从中调动了同学们学习的积极性，有力地促进了学风建设，为在校学生营造了良好的校园文化氛围，无形中培养了大学生的人文素养。

三、校园文化方面

由体育部具体组织，成功承办了首届“理想杯”篮球联赛，从中增强了大学生的集体荣誉感和团队精神。宣传部组织承办了“现场书画展演”，部分兄弟院校学生会也参与进来，并作了广泛的交流。

四、娱乐文化方面

根据我校的特殊性，在新区举行了主题为“走进新区，你我共联欢”的文艺晚会，在老校区举行了社团文化广角，主题为“同唱一首歌”文艺晚会。通过丰富的文艺活动，陶冶了同学们的情操，提高了同学们的审美情趣。

五、校园文明方面

充分发挥大学生自律委员会、大学生伙食委员会的作用。结合第23个文明教育月，自律委员会组织学生定期抽查学生宿舍，有力地遏止了晚归和夜不归宿的行为，并多次维持大型活动的秩序，文明监督岗对校园内不文明行为给予了相应的制止。伙食委员会配合学生处、团委、后勤发展公司对宿舍文化建设和教室、宿舍卫生的检查做了许多具体的工作。

在过去一个学期的工作中，由于时间短暂，工作经验的缺乏，我们也深知还存在诸多不足。第一，学生会各个部门之间缺乏交流和沟通，致使学生会的有些大型活动的组织工作不到位，缺乏整体性和连续性。整体学生会成员素质有待进一步提高。第二，偏重对大型活动的开展，而忽视了对日常性工作的监督和管理。第三，关于学生会网站，各个部门和各系学生会分会不能及时上传工作计划和总结，档案管理和资料的收集工作存在较大的漏洞。

面对新形势、新情况，我们将会不断努力与探索，扬长避短，在稳定中创新，在创新中稳步前进，逐步走向完善。我们也坚信：只要我们以积极的心态主动工作，无悔付出，一定会谱写出更加壮丽的篇章。

学生会主席　×××

20××年12月14日

**【例文二】**

**面对挑战，完善自我**

——20××年下半年学习总结

升入大学二年级，在学习难度加深和学习任务加重的情况下，我坚持“兴趣＋信心＋

合理的时间安排＋科学的学习方法＋努力＝成功”的观点，面对挑战，不断完善自我，故成绩保持稳定。现将学习经验总结如下：

一、有浓厚的学习兴趣。兴趣是学习的动力，这学期开设了计算机课程，平时我喜欢上网聊天，找资料，所以对计算机很感兴趣。现在的课程很适合我，怀着极大的喜爱之情，不知不觉已融入学习之中，学习起来也得心应手。而对“大学生应用文写作教程”，我原来一点儿也不喜欢，觉得很难学，结果上课也不认真听讲，课后也没看书。期中考试后，我意识到再不认真的话，这科必定要重修。但该怎样学呢？我想想，计算机学得轻松，是因为有浓厚的兴趣，“大学生应用文写作教程”也需要兴趣，所以我强迫自己看书，努力培养学习兴趣。当弄懂书上的一小点知识时，心中的喜悦难以形容，结果越学越有趣，学习态度改变了，主动性也增强了，成绩自然就提高了。

二、有信心。“大学生应用文写作教程”为实用性课程，包括演讲与口才、专业写作、人际沟通、社会调查研究、毕业论文等。刚开始时，我很担心自己学不好，也缺乏尝试的勇气。但这些课程如果不去尝试的话，能力就不会提高。上了几次课后，看到同学们都自信地上台演讲，我的信心慢慢增强了。我不断地为自己打气，我一定行，我可以的。怀着这样的信心，我认真听讲，抓住机会上台演讲，在实际生活中也不知不觉地运用已学到的有关知识。

三、合理的时间安排。以前我是那种“临时抱佛脚”的人，学习时间没安排好，现在我吸取了大一的教训，尝试每天晚上写好明天要做的六件事，根据实际情况计划什么时候学习哪科，什么时候休息。如每天傍晚 18：00 到 19：00 听听力，早上读英语，保证每天的睡眠时间。当形成一定的学习习惯时，学习效果自然就显露出来了。

四、科学的学习方法。每门学科都有其规律，不掌握良好的学习方法，就会事半功倍，收不到良好的学习效果。就拿英语来说，以前我只知死记硬背，但很快就忘光。现在老师上课时，经常提问我们用单词造句或让我们猜单词在句中的意思。在这种方法下，我发现用句子记忆法更好用，课后也尝试用单词造句，慢慢地，我发现自己的词汇量增多了，记忆力也增强了，还懂得了如何运用。

除此以外，我学习上也有不足之处。学习不分主次，对应该掌握和只需了解的知识都花同等的时间对待，面对英语四级考试，也只把精力放在听力和阅读上，忽略了词汇，所以没能顺利通过四级考试。其他没被发现的问题，有待于进一步总结，同时克服和加以改正，力求把自己下阶段的学习搞好。

林××

20××年6月14日

【知识链接】

## 总结写作的注意事项

一、撰写总结的原则

1. 要坚持实事求是的原则

实事求是、一切从实际出发，这是总结写作的基本原则，但在总结写作实践中，违反这一原则的情况却屡见不鲜。有人认为“三分工作七分吹”，在总结中夸大成绩、隐瞒缺点、报喜不报忧。这种弄虚作假、浮夸邀功的坏作风，对单位、对国家、对事业、对个人都没有任何益处，必须坚决防止。

2. 要注意共性，把握个性

总结很容易写得千篇一律、缺乏个性。当然，总结不是文学作品，无须刻意追求个性特色，但千篇一腔的文章是不会有独到的价值的，因而也是不受人欢迎的。要写出个性，总结就要有独到的发现、独到的体会、新鲜的角度、新颖的材料。

3. 要详略得当，突出重点

有人写总结总想把一切成绩都写进去，不肯舍弃所有的正面材料，结果文章写得臃肿拖沓、没有重点，不能给人留下深刻印象。总结的选材不能求全贪多、主次不分，要根据实际情况和总结的目的，把那些既能显示本单位、本地区特点，又有一定普遍性的材料作为重点选用，写得详细、具体。而一般性的材料则要略写或舍弃。

二、撰写总结应注意的问题

1. 首先要有实事求是的态度

工作总结中，常常出现两种倾向：一种是好大喜功，搞浮夸，只讲成绩，不谈问题；另一种是将总结写成了“检讨书”，把工作说得一无是处。这两种都不是实事求是的态度。总结要在如实地、一分为二地分析、评价自己的工作上，对成绩不要夸大，对问题不要轻描淡写。

2. 总结要写得有理论价值

一方面，要抓主要矛盾，无论谈成绩或谈存在的问题，都不要面面俱到。另一方面，对主要矛盾要进行深入细致的分析，谈成绩要写清怎么做的、为什么这样做、效果如何、经验是什么；谈存在问题，要写清是什么问题、为什么会出现这种问题、其性质是什么、教训是什么。这样的总结，才能对前一段的工作有所反思，并由感性认识上升到理性认识。

3. 总结要用第一人称

即要从本单位、本部门的角度来撰写。表达方式以叙述、议论为主，说明为辅，可以夹叙夹议。

4. 总结要注意受众

即总结的阅览者或使用者。总结的第一受众是总结的写作者本人，这将首先帮助作者本人认识所总结的经验与教训、成绩与过失。但总结还应照顾到总结的其他受众。比如技术员工的总结，如果其主要受众是不懂技术的市场人员或其他领导，那么其在总结的过程中，应尽量使用阅览者能够看得懂的语言，而非纯技术性的术语。再如，同是一篇部门经理的部门工作总结，其使用的语言既要考虑到本部门员工的知情范围（如公司财务机密等），又要考虑到上级经理的知情范围，甚至要分开来写。

# 第四节　调查报告

## 一、调查报告的性质和作用

调查报告是根据特定的目的，对客观事物进行调查研究之后写成的书面报告。它是机关团体常用的一种实用文体，也是新闻媒体中一种常用的文体。调查报告有时也叫作“考察报告”或“某某调查”。

调查报告的应用范围极为广泛，凡是人类社会生活和工作中涉及的问题、事物，以及自然界的各种现象均可进行调查，所以调查报告可以使人们全面正确深入地认识客观事物，推动社会的发展。

调查研究是实事求是思想作风的具体体现，是及时地了解新情况、总结新经验、解决新问题、提高政策水平和工作效率的重要措施。调查报告在宣传和倡导唯物主义思想路线，从实际出发制定方针政策方面；在国家进行体制改革，制定科学的改革方案方面；在建设社会主义市场经济方面，都具有重要的作用。

## 二、调查报告的特点

调查报告是一种实用性的独立的文体，它在表达方式、写作内容、语言风格等方面具有明显的特点。

首先，调查报告属于实用性文体，注重实用价值。它积极地干预社会生活和工作，但又不直接解决具体问题，而侧重于真实地反映情况。它和公文等要求直接解决生活和工作中的实际问题有所不同。它主要是通过提供的真实而丰富的材料，作为领导了解情况的参考，或者作为制定政策、办法的依据。调查报告虽然也要介绍具体做法、总结经验教训、提出希望和建议，从而作为开展工作的借鉴，但它不像公文那样具有很强的法规性和权威性，一旦下发，必须遵照执行。调查报告的这一特点，与新闻中的某些通讯有相近之处，比如揭露问题或报道先进事迹与新鲜事物的通讯。

其次，调查报告的表达方式也有其独特性。调查报告以说明为主，兼有叙述和议论。其叙述又不同于记叙文的叙述，不要求完整性与形象性，也不渗透作者的感情，一般多用概述，将客观真相予以说明，而且常是夹叙夹议；其议论又不同于议论文的议论，它不是运用抽象的概念、判断和推理的方式论证作者的观点，而是在说明和叙述客观事实时给予简要的评点。所以，在说明和叙述中含有一定的议论因素。

调查报告在表达看法或观点方面与议论文也不同。调查报告受调查对象的制约性较大，有明显的客观性，它必须运用调查所得到的材料说明事物的真相。虽然它也要表明一种看法或观点，但它的看法或观点必须从调查的事物中概括出来，并用调查研究所获得的实际材料予以说明。其看法或观点可能与调查人的看法或观点一致,也可能不一致,作者必须尊重事实,不能进行歪曲,也无权选择。而议论文写作是一种理性思维,是运用概念、判断、推理直接阐明作者的观点。议论文的观点和作者的看法是一致的,其所用以证明自己观点的材料,是根据写作实际的需要而从大量的材料中选择出来的。调查报告和议论文都要让人相信所表达的观点的正确性,调查报告是通过大量翔实的事实材料说明其观点的正确性,无须引经据典,力戒夸夸其谈,而议论文是通过严密的逻辑论证征服读者,以理服人。

最后,调查报告运用的材料必须是绝对真实的、典型的。真实是调查报告的生命,是调查报告存在的基础,没有真实,就没有调查报告。这是由调查报告的特性决定的。调查研究的根本指导原则和目的,就是揭穿假象、拨开迷雾,通过现象认识事物的真相和本质,它和欺骗、弄虚作假、不实事求是是针锋相对的。所以,调查报告必须严格遵守绝对真实的原则。这里所讲的真实,和文学艺术所说的艺术真实不同,它如同新闻报道中的真实,即指实实在在存在的客观事物。

调查报告所选用的材料必须典型。所谓典型,就是有代表性,能够反映客观事物的全貌和本质,不能以点代面、不顾其余,也不能以偏概全;更不能以现象代替本质,妄下结论。所以,调查报告必须坚持鲜明的唯物主义辩证法的观点,防止片面性和绝对化;在真正的、深入的、科学的调查基础之上,把所获得的大量的事实材料,进行认真的分析,去伪存真、去粗取精,筛选出最具有典型性的材料,以真实典型的材料,全面、系统、完整地反映客观事物,并能使读者从客观事物的真相中得出正确的结论。

## 三、调查报告的分类

调查报告应用范围广泛,涉及的对象和写作目的也不同,所以很难用一个统一的标准分类。根据社会上的习惯,调查报告从内容、作用上分大体可划分为以下几类:

### (一)根据内容和作用划分

1. 社会状况的调查报告

社会状况调查报告是以反映社会生活和工作状况为主要内容的调查报告。社会状况包括历史状况和现实状况两方面,而以社会现实状况为主,其内容可涉及政治、经济、生产、科技、文化、卫生、风俗等方面的有关事项。其写作目的,是正确地反映社会状况,或还历史以本来面貌,或说明现实社会的实际情况,让人们了解历史、认识现实,并可为领导者提供信息,作为研究问题、制定方针政策或作出某项决策的依据。

2. 新生事物的调查报告

新生事物是社会发展方向的代表,是时代精神的体现,是推动社会前进的力量,具有强大的生命力。通过调查报告描述新生事物产生的背景、发展过程,阐明它的特点,揭示它的规律和本质,说明它的意义和作用,具有示范和推广的意义。

3. 典型经验的调查报告

这是一种总结先进经验和宣传典型事物的调查报告。无论是在社会生活还是各项活动中,总会有一些成熟的经验和典型的事物。它们对于社会生活和工作具有启发、指导、鼓舞作用。尤其是在社会转型和变革之时,先进的经验和典型的事物具有普遍的指导意义。利用先进经验和典型事物推进生活和工作,具体、形象、生动,便于为群众接受,可以收到事半功倍的效果。所以,人们习惯于运用先进经验和典型事物作示范的方法推动工作。

4. 揭露问题的调查报告

这类调查报告以批评和揭露社会生活中的落后、腐朽、丑恶现象和工作中的不良作风、重大失误为主要内容,其目的在于揭示事实真相,将丑恶的现象和严重的问题暴露在光天化日之下,并对其进行批评或鞭挞,让人民群众看清其本质及其严重的危害性,从而提高人们的警觉性,与不良的现象和行为进行斗争。从某种意义上讲,这是利用反面典型推进社会生活和工作。因为反面典型可以起到振聋发聩、祛邪除害的作用。

5. 市场动态调查报告

市场动态调查报告是对国内、国际商品市场的现状及发展趋势进行调查研究之后写出的调查报告。它以商品生产、供求关系、消费心理、市场竞争、产品创新等为内容,涉及生产、流通、消费等环节。市场动态调查是为发展社会主义市场经济服务的,通过市场调查,可为厂家、商家提供社会消费需求的信息和热点,以生产和供应产销适路的商品,有利于供求关系的平衡。通过市场动态和消费心理的调查,可以掌握市场需求的变化,对商品的品种、数量、规格、花色等及时进行调整和创新,有利于引导社会生产,促进市场的繁荣,最大限度地满足人们日益增长和变化多样的需要。

6. 自然资源调查报告

人类为了有效地利用自然资源,必须对自然资源的现状,以及开发利用的可能性进行调查。而将其调查情况进行分析研究后写成的专题报告,即为自然资源调查报告。自然资源范围广泛,包括土地、河流、湖泊、海洋、山川、矿藏、动物、植物、阳光、风力等。

7. 科学专题调查报告

这是一种侧重于科学专题研究的调查报告。调查报告因是一种实用性文体,多以社会生活和工作中的现实问题为调查对象,直接为社会服务。这类调查报告也具有较强的科学性,但是它不是以科学研究为己任,而是以直接反映客观事物为主。科学专题调查报告则是为了专门研究某一科学专题,通过调查研究之后写出的报告,具有较深的专业理论,有利于对某一专题进行理论探索。

**(二)从形式上划分**

调查报告从形式上分,可分为综合调查报告、专题调查报告。

1. 综合调查报告

综合调查报告是围绕一个问题,从多方面进行调查而写出的报告。这种调查报告内容较复杂,涉及的范围较广,花费的时间较长,人力物力的投入也较多。多适用于较重大的问题,以便于更全面地了解情况。

2. 专题调查报告

专题调查报告内容单一,是对某一问题的单项调查而写出的报告。这种调查报告涉及面小,比较单纯,易于掌握,应用比较广泛。

所谓综合调查报告与专题调查报告是相对而言的,不可能划一个绝对的界限。

## 四、调查报告的写作

### (一)调查研究是写作的基础

调查报告不能杜撰,不能"闭门造车",必须以客观的实际材料为依据,这是由调查报告的性质和写作目的决定的。调查报告的材料来源与一般文章,尤其是文学创作材料的来源不同,它不是日常积累和搜集的,也不是望风捕影、艺术想象加工出来的,它是通过调查研究获取的。所以,调查研究是调查报告写作获得材料的唯一方法。

### (二)调查研究的方法

随着科学技术的进步,调查研究的方法和技术有了一些新的发展,当前常用的方法有以下几种:

1. 开调查会

这是调查研究的基本方式之一。为了作好会议调查,一要确定好人选,参加人数不宜过多,但要有代表性,并且是能正确地反映情况的人;二要有调查提纲,并事先将调查的内容通知与会者,请他们作好准备;三要注意调查的方式,要和与会者平等地交谈,虚心地听取他们的发言,也可与他们就某些问题进行讨论,要避免居高临下的一问一答,对于某些不便于在会上讲的事情不要一直追问,以免引起反感或不快。对个别问题可在会下交谈。

2. 个别访问

这是一种自由灵活的调查方式。访问之前要有明确的目的,并要选好访问的对象。访问最好采用促膝谈心的方式,双方要相互尊重,交谈要在自然融洽的气氛中进行。对于重点问题可采用讨论的方式,以求获得更深入、更丰富的材料。个别访问可以是面对面的,也可以通过电话的方式。比如北京新华信商业风险管理有限公司调查中心就采用拦截访问式,调查电影大片市场情况。

3. 问卷调查

这是现代常用的一种调查方式,简便易行。根据调查的内容,列出具体、简明的问题，请有关人士回答。这种调查方式涉及面广泛、灵活自由、限制较少，得到材料的真实性较大。为获得较好的调查效果，应正确选择调查的群体，问题的设计要科学，要便于回答。问卷调查可以采用抽样式，也可采用普遍式。

4. 实际考察

为掌握第一手材料，可对某些事物进行实际考察。通过自己的耳闻目睹和亲身感受，可以获得用其他调查方式难以得到的材料。因有亲身的感受，更有利于调查报告的写作。旅游资源的调查多采用这种方式。

5. 网上调查

这是最现代化、最快捷的一种调查方式。利用计算机联网的便利，将调查提纲上网，在较短的时间内便可获得所需的材料。

6. 查阅资料

这是向书本进行的调查。查阅资料的范围广泛，包括历史材料、现实材料、各种图书、报刊，凡是与调查内容相关者，均可以查阅。把这些书面资料与其他方式调查获得的材料相互印证，相互补充，通过比较分析，才能更准确地了解真实情况。

7. 听取汇报

这也是调查中常用的一种方式。掌管某一部门工作的人员，不仅了解一般性的情况，而且了解一些关键性的问题。在调查研究中如果能听取主管人员的汇报，可以获得更多的材料。

调查的方式方法是多种多样的，根据调查的目的和内容，可以采用某种调查方式，也可综合利用几种方式。

**（三）精心地布局谋篇**

一般来讲，调查报告的结构包括三部分：前言、主体、结语。

1. 前言

前言是调查报告的开头部分，有人称为“总提”，它像新闻报道的“导语”或议论文的“引论”。其内容和作用主要是介绍调查对象的基本情况，说明调查的背景、范围、经过，或概括全文的主要内容，或提示全文的主旨，目的在于引出主体，并给读者一个概括的印象。调查报告的前言要简明扼要。它的文字虽然简短，但具有“立片言以居要，乃一篇之警策”的作用，所以要认真推敲。

2. 主体

主体也称“正文”“主文”，是全文的中心。其主要内容和作用有三个方面：一是说明调查报告的主旨，让读者了解中心观点；二是提供说明主旨的事实材料，让读者理解并信服观点的正确性；三是作者对客观事实的分析及有关的评论，从理论上深化事实材料，以突出调查报告的典型意义。

【知识链接】

调查报告的类型不同，主体部分的结构也不一样，常用的有两种。

1. 横式结构

横式结构也称并列结构，即把调查的材料和要表现的主旨分为几个不同的问题，各个问题处于平等并列的地位，每个问题都有一个中心，可以独自成章，而每个问题又是体现全文中心的一部分。

2. 纵式结构

纵式结构也称为平叙结构，即按照客观事物发生、发展、结局的前后顺序，把内容分成几个层次，一层层地分析说明。这种结构方式反映了客观事物变化的内在逻辑性，有助于读者了解事物发展的来龙去脉，给人一个完整而清晰的印象。

3. 结语

结语是调查报告的结束语，一般比较简要。因为调查报告的目的、内容、主旨不同，结语的写作也不同。有的总括全文的内容，突出主要观点；有的提出问题，引起有关部门的重视；有的说明经验的意义，以利于人们借鉴。有的调查报告已把问题讲清，无须赘言，也可省略结语。

【例文】

**大学生兼职调查报告**

针对大批在校大学生都有过兼职经历的事实，我们利用“五一”长假开展了一次题为“大学生兼职状况”的社会调查。调查采用问卷形式，共发放问卷100份，其中一年级20份，二年级30份，三年级50份，收回100份，有效回收率100%，总体来说，被调查男女生人数基本相等。本次调查主要涉及大学生兼职的类型、目的、其间遇到的问题及解决办法、收入情况等内容。调查发现：

一、看待兼职的态度

（一）有无必要兼职

从性别来看，分别有46.9%的男生、52.9%的女生认为大学生兼职非常有必要，而认为大学生没必要兼职的均占0.4%，其余的则认为可有可无。

从年级来看，一年级、二年级、三年级分别有30.9%、35.2%、60.8%的同学认为大学生兼职非常有必要，其余同学均认为可有可无。

（二）是否从事过兼职

从性别来看，分别有14.3%的男生、11.8%的女生经常兼职，75.5%的男生、78.4%的女生偶尔兼职，10.2%的男生、9.8%的女生从未兼职。与此同时，各年级差异性不大，即绝大多数同学偶尔兼职，少数同学经常兼职或从未兼职。具体如下：

总的来看，由于社会对女性就业的歧视，女生认为非常有必要兼职的比例明显高于男生；随着年级的增长，同学们意识到就业形势愈来愈紧迫，认为非常有必要兼职的同学比例显著增长。

二、寻找兼职的途径

从性别来看，分别有69.4%的男生、45.2%的女生自己寻找兼职，38.8%的男生、25.5%的女生通过熟人寻找兼职，22.9%的男生、27.5%的女生通过中介机构寻找兼职，还有部分同学通过广告寻找兼职。与此同时，各年级差异性不大，基本与总体情况相符。

调查还发现，80%以上的同学认为学校非常有必要成立专门的兼职指导机构，以丰富同学们的课余生活并确保兼职的安全。

三、从事兼职的类型及范围

从性别来看，分别有80.8%的男生、40.7%的女生做过家教，分别有16.3%的男生、78.4%的女生做过促销，分别有13.2%的男生、29.4%的女生发过传单，同时，还有少数同学从事过礼仪、家政、餐饮等兼职工作。

从年级来看，一年级、二年级、三年级分别有65%、75.5%、98%的同学做过家教，分别有5%、7.5%、26%的同学做过促销，分别有20%、30%、16%的同学发过传单。

总的来看，同学们兼职的种类比较单一，而且性别差异较大。经分析，原因有二：一方面，时间有限，同学们只能选择耗时少、收入较高的工作；另一方面，社会经验较少，工作能力有限，诸多用人单位不予考虑。

四、从事兼职与学习之间的关系

不论从性别还是从年级来看，均有90%以上的同学认为兼职对学习的影响因人而异，只要注意调整，能够二者兼顾，还有小部分同学说不清楚二者是否会相互影响。

五、从事兼职的目的及收获

从性别来看，分别有45.2%的男生、37.3%的女生认为兼职可以赚到一笔完全属于自己的钱，颇有成就感；分别有43.6%的男生、60.8%的女生认为兼职可以积累社会经验，为今后的工作奠定基础；分别有11.2%的男生、1.9%的女生认为兼职可以拓宽交际面。

总而言之，绝大部分同学从事兼职的目的比较明确，认为兼职的收获主要是赚钱和积累社会经验，少数同学认为可以广交朋友，拓宽交际面。

六、兼职过程中遇到的困难及应对方式

不论从性别还是从年级来看，超过70%的同学偶尔遇到过困难，20%左右的同学多次遇到过困难，只有极少数同学从未遇到过困难。

在所遇到的困难当中，基本不包括性别歧视，而有部分同学认为引起兼职困难的原因是自身能力不足，也有不少同学认为是由于用人单位过于刁钻。

遇到困难时，80%左右的同学积极想方设法解决，10%左右的同学忍气吞声，自认倒霉；还有极少数同学不知所措。

七、家长对子女从事兼职的态度

总体来看，50%左右的家长基本同意子女从事兼职，主要是出于安全方面的顾虑；25%左右的家长完全同意子女从事兼职，并予以鼓励；20%左右的家长不同意子女从事兼职,他们认为学生应该以学习为主;还有极少数家长完全不同意子女从事兼职。

八、兼职所得收入的用途

48%的同学将兼职收入作为生活费,以减轻家里的经济负担;41%的同学将其作为额外的零花钱;6%的同学将其作为恋爱开支;其余5%的同学将其积累,作为长久投资(例如旅游等)。

小结:丰富多彩的大学课余生活给了我们无限的激情、满腔的热情、兼职经历。通过调查,同学们大都希望在大学期间从事兼职工作,家长们基本同意子女兼职并予以支持。在兼职过程中同学们遇到了各种各样的困难,由于缺乏经验和社会阅历,不知如何应对,甚至有些同学还被欺骗过。但也有一部分同学具有一定的特长,善于交际、能力突出,能够将兼职工作做得有声有色。另外,同学们一致认为学校应该成立专门的兼职指导机构,鼓励指导同学们从事兼职,使大家在丰富课余生活的同时,既锻炼了能力,又获得了一定的报酬,为以后的就业做好准备。

# 第五节 规章制度

## 一、规章制度的概念

规章制度是国家机关、社会团体、企事业单位,为了维护正常的工作、劳动、学习、生活的秩序,保证国家各项政策的顺利执行和各项工作的正常开展,依照法律、法令、政策而制定的具有法规性或指导性与约束力的应用文,是各种行政法规、章程、制度、公约的总称。

规章制度的使用范围极其广泛,大至国家机关、社会团体、各行业、各系统,小至单位、部门、班组。它是国家法律、法令、政策的具体化,是人们行动的准则和依据,因此,规章制度对社会经济、科学技术、文化教育事业的发展,对社会公共秩序的维护,都有着十分重要的作用。

## 二、规章制度的特点

### (一)约束性

规章制度明确规定了应该做什么,不应该做什么。它是人们的行为准则,一经生效,有关单位或个人就必须严格遵守或遵照执行。如果违反有关条款,就要受到相应的处罚。

### (二)权威性

规章制度的权威性来源于机关单位的权威性。规章制度的作者是法定的,即依法能以自己的名义行使权力与承担义务的组织。规章制度是这些法定作者根据自己的职责和权限制定，是本级机关权力意志的反映。

**（三）稳定性**

规章制度既然是人们的行为准则，就不宜经常变动和修改，应具有相对稳定性。因此，不能将脱离实际的条文，属于临时性的、个别性的问题，暂还没有条件实行的问题引入规章制度。但并不是说规章制度是一成不变的，在条件成熟的时候或环境发生了变化，我们应及时修改并完善它。

## 三、规章制度的种类

规章制度包括行政法规、章程、制度、公约四大类。不同的类别，反映不同的需要，适用于不同的范围，起着不同的作用。

**（一）行政法规类**

1. 条例

条例是具有法律性质的文件，是对有关法律、法令作辅助性、阐释性的说明和规定，是对国家或某一地区政治、经济、科技等领域的某些重大事项的管理和处置作出比较全面、系统的规定，是对某机关、组织的机构设置、组织办法、人员配备、任务职权、工作原则、工作秩序和法律责任作出规定或对某类专门人员的任务、职责、义务权利、奖惩作出系统的规定。它的制发者是国家最高权力机关、最高行政机关（国务院各部委和地方人民政府制度的规章不得称“条例”）。例如《失业保险条例》《中华人民共和国人民币管理条例》。

2. 规定

规定是党和国家机关、社会团体、企事业单位对开展某项工作或某种活动作出政策性要求的法规文书。它是法律、政策、方针的具体化形式，是处理问题的法则。规定主要用于明确提出对国家或某一地区的政治经济和社会发展的某一方面或某些重大事故的管理或限制。规定重在强制约束性。它的制发者是国务院各部委、各级人民政府及所属机构。例如《关于制止低价倾销工业品的不正当价格行为的规定》《关于出版物上数字用法的试行规定》。

3. 办法

办法是有关机关或部门根据党和国家的方针、政策及有关法规、规定就某一方面的工作或问题指定的具体规章，是介于条例、规定和细则之间的一种规定性公文。办法重在可操作性。它的制发者是国务院各部委、各级人民政府及所属机构。

4. 细则

细则是为实施“条例、规定、办法”作详细、具体或补充的规定，对贯彻方针、政策起具体说明和指导的作用。它的制发者是国务院各部委、各级人民政府及所属机关。例如《〈对外汉语教师资格审定办法〉实施细则》《审批个人外汇申请施行细则》。

**（二）章程类**

章程是政府或社会团体用以说明该组织的宗旨、性质、组织原则、机构设置、职责范围等的纲领性文件，具有准则性与约束性的作用。它的制发者是政党或社会团体。例如《中国共产党章程》《中国写作学会章程》。

**（三）制度类**

1. 制度

制度是有关单位和部门制定的要求所属人员共同遵守的准则，是机关单位对某项具体工作、具体事项制定的必须遵守的行为规范。它的制发者是机关团体、企事业单位及其部门。例如《安全生产制度》《××地区环保局廉政制度》。

2. 规则

规则是机关单位为维护劳动纪律和公共利益而制定的要求大家遵守的关于工作原则、方法和手续等的条规。它的制发者是机关团体、企事业单位及其部门。例如《全国安全生产委员会专家组工作规则》《南方工业学校图书馆借书规则》。

3. 规程

规程是生产单位或科研机构，为了保证质量，使工作、试验、生产按程序进行而制定的一些具体规定。它的制发者是机关团体、企事业单位及其部门。例如《车间操作规程》《计算机操作规程》。

4. 守则

守则是机关团体、企事业单位要求其成员遵守的行为准则，它倡导有关人员遵守一定的行为、品德规范。它的制发者是机关团体、企事业单位及其部门。例如《全国职工守则》《汽车驾驶员守则》《高等学校学生守则》。

5. 须知

须知是有关单位、部门为了维护正常秩序，搞好某项具体活动，完成某项工作而制定的具有指导性、规定性的守则。它的制发者是有关单位、部门。例如《观众须知》《参加演讲赛须知》。

**（四）公约类**

公约是人民群众或社会团体经协商决议而制定出的共同遵守的准则，是人们为了维护公共秩序，经集体讨论，把约定要做到的事情或不应做的事情、应该宣传的事情或必须反对的事情明确写成条文，作为共同遵守的事项。它的制发者是人民群众、社会团体。例如《居民文明公约》《北京市各界人民拥军优属公约》。

## 四、规章制度的格式

规章制度通常由标题和正文两部分组成。

### (一)标题

标题通常有以下两种写法:一种是由制定机关、事由和文种组成,如《国务院关于社队企业贯彻国民经济调整方针的若干规定》;另一种是由事由和文种组成,如《事业单位工作人员申诉规定》。

### (二)正文

1. 正文通常由开头、主体、结尾三部分组成

开头部分写明依据、目的、意义、指导思想、适用原则等说明性文字。如:“为制止低价倾销工业品的不正当价格行为,维护公平、公开、合法的市场竞争和正常的价格秩序,维护国家利益,保护经营者和消费者的合法权益,根据《中华人民共和国价格法》及国家其他有关法律,制定本规定。”

主体部分写明法规的具体条款,内容复杂的可分章节,简单的可直接分条列项书写。

结尾部分说明实施日期、执行权、解释权及其他未尽事宜的解决办法。

2. 正文的结构通常有以下两种形式

(1)分章列条式:即将规章制度的内容分成若干章,每章又分若干条。第一章是总则,中间各章是分则,最后一章是附则。总则一般写原则性、普遍性、共同性的内容;分则指接在总则之后的具体内容,通常按事物间的逻辑顺序,或按各部分内容的联系,或按工作活动程序,以及惯例分条列项,集中编排;附则包括的主要内容有施行程序与方式、有关说明、施行日期等。

(2)条款式:这种规章制度只分条目不分章节,适用于内容比较简单的规章制度。一般开头说明缘由、目的、要求等,主体部分分条列出规章制度的具体内容。其第一条相对于分章列条式写法的总则,最后一条相对于附则的写法。

## 五、规章制度的写作要求

### (一)维护建章立制的权威性

规章制度属于机关事务文书,写法上没有法定公文那么严格,执行中也不像法律文书那样具有极强的法律效力。但是就一个部门、一个单位来说,规章制度无疑具有行政强制性。为了维护规章制度的权威性,在起草时必须做到“三明确”:一要明确制度目的。规章制度是机关、企事业单位管理思想的载体、管理意图的物化。因此,规章制度的写作不仅要有本部门、本单位领导的安排或授权,而且必须吃透上级或主管部门的意向、目的和要求,从而准确把握规章制度的要点和重点。这样,写出的规章制度才会有权威性和

可用性。二要明确行文基调。写作前应深入了解该规章制度所针对的对象的现状，要解决哪些方面的问题，需要限制的范围及程度，需要把握的侧重点或表述尺度，形成一个清晰的写作思路。对于事关全局的规章制度，写作前尤其要作好调查研究，定好写作基调。三要明确制发背景。制度管理是一个连续的、系统的过程，任何部门与单位都不可能仅有一项或一个方面的规章制度。

因此，起草前应弄清楚以前是否有过这方面的规定或要求，如果有的话，应分析是否需要修订，弄清是文字提法上的修改，还是内容方面的补充、增删；是基本维持原规定的精神，还是要推翻重写；原来的规章制度有什么优点，有什么不足，等等。有时，一种规章制度中会涉及好几个方面的内容，而对于同一个问题或情况的管理又可能涉及好几种不同的规章制度，这就需要从各方面考虑内容的制约和平衡，用好有关参考资料。这样定出的规章制度才会有连续性和可执行性。

**（二）考虑条文内容的可行性**

规章制度是要人执行的，其内容必须准确、规范，有可行性。

首先，内容要有针对性。内容是规章制度的内核和基础，除了必须真实准确之外，还必须有明确的指向性。同样一种规章制度，在不同的部门和单位里往往有不同的侧重点和不同的内容要求。如果其内容“千人一面”“千部一腔”，毫无自己的特色，那规章制度就可能成为“样子货”。只有从本单位的实际出发，写出具有针对性的制度和规定，才会言之能行，行之有效。

其次，内容要有依据性。从某种意义上说，规章制度是法律法规和政策条文的延伸或细化，它必然具有强制性特征。因此，任何规章制度都必须有法律依据或政策依据，必须符合党和国家的政策、法令，不允许与之相抵触或违背。如果上级的有关规定内容已经比较具体，适用性也比较强，本部门或单位就没有必要再就同一内容作出规定和要求了。为了显示内容的严肃性，有的规章制度还应在文中写明批准和公布机关，写明规章制度生效的日期，以及本规章制度的修改权和解释权。

最后，内容要有协调性。为确保规章制度的可行性，写作时必须十分注意与同类规章制度的纵向或横向联系与协调。纵向关系的协调关键在下级。下级部门和单位制定的规章制度必须符合上级部门的有关要求。这里涉及诸多方面的问题，如规章制度从什么时间开始执行、各级有什么权限、衡量的标准是什么等。标准要统一，口径要一致，步调要协调，避免出现矛盾或混乱。横向关系也必须协调。有时会遇到这样的情况：面对同一个需要解决的问题或需要规范的对象，几个部门从各自不同的角度和需要出发，都制定了规章制度，但由于互不通气，结果出现矛盾，发生规定“撞车”、制度“打架”现象，使人们无所适从，甚至让一些人钻了空子，这样的规章制度是不会有什么执行性的。

**（三）讲求体式结构的规范性**

规章制度属于法规性文书，具有一定的约束力，因而其文字表述必须严谨、周密、规范，既要体现严肃性，又要考虑稳定性。

**（四）重视定稿过程的完整性**

规章制度的写作不同于一些公务文书的写作，它往往不是在一两天内就可完成的，通常都要经过几上几下、多次反复认真的推敲、修改、酌定或试验、实证。一些重要的规章制度成形后，先要制成讨论稿，发至有关部门和单位，发给有关同志，经过有关会议或有关部门的认真讨论、逐条审议修改后，方能定稿。有些规章制度即使在反复讨论审定后印发下去，也还须批注试行或暂行字样，尚需经过一段时间实践的检验，并在实施中不断地完善和修订。对于文秘写作人员来说，规章制度的反复推敲和修改定稿的过程，就是对管理对象和客观事物的认识逐步深化的过程，亦即由感性认识到理性认识，再由理性认识指导实践的一个认识的循环过程。在此过程中，写作者要进行多次调查研究，其认识要经历两次"飞跃"。尤其是定稿后的调查研究，既是对文稿的反复推敲过程，也是认识的深化和升华过程。直至修改到不能增减移易一字，才能算是基本上完成了规章制度的写作任务。

**【例文】**

**事业单位人事管理条例**

第一章　总　则

第一条　为了规范事业单位的人事管理，保障事业单位工作人员的合法权益，建设高素质的事业单位工作人员队伍，促进公共服务发展，制定本条例。

第二条　事业单位人事管理，坚持党管干部、党管人才原则，全面准确贯彻民主、公开、竞争、择优方针。

国家对事业单位工作人员实行分级分类管理。

第三条　中央事业单位人事综合管理部门负责全国事业单位人事综合管理工作。

县级以上地方各级事业单位人事综合管理部门负责本辖区事业单位人事综合管理工作。

事业单位主管部门具体负责所属事业单位人事管理工作。

第四条　事业单位应当建立健全人事管理制度。

事业单位制定或者修改人事管理制度，应当通过职工代表大会或者其他形式听取工作人员意见。

第二章　岗位设置

第五条　国家建立事业单位岗位管理制度，明确岗位类别和等级。

第六条　事业单位根据职责任务和工作需要，按照国家有关规定设置岗位。

岗位应当具有明确的名称、职责任务、工作标准和任职条件。

第七条　事业单位拟订岗位设置方案，应当报人事综合管理部门备案。

## 第三章　公开招聘和竞聘上岗

第八条　事业单位新聘用工作人员，应当面向社会公开招聘。但是，国家政策性安置、按照人事管理权限由上级任命、涉密岗位等人员除外。

第九条　事业单位公开招聘工作人员按照下列程序进行：

（一）制定公开招聘方案；

（二）公布招聘岗位、资格条件等招聘信息；

（三）审查应聘人员资格条件；

（四）考试、考察；

（五）体检；

（六）公示拟聘人员名单；

（七）订立聘用合同，办理聘用手续。

第十条　事业单位内部产生岗位人选，需要竞聘上岗的，按照下列程序进行：

（一）制定竞聘上岗方案；

（二）在本单位公布竞聘岗位、资格条件、聘期等信息；

（三）审查竞聘人员资格条件；

（四）考评；

（五）在本单位公示拟聘人员名单；

（六）办理聘任手续。

第十一条　事业单位工作人员可以按照国家有关规定进行交流。

## 第四章　聘用合同

第十二条　事业单位与工作人员订立的聘用合同，期限一般不低于3年。

第十三条　初次就业的工作人员与事业单位订立的聘用合同期限3年以上的，试用期为12个月。

第十四条　事业单位工作人员在本单位连续工作满10年且距法定退休年龄不足10年，提出订立聘用至退休的合同的，事业单位应当与其订立聘用至退休的合同。

第十五条　事业单位工作人员连续旷工超过15个工作日，或者1年内累计旷工超过30个工作日的，事业单位可以解除聘用合同。

第十六条　事业单位工作人员年度考核不合格且不同意调整工作岗位，或者连续两年年度考核不合格的，事业单位提前30日书面通知，可以解除聘用合同。

第十七条　事业单位工作人员提前30日书面通知事业单位，可以解除聘用合同。但是，双方对解除聘用合同另有约定的除外。

第十八条　事业单位工作人员受到开除处分的，解除聘用合同。

第十九条　自聘用合同依法解除、终止之日起，事业单位与被解除、终止聘用合同人员的人事关系终止。

## 第五章　考核和培训

第二十条　事业单位应当根据聘用合同规定的岗位职责任务，全面考核工作人员的表现，重点考核工作绩效。考核应当听取服务对象的意见和评价。

第二十一条　考核分为平时考核、年度考核和聘期考核。

年度考核的结果可以分为优秀、合格、基本合格和不合格等档次，聘期考核的结果可以分为合格和不合格等档次。

第二十二条　考核结果作为调整事业单位工作人员岗位、工资以及续订聘用合同的依据。

第二十三条　事业单位应当根据不同岗位的要求，编制工作人员培训计划，对工作人员进行分级分类培训。

工作人员应当按照所在单位的要求，参加岗前培训、在岗培训、转岗培训和为完成特定任务的专项培训。

第二十四条　培训经费按照国家有关规定列支。

## 第六章　奖励和处分

第二十五条　事业单位工作人员或者集体有下列情形之一的，给予奖励：

（一）长期服务基层，爱岗敬业，表现突出的；

（二）在执行国家重要任务、应对重大突发事件中表现突出的；

（三）在工作中有重大发明创造、技术革新的；

（四）在培养人才、传播先进文化中作出突出贡献的；

（五）有其他突出贡献的。

第二十六条　奖励坚持精神奖励与物质奖励相结合、以精神奖励为主的原则。

第二十七条　奖励分为嘉奖、记功、记大功、授予荣誉称号。

第二十八条　事业单位工作人员有下列行为之一的，给予处分：

（一）损害国家声誉和利益的；

（二）失职渎职的；

（三）利用工作之便谋取不正当利益的；

（四）挥霍、浪费国家资财的；

（五）严重违反职业道德、社会公德的；

（六）其他严重违反纪律的。

第二十九条　处分分为警告、记过、降低岗位等级或者撤职、开除。

受处分的期间为：警告，6个月；记过，12个月；降低岗位等级或者撤职，24个月。

第三十条　给予工作人员处分，应当事实清楚、证据确凿、定性准确、处理恰当、程序合法、手续完备。

第三十一条　工作人员受开除以外的处分，在受处分期间没有再发生违纪行为的，处分期满后，由处分决定单位解除处分并以书面形式通知本人。

第七章　工资福利和社会保险

第三十二条　国家建立激励与约束相结合的事业单位工资制度。

事业单位工作人员工资包括基本工资、绩效工资和津贴补贴。

事业单位工资分配应当结合不同行业事业单位特点，体现岗位职责、工作业绩、实际贡献等因素。

第三十三条　国家建立事业单位工作人员工资的正常增长机制。

事业单位工作人员的工资水平应当与国民经济发展相协调、与社会进步相适应。

第三十四条　事业单位工作人员享受国家规定的福利待遇。

事业单位执行国家规定的工时制度和休假制度。

第三十五条　事业单位及其工作人员依法参加社会保险，工作人员依法享受社会保险待遇。

第三十六条　事业单位工作人员符合国家规定退休条件的，应当退休。第八章 人事争议处理

第三十七条　事业单位工作人员与所在单位发生人事争议的，依照《中华人民共和国劳动争议调解仲裁法》等有关规定处理。

第三十八条　事业单位工作人员对涉及本人的考核结果、处分决定等不服的，可以按照国家有关规定申请复核、提出申诉。

第三十九条　负有事业单位聘用、考核、奖励、处分、人事争议处理等职责的人员履行职责，有下列情形之一的，应当回避：

（一）与本人有利害关系的；

（二）与本人近亲属有利害关系的；

（三）其他可能影响公正履行职责的。

第四十条　对事业单位人事管理工作中的违法违纪行为，任何单位或者个人可以向事业单位人事综合管理部门、主管部门或者监察机关投诉、举报，有关部门和机关应当及时调查处理。

第九章　法律责任

第四十一条　事业单位违反本条例规定的，由县级以上事业单位人事综合管理部门或者主管部门责令限期改正；逾期不改正的，对直接负责的主管人员和其他直接责任人员依法给予处分。

第四十二条　对事业单位工作人员的人事处理违反本条例规定给当事人造成名誉损害的，应当赔礼道歉、恢复名誉、消除影响；造成经济损失的，依法给予赔偿。

第四十三条　事业单位人事综合管理部门和主管部门的工作人员在事业单位人事管理工作中滥用职权、玩忽职守、徇私舞弊的，依法给予处分；构成犯罪的，依法追究刑事责任。

第十章　附　则

第四十四条　本条例自2014年7月1日起施行。

# 实践应用能力训练

## 一、填空题

1. 事务文书是党政机关、社会团体、企事业单位及个人在处理日常事务中，用来__________、__________、__________、__________、__________的实用性文书。

2. 总结按性质分，有__________和__________。

3. 总结正文的结构形式有__________、__________、__________。

4. 规章制度是党政机关、企事业单位、社会团体根据实际规范的需要而指定的具有__________和__________的应用文书。

## 二、思考题

1. 简述计划的作用。

2. 简述总结的概念与特点。

3. 调查报告的特点是什么?

4. 简述规章制度的特点。

## 三、写作实训

1. 根据下列给出的材料，撰写一篇调查报告。

**副业收入高　种田负担重　影响种田户积极性　仙桃市4万多亩田无人耕种**

**市领导机关正在着手解决这个问题**

本报讯　湖北省仙桃市实行联产承包责任制后，农业生产得到迅速发展。但去冬今春，各地相继出现一些农民退田的情况。据不完全统计，全市有4万多亩农田无人耕种。这个情况现在已经引起市领导机关的重视，正在积极着手解决。

据调查，不愿承包农田的农民有几种情况：一是工副业专业户、重点户，他们收入比农业户高，全市去年新增包田2.1万亩，占退田面积27.8%。二是“半边户”，即干属、工属户。这些户有的缺劳动力耕种，有的改行经营别的去了，共退出责任田5000亩，占退田面积10.3%。三是过去迁往湖区的农户。由于耕种条件差，部分搬迁，约退田4000亩，占8.2%。

农民退田还有一个原因是农田承包负担过重，各级摊派负担过重。如市、社搞水利的亦工亦农人员的报酬由群众摊；管理区编外的林业员、广播员等的工资负担由群众摊；还有养路费、集资办学费等，都由农民负担。据统计，全市去年这类摊派款达230多万元，平均每户10元以上。同时，各项提留数额大。全市去年提取公粮、水电费、公积金、公益金等合计3659万元，平均每户160元。非生产性开支大。全市大队、生产队干部45000人，每队平均10个，一年补贴额达510万元；大队“人员”的工资也往下摊，全市达

444 万元;还有各种临时误工补贴,以及招待费开支。全市非生产性开支粗略统计为 1378 万元,每户平均为 60 元以上。这三项合计为 5268 万元,每户平均 300 元,还不包括额外的劳务负担。

农民因为有些东西买也难、卖也难,种田的积极性也受到挫伤。比如去年秋收以后,农民卖粮排长队,许多农民挑出去又挑回来;农民生产需要的化肥、柴油等非常紧缺,到处搞高价。加上粮棉生产周期长,受大自然制约性强,不如工、副业生产保险,经营工副业的人均纯收入比从事农田生产的社员高 2 倍多。群众说:“种田人不如手艺人,手艺人不如做生意的人。”

要求:标题结构正确,事由文种选用准确,措辞得体,简洁明确。指定内容有涉及专业性的问题,可仅写开头和结尾,具体内容用省略号代替。

2. 大学伊始,作为学生会主席,请为学生会拟写一则工作计划。

3.“凡事预则立,不预则废”,计划很重要。但人要进步就应该不断地总结。请结合自身的情况写一份年终总结。

4. 请以《××班××年工作总结》为标题,写出这篇总结的开头和结尾。

5. 你在电影院发现过哪些不文明行为?结合这些不文明行为,拟写一份电影院《观众须知》。

**四、情景实训**

**情景实训(一)**

作为职场中的工作人员,各种技能都必须掌握,其中应掌握撰写工作中各种类型文件,比如计划和总结:

1. 实训目标:通过本实训掌握起计划和总结的格式要求。

2. 实训背景:××集团的小刘和小陈接到经理任务,要求将本年度的工作情况作个总结并制订第二年度的工作计划(经理还特别提醒不能将公司的相关工作内容泄密)。小刘和小陈面对刚接到的任务无所适从。而此时办公室秘书小李又抱一大堆的文件过来,放在他们的面前。他俩翻阅了这些材料发现杂乱无章;有部门财务报表、经济预算表、企业效益表及相关贸易对象的合作情况;还有一些公司所做的公益活动。

3. 实训内容:整理文件,并将其归档。认真研读材料发现脉络、撰写计划和总结。

4. 实训要求

(1)本实训可选择在模拟的办公室或教室进行,最好能配置文件夹数个,档案袋数个。记录笔两只。便签一本。

(2)实训分小组进行,可以 2 人一组,其中 1 人扮演小刘,1 人扮演小陈,两人分工合作整理材料。

(3)每个同学在演练过程中一定要严肃认真,言行符合礼仪规范。

5. 实训提示

(1)整理文件材料是写好计划和总结的基础,本实训其实最重要还是写计划和总结。

(2)教师应为学生提供相应的文件材料若干份。

(3)最后将整理好的材料,认真阅读形成书面材料。

**情景实训(二)**

没有调查就没有发言权,现代社会做任何事情都必须把事情的来龙去脉弄得清清楚楚,所以大学生还必须掌握相关的调查方法。

1. 实训目标:通过本实训了解一种书面调查问卷和电子调查方法。

2. 实训背景:冬天的到来,为化妆品行业带来商机。无影广告有限公司受飘飘化妆品有限公司委托作彩妆调查。现假设无影公司将这一任务交予各位完成,大家应如何完成呢?

3. 实训内容:掌握调查的各种方法。

4. 实训要求

(1)本实训适宜室外进行或电脑室内进行。笔数只、A4 纸几包。

(2)实训分小组进行

①可以 2 人一组,2 人设计调查问卷、2 人复印并校对问卷、10 组人到人流大的各商场进行问卷的填写、2 人审核问卷填写的规范性、全班分组对调查问卷从不同的层面进行分析、撰写调查报告。

②制作网页,将调查问卷贴到各大热点论坛,截稿时间应在问卷中标明。

# 第五章　经济类文书写作

**学习提示：**

学习本章经济类文书，重点在于了解经济类文书中合同、招标书和投标书、市场策划书、广告文案、商品说明书等各类文书的概念；掌握它们的类型；能够熟练运用它们的写作方法到实际的工作中。

经济文书是在经济活动中形成并使用，以书面语言（包括图表、公式、数字、符号等）为表达手段，反映经济情况、处理经济事务、研究经济问题，具有实用价值和一定的惯用文章体式的文书。经济文书是应用文书的重要分支。常用经济事务文书是指合同、意向书、投标书、市场预测报告、可行性研究报告、经济决策报告等。

经济文书种类繁多，而且从不同的角度出发，以不同的标准划分，可分成许多不同的类别。但人们通常习惯于根据作者的写作目的、使用差异，将经济文书分为公务经济文和私务经济文书两大类别。

## 第一节　合同

### 一、概述

#### （一）概念

《中华人民共和国合同法》第二条规定：“合同是平等主体的自然人、法人、其他组织之间设立、变更、终止民事权利义务关系的协议。”

#### （二）类型

广义合同指所有法律部门中确定权利、义务关系的协议。合同按不同的分类标准可分为不同的种类。以权利和义务关系的类型作为划分合同的标准，合同可分为下述类型：买卖合同，供用电、水、气、热力合同，赠与合同，借款合同，租赁合同，融资租赁合同，承揽合同，建设工程合同，运输合同，技术合同，保管合同，仓储合同，委托合同，行纪合同，居间合同。这也是合同法分则对合同的分类。按不同法律涉及的合同类型也不同，如民法上的民事合同、行政法上的行政合同、劳动法上的劳动合同、国际法上的国际合同等。

### （三）写作注意事项

1. 形式合法性

签订合同的双方或多方当事人必须具有合法的资格，即具有签订合同的权利能力和行为能力。经济合同一经依法签订，就具有了法律效力，各方面的权利和义务受到国家法律的保护，任何一方违约都要承担经济和法律责任。执行经济合同中发生纠纷时，由当事人协商解决。协商不成时，任何一方均可向合同管理机关申请调解或仲裁，也可向法院起诉。

2. 内容具体性

当事人双方遵循公平原则，确定双方的权利义务，要求内容明确具体，不能含糊笼统，要具备可行性。

3. 语言准确性

语言要求精准，以免出现合同纠纷时无据可查，且要避免漏洞的产生。

4. 书写规范性

专业术语要求具备规范。合同一旦成文，不得涂改。

## 二、类型与写作

### （一）劳动合同

1. 概念

建立劳动关系应当订立劳动合同。《劳动法》第十六条规定："劳动合同是劳动者与用人单位确立劳动关系、明确双方权利和义务的协议。"它是确立劳动关系的法律形式。

2. 劳动合同的类型

（1）聘用合同

聘用合同是录用合同的一种，是指以职工雇用为目的，用人单位从社会上招收新职工时与被录用者依法签订的，缔结劳动关系并确定权利义务关系的合同。聘用合同主要适用于用人单位招聘在职和非在职劳动者中有特定技术业务专长者为专职或兼职的技术专业人员或管理人员时使用的。例如：有的单位或企业高薪聘请外地或本地的技术专家、法律工作者、高级管理人员等用以改善本地区或企业的经营状况，或为本企业提供特定服务。

（2）录用合同

录用合同是指用人单位以长期雇用劳动者为目的而订立的劳动合同，如大学生就业协议。它是由用人单位在社会上招收新职工时或续签合同时使用的合同类型。其内容约定的是一般性的劳动权利和义务,是劳动合同中的基本类型。

(3)借调合同

借调合同是指借调单位、被借调单位与借调人员之间所签订的约定将某用人单位职工调到另一方单位从事短期性工作并确定三方权利义务关系的合同。借调合同一般适用于借调单位急需又是临时性的情况。这种合同中一般由借调单位支付借调人员劳动报酬和福利待遇。

(4)停薪留职合同

停薪留职合同是指职工为了在一定期限内脱离原岗位与用人单位签订的合同。在停薪留职合同中,劳动者继续保留原用人单位劳动者的身份,但不在原用人单位工作。原用人单位停止对劳动者工资的发放。

3. 劳动合同的特点

订立劳动合同,应当依照劳动法规定的原则、程序和内容进行,凡采取欺诈、胁迫等手段订立的,违反法律、行政法规的劳动合同无效。

4. 劳动合同的写作要求

劳动合同的内容一般包括法定条款和约定条款两部分。

法定条款是劳动法要求劳动合同必须具备的条款。它具体包括:劳动合同期限、工作内容、劳动保护和劳动条件、劳动报酬、劳动纪律、劳动合同终止的条件、违反合同的责任。

约定条款是劳动合同双方当事人之间自愿协商确定的关于各自权利、义务的条款。企业工会组织与企业可以就劳动报酬、工作时间、休息休假、劳动安全卫生、保险福利等事项,签订集体合同。

### (二)经济合同

1. 概念

《中华人民共和国经济合同法》规定:“经济合同是法人之间为实现一定经济目的、明确相互义务关系的协议。”

2. 经济合同的类型

经济合同种类很多,按性质分,我国经济合同法中规定经济合同的类型共15种,即买卖合同,供用水、电、气、热力合同,赠与合同,借款合同,租赁合同,融资租赁合同,承揽合同,建设工程合同,运输合同,技术合同,保管合同,仓储合同,委托合同,行纪合同,居间合同。

3. 经济合同的特点

订立经济合同,应当依照国家的法律、法规和政策;必须符合国家计划的要求;必须坚持平等互利、协商一致的原则。经济合同是一种法律行为,绝不可违背原则,否则,合同无效。

### 4. 经济合同的写作要求

经济合同的主要内容是指经济合同当事人之间的权利和义务。具体到每一个经济合同法律关系中,就是经济合同当事人确定相互权利义务关系的各项条款。根据经济合同法的规定,经济合同的内容主要包括以下几个方面:

(1)标的。

(2)数量。

(3)质量。

(4)价款或者酬金。

(5)履行期限、地点和方式。

(6)争议解决方式。

(7)违约责任。

此外,根据法律规定或者按照经济合同的性质必须具备的条款以及当事人一方要求必须规定的条款,也是经济合同的主要条款,也属经济合同的主要内容。

**【例文一】**

**劳动合同**

招聘方:________(企业、事业、机关、团体等单位的行政)简称甲方

受聘方:________(合同制职工)简称乙方

甲方招聘合同制职工,按有关规定,已报请有关部门批准(或同意)。甲方已向乙方如实介绍涉及合同的有关情况;乙方已向甲方提交劳动手册。甲乙双方本着自愿、平等的原则,经协商一致,特签订本合同,以便共同遵守。

第一条　合同期限

合同期限为________年(或________个月),从二〇________年________月________日起至二〇________年________月________日止。

(没有一定期限的合同或以完成一项工作的时间为期限的合同,应注明"本合同无一定期限"或"本合同以某一工作完成为届满期限"。)

第二条　试用期限

试用期限为________个月(或________年),即从二〇________年________月________日起至二〇________年________月________日止。

(试用期限的长短,有关部门有规定的,按规定执行;有关部门无规定的,由招聘方根据受聘方的工作能力和实际水平确定。)

第三条　职务(或工种)

甲方聘请乙方担任________职务(或从事某工种的工作)。

第四条　工作时间

每周工作六天,星期日休息。每天工作时间为八小时,上下班时间按甲方规定执行。

（以完成一定工作量为期限的合同，工作时间由双方商定。）

第五条　劳动报酬

（一）乙方在试用期间，月薪为________元。试用期满后，按乙方的技术水平、劳动态度和工作效率评定，根据所评定的级别或职务确定月薪。

（以完成一定工作量的时间为合同期限的，亦可按工作量确定报酬。实行计件工资的，按计件付酬。）

（二）乙方享受的岗位津贴和奖金待遇，与同工种固定职工相同。

第六条　生活福利待遇

（一）补贴待遇：乙方享受交通费补贴、粮食补贴、取暖费补贴等与固定职工相同。

（二）假日待遇：乙方享受节日假、婚假、产假、丧假与固定职工相同。工作满一年以上需要探亲的，可享受________天（不包括路途中的时间）的探亲待遇，工资照发，路费报销。

（三）特保儿费：乙方享受特保儿费与固定职工相同。

第七条　劳动保护________________________________________________。

（乙方的劳动保护按国家的有关规定执行。）

第八条　乙方患病、伤残、生育等待遇以及养老保险办法________________。

（本条国家有规定的，按规定执行；无规定的，由双方商定。）

第九条　政治待遇和劳动纪律要求

（一）乙方在政治上享有同固定职工一样的权利，如参加民主管理企业的权利，参加党、团组织和工会的权利等。

（二）订立有一定期限的劳动合同的乙方，在担任领导职务以后，如职务是有任期的，在劳动合同期限短于领导任期的情况下，可以将合同期限视为领导职务的任期；如果职务是没有任期的，可以视为改订没有一定期限的劳动合同。

（三）乙方应当严格遵守甲方单位各项规章制度，遵守劳动纪律，服从分配，坚持出勤，积极劳动，保证完成规定的各项任务。

第十条　教育与培训

甲方应加强对乙方进行思想政治教育、遵纪守法教育、安全生产教育，根据工作和生产的需要进行业务、职业技术培训。

第十一条　劳动合同变更

（一）发生下列情况之一者，允许变更劳动合同：

1. 经甲乙双方协商同意，并不因此而损害国家和社会的利益；

2. 订立劳动合同所依据的法律规定已经修改；

3. 由于甲方单位严重亏损或关闭、停产、转产确实无法履行劳动合同的规定，或由于上级主管机关决定改变了工作任务、性质；

4. 由于不可抗力或由于一方当事人虽无过失但无法防止的外因，致使原合同无法履行；

5. 法律规定的其他情况。

（二）在合同没有变更的情况下，甲方不得安排乙方从事合同规定以外的工作，但下列情况除外：

1. 发生事故或自然灾害，需要及时抢修或救灾；

2. 因工作需要而进行的临时调动（单位内工种之间、机构之间）；

3. 发生不超过一个月时间的短期停工；

4. 甲方依法重新任命、调动、调换订立没有一定期限劳动合同职工的工作；

5. 法律规定的其他情况。

第十二条　劳动合同的解除________________________________________。

（解除劳动合同的条件，国家主管部门有规定的，按规定执行；没有规定的，由双方当事人商定。双方议定条款不得违反法律和政策的规定，不得损害国家利益和社会公共利益。）

解除劳动合同，除因乙方违法犯罪或乙方不履行合同给甲方造成损失，或者严重违反劳动纪律和本单位管理章程的规定被开除的，以及乙方擅自解除劳动合同的以外，甲方应按规定发给辞退补助费和支付路费。

解除劳动合同时，双方应按规定办理解除手续。甲方应按规定将解除合同的情况报告有关机关核准。

第十三条　违约责任

（一）甲方无故辞退乙方，除应发给辞退补助费和路费外，应偿付给乙方违约金________元。

（二）甲方违反劳动安全和劳保规定，以致发生事故，损害乙方利益的，应补偿乙方的损失。

（三）乙方擅自解除合同，应赔偿甲方为其支付的职业技术培训费，并偿付给甲方违约金________元。

（四）乙方违反劳动纪律或操作规程，给甲方造成经济损失的，甲方有权按处理固定职工的规定予以处理。

第十四条　其他事项________________________________________。

本合同于二〇________年________月________日起生效。甲乙双方不得擅自修改或解除合同。合同执行中如有未尽事宜，须经双方协商，作出补充规定。补充规定与本合同具有同等效力。合同执行中如发生纠纷，当事人应协商解决，协商不成时，任何一方均可向单位主管机关或劳动合同的管理机关请求处理，也可依法向人民法院起诉。

本合同正本一式二份，甲乙双方各执一份；合同副本一式________份，报主管机关，劳动合同管理机关（本合同如经公证，则应交公证处留存一份）等单位各留存一份。

甲　方：________________（行政公章）　　　乙　方：________________（盖章）

代表人：________________（盖章）

________年________月________日订

【例文二】

## 一般货物买卖合同

买方：________________（下称甲方）

地址：________________邮编：________________

电话：________________传真：________________

电子邮箱：________________

卖方：________________（下称乙方）

地址：________________邮编：________________

电话：________________传真：________________

电子邮箱：____________________________________________

甲乙双方经充分协商，本着自愿及平等互利的原则，订立本合同。

第一条　名称、品种、规格和质量

1. 名称、品种、规格：

________________（应注明产品的牌号或商标）。

2. 质量，按下列第（　）项执行：

（1）按照________________标准执行（须注明按国家标准或部颁或企业具体标准，如标准代号、编号和标准名称等）。

（2）按样本，样本作为合同的附件（应注明样本封存及保管方式）。

（3）按双方商定要求执行，具体为：

________________（应具体约定产品质量要求）。

第二条　数量和计量单位、计量方法

1. 数量：________________。

2. 计量单位和方法：________________。

3. 交货数量的正负尾差、合理磅差和在途自然增（减）量规定及计算方法：________。

第三条　包装方式和包装品的处理

________________（应尽可能注明所采用的包装标准是否国家或主管部门标准，自行约定包装标准应具体可行，包装材料由谁供应，包装费用的负担）。

第四条　交货方式

1. 交货时间：________________。

2. 交货地点：________________。

3. 运输方式：________________（注明由谁负责代办运输）。

4. 保险：________________（按情况约定由谁负责投保并具体规定投保金额和投保险种）。

5. 与买卖相关的单证的转移：________________。

第五条　验收

1. 验收时间：________________。

2. 验收方式：

________________（如采用抽样检验，应注明抽样标准或方法和比例）。

3. 验收如发生争议，由________________检验机构按________________检验标准和方法，对产品进行检验。

第六条　价格与货款支付

1. 单价：________________；总价：________________（明确币种及大写）。

2. 货款支付：

货款的支付时间：________________；

货款的支付方式：________________；

运杂费和其他费用的支付时间及方式：________________。

3. 预付货款：______________（根据需要决定是否需要预付货款及金额、预付时间）。

第七条　提出异议的时间和方法

1. 甲方在验收中如发现货物的品种、型号、规格、花色和质量不合规定或约定，应在妥为保管货物的同时，自收到货物后________________日内向乙方提出书面异议；在托收承付期间，甲方有权拒付不符合合同规定部分的货款。甲方未及时提出异议或者自收到货物之日起________________日内未通知乙方的，视为货物合乎规定。

2. 甲方因使用、保管、保养不善等造成产品质量下降的，不得提出异议。

3. 乙方在接到甲方书面异议后，应在________________日内负责处理并通知甲方处理情况，否则，即视为默认甲方提出的异议和处理意见。

第八条　甲方违约责任

1. 甲方中途退货的，应向乙方赔偿退货部分货款的________________%违约金。

2. 甲方未按合同约定的时间和要求提供有关技术资料、包装物的，除交货日期得以顺延外，应按顺延交货部分货款金额每日万分之________________计算，向乙方支付违约金；如________________日内仍不能提供的，按中途退货处理。

3. 甲方自提产品未按乙方通知的日期或合同约定日期提货的，应按逾期提货部分货款金额每日万分之________________计算，向乙方支付逾期提货的违约金，并承担乙方实际支付的代为保管、保养的费用。

4. 甲方逾期付款的，应按逾期货款金额每日万分之________________计算，向乙方支付逾期付款的违约金。

5. 甲方违反合同规定拒绝接收货物的，应承担因此给乙方造成的损失。

6. 甲方如错填到货的地点、接货人，或对乙方提出错误异议，应承担乙方因此所受到的实际损失。

7. 其他约定：________________________________________。

第九条　乙方的违约责任

1. 乙方不能交货的，向甲方偿付不能交货部分货款________________%的违约金。

2. 乙方所交货物品种、型号、规格、花色、质量不符合合同规定的，如甲方同意利用，应按质论价；甲方不能利用的，应根据具体情况，由乙方负责包换或包修，并承担修理、调换或退货而支付的实际费用。

3. 乙方因货物包装不符合合同规定，须返修或重新包装的，乙方负责返修或重新包装，并承担因此支出的费用。甲方不要求返修或重新包装而要求赔偿损失的，乙方应赔偿甲方该不合格包装物低于合格物的差价部分。因包装不当造成货物损坏或灭失的，由乙方负责赔偿。

4. 乙方逾期交货的，应按照逾期交货金额每日万分之______________计算，向甲方支付逾期交货的违约金，并赔偿甲方因此所遭受的损失。如逾期超过______________日，甲方有权终止合同并可就遭受的损失向乙方索赔。

5. 乙方提前交的货物、多交的货物，如其品种、型号、规格、花色、质量不符合约定，甲方在代保管期间实际支付的保管、保养等费用以及非因甲方保管不善而发生的损失，均应由乙方承担。

6. 货物错发到货地点或接货人的，乙方除应负责运到合同规定的到货地点或接货人外，还应承担甲方因此多支付的实际合理费用和逾期交货的违约金。

7. 乙方提前交货的，甲方接到货物后，仍可按合同约定的付款时间付款；合同约定自提的，甲方可拒绝提货。乙方逾期交货的，乙方应在发货前与甲方协商，甲方仍需要货物的，乙方应按数补交，并承担逾期交货责任；甲方不再需要货物的，应在接到乙方通知后________________日内通知乙方，办理解除合同手续，逾期不答复的，视为同意乙方发货。

8. 其他：______________________________________________。

第十条 不可抗力

任何一方由于不可抗力原因不能履行合同时，应在不可抗力事件结束后________日内向对方通报，以减轻可能给对方造成的损失，在取得有关机构的不可抗力证明后，允许延期履行、部分履行或者不履行合同，并根据情况可部分或全部免予承担违约责任。

第十一条 争议解决

凡因本合同引起的或与本合同有关的任何争议，如双方不能通过友好协商解决，均应提交中国国际经济贸易仲裁委员会华南分会，按照申请仲裁时该会实施的仲裁规则进行仲裁。仲裁裁决是终局的，对双方均有约束力。

第十二条 附加条款

1. ________________________________________________________。

2. ________________________________________________________。

3. ________________________________________________________。

第十三条 其他事项

1. 按本合同规定应付的违约金、赔偿金、保管保养费和各种经济损失，应当在明确责任后________日内，按银行规定的结算办法付清，否则按逾期付款处理。

2. 约定的违约金，视为违约的损失赔偿。双方没有约定违约金或预先赔偿额的计算方法的，损失赔偿额应当相当于违约所造成的损失，包括合同履行后可获得的利益，但不得超过违反合同一方订立合同时应当预见到的因违反合同可能造成的损失。

3. 本合同自________年________月________日起生效，合同有效期内，除非经过对方同意，或者另有法定理由，任何一方不得变更或解除合同。

4. 合同如有未尽事宜，须经双方共同协商，作出补充规定，补充规定与本合同具有同等效力。

5. 双方来往函件，按照合同规定的地址或传真号码以________方式送达对方。如一方地址、电话、传真号码有变更，应在变更后的________日内书面通知对方，否则，应承担相应责任。

6. 本合同正本一式________份，双方各执________份；合同副本一式________份，分送________等单位。

甲方：________　　　　乙方：________

受权代表：（签字）________　　　　受权代表：（签字）________

委托代理人：（签字）________

本合同于________年________月________日订立于________（地点）。

## 第二节　招标书与投标书

### 一、招标书

#### （一）概述

招标书，即业主按照规定条件发招标书，邀请投票人投标，在投标人中选择理想合作伙伴的一种方式。

#### （二）类型

1. 按时间划分

有长期招标书和短期招标书。

2. 按内容及性质划分

有企业承包招标书、工程招标书、大宗商品交易招标书。

3. 按招标的范围划分

有国际招标书和国内招标书。

（三）特点

1. 实用性

招标书是招标过程中介绍情况、指导工作，履行一定程序所使用的一种实用性文书。

2. 告示性

招标书是一种告示性文书，它提供全面情况，便于投票方根据招标书提供情况做好准备工作，同时指导招标工作开展。

3. 告知性

招标书也称为招标通知、招标公告、招标启事，是一种告知性文件。它一般通过大众传媒公开，因此也称招标广告，具有广告性。

4. 竞争性

招标书是吸引竞争者加入的一种文书，它具有相当的竞争性。

5. 紧迫性

招标书要求在短时间内获得结果，因此，又具有时间的紧迫性。

（四）写作要求

招标书一般由标题、正文、结尾三部分组成（见例文一）。

1. 标题

标题写在第一行的中间，常见写法有四种。一是由招标单位名称、招标性质及内容、招标形式、文种四元素构成，如《××公司购买水设备及安装的招标通知》；二是由招标性质及内容、招标形式、文种三元素组成，如《购买试验台的招标通知》；三是只写文种名称"招标书"，如《招标启示》《招标公告》；四是广告性标题，如《谁来承包×××工厂》。

2. 正文

正文由引言、主体部分组成。引言部分要求写清楚招标依据、原因。主体部分要翔实交代招标方式（公开招标、内部招标、邀请招标）、招标范围、招标程序、招标内容的具体要求、双方签订合同的原则、招标过程中的权利和义务、组织领导、其他注意事项等内容。

3. 结尾

招标书的结尾，应签具招标单位的名称、地址、电话等，以便投票者参与。

（五）写作注意事项

招标书写作是一种严肃的工作，要求做到以下几点：

1. 规范性

招标书不但是一种"广告"，而且也是签订合同的依据，因而是一种具有法律效应的文件。这里的周密与严谨，一是指内容，二是指措辞。

2. 需求性

招标书没有必要长篇大论，只要把所要讲的内容简要介绍，充分反映客户要求，突出重点即可，切忌没完没了地胡乱罗列、堆砌。

3. 公正性

招投标是交易贸易活动，要遵守平等、诚恳的原则，切忌盛气凌人，更反对低声下气。

## 二、投标书

### （一）概述

投标书，又称“投标申请书”，是投标者按照招标单位招标文件中提出的标准和条件，结合自己的主观条件估价后，向招标单位递送的书面材料。

### （二）特点

1. 针对性

针对招标文件的标准和条件，结合本单位情况进行编写。

2. 密封性和标记性

（1）投标人应将投标书正本和所有的副本分开密封装在单独的信封中，且在信封上标明“正本”“副本”字样，然后再将所有信封封装在一个外层信封中。

（2）内外层封套均应：按“投标资料表”中注明的地址发至买方；注明“投标资料表”中标明的项目名称，投标邀请书的标题和编号，注明“在之前不得启封”的字样并根据投标人须知第22条的规定填入“投标资料表”中规定的日期和时间。

（3）内层信封应写明投标人名称和地址，以便如果其投标被宣布为“迟到”投标时，能原封退回。

（4）如果外层信封未按投标人须知要求密封和加写标记，买方对误投或过早启封概不负责。

3. 时间性

投标书必须在招标文件规定的日期之前递交。

### （三）写作要求

投标书的结构通常由标题、称呼、正文、结尾几部分组成。

1. 标题

一般只写文种名称“投标书”。

2. 主送机关

一般是评标机构或组成人员，要顶格写。

3. 正文

正文由前言和主体部分构成。

(1)前言写明投标依据,说明投标的意愿,为引出主体起到铺垫作用。此部分的文字要求准确精练、提纲挈领、开宗明义。

(2)主体部分是投标书的重要部分,它主要包括以下几个方面:

①开标一览表。

②投标价格表。

③货物简要说明一览表。

④按投标须知要求提供的全部文件。

⑤资格证明文件。

4. 结尾

投标书的结尾,应签具投标单位的名称、地址、电话等,以便投标者参与。

【例文一】

**建筑安装工程招标书**

为了提高建筑安装工程的建设速度,提高经济效益,经________________(建设主管部门)批准,________________(建设单位)对________________建筑安装工程的全部工程(或单位工程、专业工程)进行招标(公开招标由建设单位在地区或全国性报纸上刊登招标广告,邀请招标由建设单位向有能力承担该项工程的若干施工单位发出招标书,指定招标由建设项目主管部门或提请基本建设主管部门向本地区所属的几个施工企业发出指令性招标书)。

一、招标工程的准备条件

本工程的以下招标条件已经具备:

1. 本工程已列入国家(或部、委,或省、市、自治区)年度计划;

2. 已有经国家批准的设计单位出的施工图和概算;

3. 建设用地已经征用,障碍物全部拆迁;现场施工的水、电、路和通信条件已经落实;

4. 资金、材料、设备分配计划和协作配套条件均已分别落实,能够保证供应,使拟建工程能在预定的建设工期内,连续施工;

5. 已有当地建设主管部门颁发的建筑许可证;

6. 本工程的标底已报建设主管部门和建设银行复核。

二、工程内容、范围,工程量,工期,地质勘察单位和工程设计单位:

________________________________________________________________。

三、工程可供使用的场地、水、电、道路等情况:

________________________________________________________________。

四、工程质量等级、技术要求，对工程材料和投标单位的特殊要求，工程验收标准：

________________________________________________________________。

五、工程供料方式和主要材料价格，工程价款结算办法：

________________________________________________________________。

六、组织投标单位进行工程现场勘察，说明和招标文件交底的时间、地点：

________________________________________________________________。

七、报名，投标日期，招标文件发送方式：

报名日期：________年________月________日；

投标期限：________年________月________日起至________年________月________日止。

招标文件发送方式：

________________________________________________________________。

八、开标、评标时间及方式，中标依据和通知：

开标时间：________年________月________日（发出招标文件至开标日期，一般不得超过两个月）。

评标结束时间：________年________月________日（从开标之日起至评标结束，一般不得超过一个月）。

开标、评标方式：建设单位邀请建设主管部门、建设银行和公证处（或工商行政管理部门）参加公开开标，审查证书，采取集体评议方式进行评标、定标工作。

中标依据及通知：本工程评定中标单位的依据是工程质量优良，工期适当，标价合理，社会信誉好，最低标价的投报单位不一定中标。所有投标企业的标价都高于标底时，如属标底计算错误，应按实予以调整；如标底无误，通过评标剔除不合理的部分，确定合理标价和中标企业。评定结束后五日内，招标单位通过邮寄（或专人送达）方式将中标通知书送发给中标单位，并与中标单位在一个月（最多不超过两个月）内与中标单位签订________建筑安装工程承包合同。

九、其他：

________________________________________________________________。

本招标方承诺，本招标书一经发出，不得改变原定招标文件内容，否则，将赔偿由此给投标单位造成的损失。投标单位按照招标文件的要求，自费参加投标准备工作和投标，投标书（即标函）应按规定的格式填写，字迹必须清楚，必须加盖单位和代表人的印鉴。投标书必须密封，不得逾期寄达。投标书一经发出，不得以任何理由要求收回或更改。

在招标过程中发生争议，如双方自行协商不成，由负责招标管理工作的部门调解仲裁，对仲裁不服，可诉诸法院。

建设单位（即招标单位）：________________

地址：________________________________________

法定代表人:(签章)________________

授权代表人:(签章)________________

联系人:________________

电话:________________

________年________月________日

**【例文二】**

## 投标书

致:深圳市××有限公司(招标方)

根据贵方为________项目招标采购货物及服务的投标文件________(招标编号),全权代表________(全名)(职务)经投标方正式授权并代表依据中华人民共和国法律在________________________(注册地址)注册的投标方________(投标方名称)提交下述文件正本一份和副本一式________份。

(1)开标一览表。

(2)投标价格表。

(3)货物简要说明一览表。

(4)按投标须知要求提供的全部文件。

(5)资格证明文件。

(6)其他:________________________________________。

投标方、全权代表宣布同意如下:

(1)按照招标文件中的一切内容,提供符合要求的设计和家具产品。

(2)投标方将按招标文件的规定、要求及投标方文件的每一项要求或承诺,按期、按质、按量履行合同责任和义务。

(3)投标方已详细审查全部招标文件,包括修改文件(如需要修改)以及全部参考资料和有关附件,我们完全理解并同意这些内容。投标方同意提供按照贵方可能要求的与其投标有关的一切数据或资料,并保证提供的投标文件均真实、完整,不存在任何虚假事项,投标方完全理解不一定要接受最低价格的投标或受到的任何投标。并自行承担与投标及相关过程中涉及的全部费用、风险、损失。

(4)投标自开标日期有效期为六十个自然日。

(5)与本投标有关的一切正式往来通信请寄:

地址:____________________________________邮编:________________

电话:____________________________________传真:________________

投标方全权代表姓名、职务:____________________________________

投标方名称(公章):____________________________________

法定代表人签字:________________

全权代表签字:________________

日期:________年________月________日

# 第三节　策划书

## 一、概述

策划书即对某个未来的活动或者事件进行策划，并展现给读者的文本或策划案；策划书是目标规划的文字书，是实现目标的指路灯。

撰写策划书就是用现有的知识开发想象力，在可以得到的资源的现实中最快地达到目标。

策划书一般分为：商业策划书、创业策划书、广告策划书、活动策划书、营销策划书、网站策划书、营销型网站策划书、项目策划书、公关策划书、婚礼策划书、医疗策划书等。

## 二、写作要求

### （一）策划书名称

尽可能具体地写出策划名称，如“×年×月××公会××活动策划书”，置于页面中央，当然可以写出正标题后将此作为副标题写在下面。

### （二）活动背景

这部分内容应根据策划书的特点在以下项目中选取内容重点阐述，包括：基本情况简介、主要执行对象、近期状况、组织部门、活动开展原因、社会影响，以及相关目的动机。此外，还应说明问题的环境特征，主要考虑环境的内在优势、弱点、机会及威胁等因素，对其作好全面的分析（SWOT 分析），将内容重点放在环境分析的各项因素上，对过去现在的情况进行详细的描述，并通过对情况的预测制订计划。如环境不明，则应该通过调查研究等方式进行分析加以补充。

### （三）活动目的、意义和目标

应用简洁明了的语言将目的要点表述清楚；在陈述目的要点时，该活动的核心构成或策划的独到之处及由此产生的意义（经济效益、社会效益、媒体效应等）都应该明确写出。活动目标要具体化，并需要满足重要性、可行性、时效性。

### （四）资源需要

列出所需人力资源和物力资源，包括使用的地方，如教室或活动中心都详细列出。在列资源时，可以列为已有资源和需要资源两部分。

### （五）活动开展

作为策划的正文部分，表现方式要简洁明了，使人容易理解，但表述方面要力求详尽，写出每一点能设想到的东西，没有遗漏。在此部分中，不仅仅局限于用文字表述，也可适当加入统计图表等；对策划的各工作项目，应按照时间的先后顺序排列，绘制实施时间表有助于方案核查。人员的组织配置、活动对象、相应权责及时间地点也应在这部分加以说明,此外,执行的应变程序也应该在这部分加以考虑。

**(六)经费预算**

活动的各项费用在根据实际情况进行具体、周密的计算后,用清晰明了的形式列出。

**(七)活动中应注意的问题及细节**

内外环境的变化,不可避免地会给方案的执行带来一些不确定性因素,因此当环境变化时是否有应变措施、损失的概率是多少、造成的损失多大、应急措施等也应在策划中加以说明。

**(八)活动负责人及主要参与者**

注明组织者、参与者姓名、嘉宾、单位(如果是小组策划应注明小组名称、负责人)。

## 三、写作注意事项

(1)很多策划书都有参考文本,小型策划书可以直接填充;大型策划书可以不拘泥于表格,自行设计,力求内容详尽、页面美观。

(2)可以专门给策划书制作封页,力求简单、凝重;策划书可以进行包装,如用设计的徽标作页眉、图文并茂等。

(3)如有附件可以附于策划书后面,也可单独装订。

(4)策划书需从纸张的长边装订。

(5)一个大策划书,可以有若干子策划书。

**【例文】**

**第一届校园辩论比赛策划书**

为丰富同学们的课余生活,活跃校园气氛,增进思想交流,繁荣校园文化,体现大学生朝气蓬勃、积极向上的精神状态,培养发掘辩论人才,提高学生思辨能力,丰富课余知识,培养团队精神,锻炼思维表达、阅读、视听、说话和其他能力,培养创新和团队精神,校语文组和学生科拟定于4月至5月举行“兴校名辩”辩论比赛。希望通过本次比赛能丰富同学的课余生活,培养创新精神,使同学更好地融入校园生活,在活动中提高自信,使班级之间、学生之间互动性增强。

活动过程安排如下:

一、活动简介

活动口号:辩响兴校,辩出自我。

举办时间:2009年4月至5月(具体赛程待定)。

二、活动目的

1. 为大学生充分张扬自我、展示个人才能提供一个平台。

2. 通过本次活动提高广大学生的人文素养、口才表达能力和交际水平。

三、活动背景

1. 我校学生参加××马拉松、拉拉操比赛、“辩论赛”环节取得圆满成功。

2. 当今社会竞争激烈，大学生需要培养“说我所想，辩我所感”的精神。

四、组织与宣传

1. 由校宣传部采用书面资料、海报、广播台等多种方式进行宣传，发布关于此次辩论比赛的通知。

2. 参加对象：全校所有班级。每队限4名队员，可以一个班级自成一队，也可以由两个班级按1∶3或2∶2的成员比例组成一队。

3. 报名时间：2009年4月14日—4月17日。

4. 确定初赛参赛名单、赛程时间和正反方命题时间：4月20日。

5. 比赛进程中由大幅海报记录各场次比赛成绩、获胜队，在校宣传栏中公布。

五、初赛时间

4月22日—5月6日（复赛、半决赛、决赛时间另行通知）。

六、比赛地点

另行通知。

七、报名程序

各班学习委员将本班参赛队员的姓名报给各科室学习部，由各个科室学习部汇总交校学生会学习部。

八、活动程序

分为初赛、复赛、半决赛和决赛。

初赛：在初赛中获胜的辩论队于隔天抽取复赛辩题及正反方。

复赛：在复赛中获胜的辩论队于隔天抽取半决赛辩题及正反方。

半决赛：在半决赛中获胜的辩论队于隔天抽取决赛辩题及正反方。

决赛（以下程序由主持人主持）。

（一）初赛程序

1. 宣布辩题。

2. 宣布比赛规则。

3. 介绍参赛代表队及所持立场。

4. 介绍参赛队员。

5. 介绍规则、评委及点评嘉宾。

6. 比赛开始

（1）立论阶段

①正方一辩发言（1分钟30秒），反方一辩发言（1分钟30秒）。

②正方二辩发言（1分钟30秒），正方二辩发言（1分钟30秒）。

③正方三辩发言（1分钟30秒），反方三辩发言（1分钟30秒）。

（2）自由辩论阶段：正反方辩手自动轮流发言。每方限时3分钟，双方总计6分钟。发言辩手落座为发言结束即为另一方发言开始的计时标志，另一方辩手必须紧接着发言;若有间隙,累积计时照常进行。同一方辩手的发言次序不限。若某一方的选手已连续发言四次以上,其中一人未参与发言,将作扣分处理。如果一方时间已经用完,另一方可以继续发言,也可向主席示意放弃发言。

(3)总结阶段:反方四辩总结陈词(1分钟30秒),正方四辩总结陈词(1分钟30秒)。

7. 比赛结束,请评委老师代表点评本场辩论赛,并评出双方得分,选出最佳辩手。

8. 主席宣布比赛结果。

9. 主席宣布辩论赛结束。

(二)复赛程序(多攻辩环节)

1. 宣布辩题。

2. 宣布比赛规则。

3. 介绍参赛代表队及所持立场。

4. 介绍参赛队员。

5. 介绍规则、评委及点评嘉宾。

6. 比赛开始

(1)立论阶段

①正方一辩发言(2分钟),反方一辩发言(2分钟)。

②反方二辩发言(2分钟),正方二辩发言(2分钟)。

③反方三辩发言(2分钟),正方三辩发言(2分钟)。

(2)自由辩论阶段:由正方先发言,正反方辩手自动轮流发言。每方限时3分钟,双方总计6分钟。发言辩手落座为发言结束即为另一方发言开始的计时标志,另一方辩手必须紧接着发言;若有间隙,累积计时照常进行。同一方辩手的发言次序不限。若某一方的选手已连续发言四次以上,其中一人未参与发言,将作扣分处理。如果一方时间已经用完,另一方可以继续发言,也可向主席示意放弃发言。

(3)攻辩阶段:双方各有2分钟的攻辩时间,先由正方向反方的一、二、三辩提问,反方必须被提问的选手回答;之后由反方向正方的一、二、三辩提问,由正方被提问的选手回答。

(4)总结阶段:反方四辩总结陈词(2分钟),正方四辩总结陈词(2分钟)。

7. 比赛结束,请评委老师代表点评本场辩论赛,并评出双方得分,选出最佳辩手。

8. 主持人宣布比赛结果。

9. 主持人宣布辩论赛结束。

(三)半决赛和决赛程序

1. 宣布辩题。

2. 宣布比赛规则。

3. 介绍参赛代表队及所持立场。

4. 介绍参赛队员。

5. 介绍规则、评委及点评嘉宾。

6. 比赛开始

(1)立论阶段

①正方一辩发言(2 分钟),反方一辩发言(2 分钟)。

②反方二辩发言(2 分钟),正方二辩发言(2 分钟)。

③反方三辩发言(2 分钟),正方三辩发言(2 分钟)。

(2)攻辩阶段:双方各有 2 分钟的攻辩时间,先由正方向反方的任何一个队员提问,反方回答;之后由反方向正方的任何一个队员提问,由正方回答。

(3)自由辩论阶段:由正方先发言,正反方辩手自动轮流发言。每方限时 4 分钟,双方总计 6 分钟。发言辩手落座为发言结束即为另一方发言开始的计时标志,另一方辩手必须紧接着发言;若有间隙,累积计时照常进行。同一方辩手的发言次序不限。若某一方的选手已连续发言四次以上,其中一人未参与发言,将作扣分处理。如果一方时间已经用完,另一方可以继续发言,也可向主席示意放弃发言。

(4)观众提问:观众可向正反方各提一个问题,由双方选派一名选手作答。该环节在正式比赛结束后进行,增加比赛观赏性,不影响比赛结果。

(5)总结阶段:反方四辩总结陈词(2 分钟),正方四辩总结陈词(2 分钟)。

7. 比赛结束,请评委老师代表点评本场辩论赛,并评出双方得分,选出最佳辩手。

8. 主持人宣布比赛结果,并且宣布本次大赛获奖的团队前四名和最佳辩手。

9. 主持人宣布辩论赛结束。

九、比赛要求

1. 开场陈词要求:提倡即兴陈词,所持观点清晰,表述层次分明,语言自然流畅。

2. 攻辩要求:此环节为双方一辩、二辩、三辩之间的对话,提问、回答和攻辩小结都必须是这三者。各方三辩至多可提六个问题,对方一辩、二辩必须回答,其他辩手不得代替或补充。提问应贴近辩题,不宜过分刁难;回答应针对问题,切忌答非所问。

3. 自由辩论要求

(1)辩论发言必须两队之间交替进行;

(2)自由辩论开始时,先由正方的任何一位队员起立发言完毕后,反方的任何一位就即刻发言,双方依次轮流发言,直到双方时间用完为止;

(3)在此时间里,每位辩论队员的发言顺序、次数和时间都不受限制;

(4)当一方发言结束,即开始计算另一方的发言时间;

(5)如果一队的发言时间已经用尽,另一队还有剩余时间,则该队的一名或多名队员可以继续发言,直到该队的时间用完为止。

(6)比赛中,辩手不发言时不得离开座位,不得打扰对方或本方辩手发言。

(7)倡导良好的辩风,注重普及知识、启迪智慧和展示风度,切忌人身攻击。

4. 总结陈词要求:应针对现场辩论整体态势进行总结,并注意升华辩题内涵。

5. 在选手有违规行出现时,主席可以亮黄牌给予警告。时间到不准再发言时,主席亮红牌。

十、评分标准：每名队员满分100分，四名队员相加是400分，另有全队整体配合表现100分，每队总分满分为500分。

每场比赛由评委根据评分规则独立打分，评分表由工作人员在监督下统计，分数高者为胜队。个人得分最高者为本场比赛的优秀辩手，本届比赛的最佳辩手将在决赛中产生。

1. 个人评分标准

| | | | |
|---|---|---|---|
| 个人得分（100分） | 语言表达 | 1. 普通话标准、语速适中； 2. 口头、肢体语言和谐；<br>3. 修辞得当、表达合理； 4. 表达流畅、说理透彻 | 20分 |
| | 逻辑推理 | 1. 逻辑推理过程清晰； 2. 论证结果合理、有力；<br>3. 善于处理逻辑难点 | 20分 |
| | 辩驳能力 | 1. 提问简明扼要； 2. 设问针对性强、火力强劲；<br>3. 回答问题精准、处理问题有技巧(攻、守、避合理)；<br>4. 反驳有理有据、论证有力； 5. 引用实例恰当 | 20分 |
| | 临场反应 | 1. 反应敏捷； 2. 用语得体； 3. 技巧多元得当 | 15分 |
| | 整体意识 | 1. 分工合理、协调一致； 2. 衔接有序、互为攻守；<br>3. 自由辩论错落有致；气氛调节有度 | 15分 |
| | 综合印象 | 1. 仪态、着装合理； 2. 台风与辩风；<br>3. 有风度及幽默感； 4. 尊重对方辩友、评委和观众 | 10分 |

2. 团体评分标准

| | | | |
|---|---|---|---|
| 团体得分（100分） | 立论陈词 | 1. 开篇立论逻辑清晰，言简意赅；<br>2. 论点明晰，论据充足，分析透彻，引证有力；<br>3. 论据内容丰富，引用资料充分恰当、准确；<br>4. 分析的角度和层次具有说服力和逻辑性；<br>5. 语言表达流畅、有文采 | 10分 |
| | 对辩辩驳 | 1. 表达清晰、论证合理而有力；<br>2. 回答问题精准，处理问题有技巧（攻、守、避合理）；<br>3. 推理过程合乎逻辑，事实引用得当；<br>4. 针对性强，有理有据 | 10分 |
| | 攻辩小结 | 1. 全面归纳对方矛盾与差错，作系统反驳和攻击；<br>2. 提问简明，击中要害；<br>3. 辩护有理有据及有力，说服力强 | 10分 |
| | 自由辩论 | 1. 攻防转换有序，把握论辩主动权；<br>2. 针对对方的论点、论据进行有力反驳；<br>3. 坚守并能进一步巩固、扩大阵地 | 20分 |

续表

| | | | |
|---|---|---|---|
| 团体得分（100分） | 回答提问 | 根据辩论队的整体形象，从整体配合、语言运用、临场反应（语言、风度、举止、表情）等方面评分 | 10分 |
| | 总结陈词 | 1. 全面总结本方的立场、论证，系统反驳对方的进攻，为本方辩护；<br>2. 语言表达具有说服力和逻辑性 | 10分 |
| | 语言风度 | 1. 用词得当、流畅；<br>2. 语调抑扬顿挫、语速适中；表达清晰、层次清楚，逻辑严密 | 10分 |
| | 团队配合及临场反应 | 1. 根据辩论队整体形象，从辩风、整体配合、语言运用、临场反应（语言、风度、举止、表情）等方面评分；<br>2. 有团队精神，相互支持；<br>3. 论辩衔接流畅；<br>4. 反应敏捷，应对能力强；<br>5. 问答形成有机整体，有效打击对方 | 20分 |

十一、奖项设置

1. 团体冠军一队、亚军一队、季军两队。

2. 最佳辩手每场一名，共4人，决赛中产生本届比赛最佳辩手。

赛前准备工作：

1. 确定参赛队伍和成员。

2. 充分发挥宣传部的作用，以贴海报为主要宣传形式，展开宣传。

3. 邀请老师当评委并点评。

4. 辩题搜集。辩题的搜集要紧紧围绕大学校园和社会热点问题，要让每个辩手都有话可说，有理可循，另外可同时搜集一些比较新颖的辩题。

5. 制定并打印评分表 $N$ 份，个人资料填写表格。

6. 制作并打印主持人的台词和比赛规则。

7. 准备奖状。

8. 人员安排

（1）准备好三个电子表并负责计时。

（2）维持秩序（治安部），赛后清理场地（学习部）。

（3）评委老师1~2人，学生1人。

（4）分数统计2人。

9. 制作并准备红牌、黄牌各一个。

10. 准备相机，负责照相1人。

11. 负责辩论赛记录1人。

十二、赛程安排

1. 比赛具体规则

比赛分为初赛和决赛。

初赛采用淘汰制,1 队和 2 队、3 队和 4 队分别比赛,比赛中优胜的队伍即可进入下一轮的决赛,由此再选出最优秀的队伍。

2. 时间提示

(1)自由辩论阶段,每方使用时间剩余 30 秒时,计时员举红牌提醒;用时满时,举黄牌终止发言。

(2)举黄牌终止发言时候,发言辩手必须停止发言,否则作违规处理。

主办:院基础部语文组

协办:院学生会学习部

# 第四节　广告

## 一、概念

广告有广义和狭义之分,广义的广告范围很广,包括以营利为目的的经济性广告和不以营利为目的的非经济性广告(如政治宣传广告、公关广告和道德教育广告等)。狭义广告是指营利性的经济广告,它是广告主以付费的方式,通过大众传播媒介向公众提供有关的商品、劳务、观念等信息的一种传播方式。

本节中所介绍的广告是狭义广告中最常见的商业广告。根据《中华人民共和国广告法》第二条规定,商业广告是指商品经营者或服务提供者承担费用通过一定的媒介和形式直接或间接地介绍所推销的商品或提供的服务。

## 二、特点

### (一)信息传递的中介性

广告是传播信息的一种手段,它具有商品、服务信息双向传递的中介性。其表现在商品、服务信息双向流动都以商业广告为中介。广告不仅促进了商品需求的形成,还能促进商品竞争,改变商品的流通结构和消费结构,促使商品升级换代。广告也能够对消费者起到引导和提示的作用,为消费者购买商品提供信息和便利条件。例如,哈尔滨铝合金框架厂由于地处偏远地区,产品一直没有打开销路,亏损达 20 多万元。管理者转变了理念,在《经济信息报》刊登了广告,于是很多客户知道后纷纷前来订货,半年就变亏损为盈利。

### (二)再生价值的无形性

制作广告,需要花费一定的资金(制作劳务费、材料费、宣传经费等),并且凝聚着人类的劳动,因此具有一定的价值。然而,一经得到宣传,它所介绍的商品获得了最大限度的出售,取得更大的利润,它所提供的服务获得了最大的效果。这时广告的价值就不仅仅是原始的价值,而具有再生的价值,而且是无形的。

**(三)内容的真实性**

真实性是广告的生命。商品广告是以商品经营活动中产生的信息为内容。它主要向人们介绍某种产品的产地、性能、质量、用途等商品信息或服务的质量信息,内容必须具有真实性。只有真实的广告,才能取得用户和消费者的信任,才能实现广告宣传的目的。《中华人民共和国广告法》第四条明确规定:“广告不得含有虚假的内容,不得欺骗和误导消费者。”

**(四)载体的多样性**

为了更大限度地使社会了解某产品的信息或者某种服务项目的信息,广告往往借助多种多样的载体材料作为商品、服务信息的传播媒介,其载体材料具有多样性。

一般来说,广告的载体包括以下几个方面的内容:

(1)印刷品(报纸广告、杂志广告、传单广告等)。

(2)录音录像带(广播广告、电视广告、电影广告等)。

(3)网络(网络广告)。

(4)木质或铁质材料(路牌广告、场地广告、橱窗广告、车船广告等)。

(5)电传材料(霓虹灯广告、邮电广告)。

## 三、写作要求

广告的写法比较灵活,一般由标题、正文和随文三部分组成。广告语言对人们有无感染力,是广告成败的关键之一,所以广告用语须认真构思、反复锤炼。

**(一)标题**

广告标题就是广告的题目,是广告文稿的精髓,被称作广告的灵魂。它既能起到提示广告主题的作用,又能引起消费者阅读广告正文的兴趣,加深印象,促使消费者进行购买,还可以起到美化版面的作用。一则好的广告标题,文词虽不多,却能画龙点睛,因此商家无不在此下苦功夫,以达到“语不惊人死不休”的地步。

1. 标题的分类

根据标题内容和结构的不同,可以将广告标题分为直接标题和间接标题,根据编排形式不同,又可以分为单一标题(直接标题、间接标题)和复合标题。

(1)直接标题

直接标题是用简明的文字直截了当地表明广告的主要内容,明确点明主题,使人一看即知。如:“康师傅红烧牛肉面,好吃看得见。”(方便面广告)“维维豆奶,欢乐开怀。”

（豆奶广告）

（2）间接标题

间接标题是用迂回的方法吸引人们饶有兴趣地去阅读广告正文。它往往不直接说明产品或产品的有关情况，而是先用富有趣味性和耐人寻味的语言抓住人们的好奇心和注意力，使人们非弄明白不可，直到读了广告正文才恍然大悟。这类标题用词讲究艺术性，多采用比喻、比拟等修辞手法和习惯常用语或富有哲理性的文字语言。如："把'新鲜'拉出来。"（冰箱广告）

（3）复合标题

复合标题又称多重标题，是把直接标题和间接标题组合起来，类似新闻标题形式。一则广告标题通常包括引题、正题和副题三种标题，引题用来交代背景、衬托主题，或点明广告的意义，正题用来表明广告的主要内容，副题则是对正题的补充或说明。复合标题可以由引题和正题构成，也可由正题和副题构成，还可以是引题、正题和副题三者兼备。如：

例一：

引题　　请牢记五月的第二个星期天

正题　　献上一份深深的祝福（上海牙膏厂广告）

例二：

引题　　四川特产，口味一流

正题　　天府花生

副题　　越剥越开心（花生广告）

2. 标题的写法

广告标题的制作方式多种多样，但不管怎样制作，都要与正文相符，题文一致，画龙点睛，力求醒目，出奇制胜。常见的广告标题的写法可归结为10种类型。

（1）寓意式

此类标题常借用成语和名言生动地反映企业和产品形象，在简明的广告语言中，含有某种深刻的哲理，给读者留下想象的余地。如"口服，心服"是矿泉水的广告。

（2）造境式

此类广告标题最显著的特点是创造意境，意在言外。如麦当劳的"我就喜欢"，不只说出汉堡的美味，更披露了年轻人摆脱束缚和渴望独立的态度和心声，使麦当劳成为年轻人个性和张扬的最佳注释。再如一支机械配件的广告："愿做绿叶衬牡丹。"牡丹是花中之王，绿叶用作陪衬，诗情画意跃然纸上。

（3）反语式

此类广告标题利用反语，巧妙地道出产品特色，往往给人印象更加深刻。如牙刷广告词："一毛不拔。"打字广告："不打不相识。"

(4)夸耀式

此类广告标题最显著的特点是采用赞扬、夸奖广告商品的特点的词句作标题,激发消费者的购买欲。赞扬式广告的突出特点是,采用最美好的语言、最有吸引力的画面,强调商品或劳务的好处。比如"消炎、止痛、脱敏、止血、消除口臭、防止溃疡"(中华牙膏);"要想皮肤好,早晚用大宝"(大宝润肤霜)。赞扬式广告具有很强的吸引力,它对于促销起着重要作用。但是,赞扬式广告也容易失去顾客,使顾客对其广告产品产生怀疑。出现这种现象的原因,是把商品的好处拔得过高,语言过于绝对化,比如"誉满全球""全国第一"等。为了保证赞扬式广告的最佳宣传效果的实现,一定要注意语言的科学性,提高人们对赞扬式广告宣传的信任度。

(5)疑问式

此类广告标题最显著的特点是设身处地地站在消费者的位置上,提出"为什么"和"怎么办",引起消费者的注意和思考,从而给他们留下较深刻的印象。如"谁能助我一臂之力?——当然是职派服饰"(职派服饰);"人类失去联想,世界将会怎样?"(联想广告)。这种疑问式广告语,让人记忆深刻。

(6)悖论式

此类广告标题最显著的特点是不近常理的语言,令人初看上去莫名其妙,激发人们的好奇、兴趣,待仔细回味、联想,然后就会恍然大悟。如:"水往高处流"(淄博市潜水电泵厂);"拥有东芝,拥有世界"(东芝电子)。

(7)对比式

此类广告标题最显著的特点是采用比较的手段来显示自己商品的优点。比如玛氏食品有限公司的 M&M 巧克力:"不溶在手,只溶在口。"这是著名广告大师伯恩巴克的灵感之作,堪称经典,流传至今。它既反映了 M&M 巧克力糖衣包装的独特销售主张,又暗示 M&M 巧克力口味好,以至于我们不愿意使巧克力在手上停留片刻。

(8)悬念式

此类广告标题最显著的特点是采用悬念的方法吸引消费者的注意。悬念式广告,只有贴近百姓生活,甚至直接深入百姓生活,才会引起受众关注,引起读者共鸣。如"答案在瓶中"(标准威士忌酿酒公司);"大人进店必须有七岁儿童做伴"(意大利的菲尔·劳伦斯商店广告)。

(9)韵律式

此类广告标题最显著的特点是由字数相等并且押韵的两句话或多句话作为公益广告词,如诗歌一般的韵律,读来朗朗上口,听来和谐悦耳,给人以美感,也便于记忆。如人头马的广告:"人头马一开,好事自然来";牙刷广告:"万水千山总是情,不刷牙齿怎么行"等。

(10)数字式

此类广告标题中使用了数字,其最大的特点就是通过详细准确的数据传达商品或服务信息,给受众一个非常具体的印象,把事实摆在受众的面前,使表达客观、严谨、实在,比那些空泛的“美妙无比”“品质超群”之类的语言叙述更有说服力。某牛奶厂在报上登出一则广告：“如果您每天吃一瓶本厂出品的鲜奶，连续坚持5214个星期，您将会活到100岁”等。

**（二）正文**

广告正文是广告文案的中心部分，广告的内容主要通过广告正文来反映，对商品的具体介绍，主要应在广告正文中完成。它体现着广告的主题，因而撰写正文时一定要做到简洁清楚、直接实在，要摆出强有力的证据来说明商品的优越性。一般说来，正文在写法上无一定规则，形式灵活多样。

1. 正文内容

过去商品广告一般写明商品的名称、品种、用途、使用范围、规格、特点或突出优点及注意事项，而现在商品广告则突出它与同类产品与众不同的述求重点，更讲究感染力和创意性。广告正文一般包括以下几方面内容：

（1）介绍商品的内容、名称、规格、性能、价格、质量、特点、功效和销售地址等，取得消费者的信赖。

（2）介绍商品（或厂商）的特色，以引起消费者的兴趣。

（3）提出建议，希望消费者能优先考虑购买。

2. 正文形式

广告正文的体式也是多种多样，目前国内广告常用的形式有以下几种：

（1）直销型

这种类型又叫解释型正文或为什么型正文，在广告正文中最大限度地告知受众广告主题和广告商品信息。

（2）故事型

在广告正文中通过故事情节的发展来吸引消费者。有的采用对话的形式讲述一个故事，有的采用连环画的形式描述一个故事。在构思中，以故事来完成广告正文，能够以故事情节来揭示广告主题，传播广告产品的属性、功能和价值等，能够创造出一种轻松的信息传播与接受氛围，此类广告的吸引力和记忆度较强。

（3）抒情型

广告正文采用散文、诗歌等形式来完成。这种形式凝练精美，能够表现出真情实感，给人耳目一新的感受。

（4）断言型

在广告正文中，直接阐述自己的观念和希望，以此来影响受众的心理。

（5）问答型

用一问一答的方式将广告宣传的内容表达出来。这种体式针对性强，容易吸引消费者的注意力。

(6)文艺型

采用诗歌、小品、曲艺等文艺形式宣传商品的特点,以引起消费者的兴趣。

(7)幽默型

用诙谐、幽默的句子做广告,使人们开心地接受产品。例如在马来西亚柔佛州的交通要道上有不少幽默式交通广告,有一则广告如下:

“阁下:驾驶汽车时速不超过30英里,您可饱览本地的美丽景色;超过80英里,欢迎光顾本地设备最新的急救医院;上了100英里,那么请放心,柔佛州公墓已为您预备了一块挺好的墓地。”

此广告幽默的警告,别出心裁,匠心独具。其中并无星点警告性语词,也没有片言惩罚的字样,但大凡读过此广告的人都会禁不住拍案叫绝,相信这则交通广告要比“超速行驶,罚款××元”更具说服力。

(8)证书型

把企业相关的证书展示在消费者面前,让消费者对企业的质量、信誉等产生认同。

3. 正文写作的要求

广告正文写作时也有一些基本要求。

(1)陈述清楚具体的内容

广告正文须清晰地表明广告的诉求对象和诉求内容,向观众或读者提供完整而具体的广告信息。现代广告大师大卫·奥格威称为“不要旁敲侧击——要直截了当”。

(2)采用通俗易懂的语言构思文句

除非特殊的情况,在广告正文中一般不使用过于严肃、庄重的语词和文句。

(3)要以有效的证据和可信的证言支持文案

在正文中,出现确切的资料、数据十分必要,也十分有用。如果情况允许的话,出现消费者的现身说法或名人、权威的证言支持,往往会产生良好的效果。

**(三)广告随文**

广告随文又称广告附文,是对广告内容作进一步的补充说明,一般放在广告的结尾部分。具体而言,是向受众说明、介绍广告主、商品及有关附属信息的文字部分。它是整个广告文案的有机组成部分,具有重要的推销作用。广告随文的文字应该简短、有力,其作用是再次强调本商品的独特的销售主张,以敦促消费者采取行动。

随文的写作旨在强化企业、商品的某些特征,提供联系方法或进一步促进受众购买产品。例如,假如正文介绍了某企业获得了各种荣誉,那么随文一般都会附上有关获奖证书、证件的复印资料,这样,可增加受众对产品的信赖感。

通常广告随文由以下几部分内容组成:

1. 企业标识内容

它是广告所宣传的企业或机构等广告主方面的信息,如企业名称、企业专用字体、专用颜色、企业的标识等，特别是做企业形象广告时，这部分内容必不可少。

2. 商品标识内容

它是广告宣传的产品方面的附加信息，包括产品的商标、商品名称等。这些要素也都是广告产品的关键信息，直接关系到产品能否长驻受众心中。

3. 联系方式

向受众提供与广告主联系的方法，是随文常见的内容。包括广告主的地址、电话、传真、网址、邮政编码、联系人等。

4. 权威机构的认证标识或获奖证明资料

如广告主过硬的获奖证明资料（例如在同行业中获得过国内外奖项的）、获得过的重要证书（如专利认可证、卫生许可证、国际 ISO 认证等）。其中有些内容或许正文已提及过，但随文中如有相关的复印材料，对受众就更有说服力了。

5. 其他

随文内容还可以是产品的价格、优惠办法、银行账号、回购单、赠券、抽奖办法等。

**【例文】**

**汇丰银行的广告欣赏**

**洞悉国际商情，决策快捷可靠**

商贸良机一瞬即逝，必须及时把握。因此，您需要一家洞悉国际商情、对市场了如指掌的国际银行，在关键时刻，助您及时作出英明决策。

汇丰银行植根亚洲，放眼世界，累积逾一百二十八年的丰富经验，与世界各地商贸市场一直保持紧密联系，助您迅速掌握全球最新金融资讯、洞悉瞬息万变的市场动向。汇丰集团遍布全球的三千余家办事处，均配备先进电信系统，组成快捷可靠的服务网络，随时为您提供周全服务及精辟独到的专业意见，助您拓展业务。

目前，我们全力为客户提供优质贸易服务，包括贸易咨询、出口信用证通知、进出口结算及押汇、外币票据贴现、贸易融资及项目贷款等。

作为全球规模最大的银行集团之一，汇丰银行拥有雄厚的资源和丰富的经验，能助您尽得先机、作出快捷过人的精明决策。查询详情，请与就近汇丰银行分行或办事处联系。

**评析**："洞悉国际商情，决策快捷可靠"为标题，第一自然段至第三自然段为正文，第四自然段为结尾，再次强调汇丰银行的实力，敦促消费者采取行动，最后提供联系的办法。

【知识链接】

## 广告文案创作的策略意识

陈相雨

尽管有些广告文案具有极高的审美价值，常常给人带来精神的陶冶与享受，但这并不能否认广告文案与生俱来的功利性。如果文案创作者在创作中忘记或忽视了文案推销商品、服务或者某种观念的基本属性，即使文字再优美动人，也无法使其成为一则优秀的广告文案，因为广告文案在本质上就是一种兜售商品、服务或观念的沟通手段。为了实现这种功利性，文案创作者必须遵循一定的创作策略，以防文案创作成为卖弄文字、炫耀才华的一种游戏。文案创作是戴着枷锁的舞蹈，这个枷锁就是创作所要遵循的策略，离开枷锁的束缚，尽管舞蹈可以很漂亮，但却没有任何意义。

当前一些文案创作者过于重视文字技巧的磨炼，较少关注策略在文案创作中的规范与引领作用。倘若有人盛赞文案有多么的好，创作者的内心深处就会产生一种强烈的成就感。诚然，文案能够得到别人的认同确实是件好事，但笔者认为：对文案创作者的最高赞誉应是“哎呀！这是多么好的产品啊！”，而不是“哎呀！这是多么好的一则文案啊！”因此，为了顺利实现兜售产品、服务或观念的目的，文案创作必须在策略的指引下进行，而这对于创作者而言就是要养成强烈的策略意识。

首先，文案创作者必须养成强烈的目标市场策略意识。今天的市场已经被分割为一个个具有明显特征的目标市场，针对目标市场进行营销或广告沟通，已经成为广告业界最起码的常识，那种“老少皆宜”的市场营销策略常常遭到人们的诟病。广告文案是产品与消费者沟通的一种手段，文案创作者必须清楚地知道该产品的消费者在哪里、他们是如何生活的、具有什么样的价值观等情况，否则文案创作只能是“在黑夜里向心爱的人暗送秋波”，枉费心机、浪费感情。例如，汇仁肾宝的那句响彻大江南北的口号“他好，我也好”，针对目标消费者的实际需求与理解能力，强烈而巧妙地完成了“性”话题的诉求，尽管其暧昧的性暗示，让此广告多少染上了点低俗的气息，但从实际的传播效果与销售业绩来看无疑是成功的。笔者从不反对文案应该有更高的审美追求，但是在刁钻的客户面前，文案创作者必须先完成销售商品的重任，否则连最后那点用文案追求审美的机会，也可能被客户无情地剥夺。广告文案作为一种功利性极强的文体，根据目标市场或目标消费者的特点进行创作，是市场经济与广告竞争的必然要求，有其内在的合理性。文案创作者要做的就是在大力兜售商品或服务之时，并不放弃对美的追求。而要实现这样的目的，必须对目标市场或目标消费者有清晰的了解，因此养成强烈的目标市场策略意识尤为重要。

其次，文案创作者必须养成良好的品牌形象策略意识。众所周知，我们已经进入了一个品牌竞争时代。可口可乐前总裁乔伊斯说过：“哪怕可口可乐的全球灌装厂一夜之间化为灰烬，只要我们拥有可口可乐这个品牌，可口可乐就可以重建明日帝国。”随着竞争的加剧，产品性能上的差异正在逐渐缩小，消费者对品牌形象开始愈加重视，以致品牌形象成为消费者选择产品的重要乃至决定性的因素。广告推动品牌形象建设成为一种必然，正如广告大师大卫·奥格威所言："每则广告都应是对品牌形象的长期贡献。"文案是广告作品的重要组成部分，大部分信息都是由文案来传递的，文案作为一种与消费者沟通的重要手段，在建设品牌形象方面自然是责无旁贷的。例如，利郎商务休闲男装的电视广告文案："简约而不简单，放松而不放纵，忙碌而不盲目，张弛有度，利郎商务休闲男装。"在这则广告中，画面创意并没有多少惊人之处，但其文案却给人留下了深刻印象。因为文案给产品赋予了一种中产阶级的生活梦想，使其具备了区别于其他产品的品牌形象，消费者对利郎男装品牌形象的认同，其实就是对自己理想生活的认同，此时利郎男装的品牌形象与消费者的理想生活融为一体，穿着利郎商务休闲男装，就是认同自己、表达自己的一种符号行为。试想，如果没有文案给产品赋予这种形象，消费者就不可能通过选择利郎商务休闲男装来认同自己、表达自己。因此，文案创作者必须从建设品牌形象的高度思考文案创作的相关事宜，不能让文案仅仅停留在信息传递的基本层面，而要让文案成为塑造独特品牌形象的有力工具。因此，文案创作者养成良好的品牌形象策略意识相当重要。

再次，文案创作者必须养成明确的媒介策略意识。无论是广告过去的历史，还是今天的实践，都已充分证明媒介变迁是推动广告发展的重要力量，没有媒介在广告发展中的支撑性作用，广告难有大的作为，更不可能形成像今天这样大规模的利润产业。因为，任何一件广告作品，都必须在媒介上发布，否则就无法对目标消费者产生有效的影响，也只有经过媒介发布的广告作品，才有可能完成广告主赋予它的劝说使命。正因为如此，文案创作者必须考虑媒介的特征，根据媒介特征创作文案。只有适应媒介特征要求的文案，才能真正对目标消费者产生影响。例如，美的空调有一则出色的广播广告。文案创作者开篇并不急于呈现有声文案，而是给受众来一段音效：风铃的声音，树叶沙沙作响以及风低吟的声音。然后，由一个男子独白："是树在动，还是叶在动，抑或是风在动？"（给人一副若有所思的样子）随后，男子说："是，心在动！"男子接着说："心意动，虽叶乘风！美的无声清静空调，风动无声，心随意动！"最后一个男声作口号式收尾："美的空调，无声胜有声，心动亦无声。"

应该说这是一则很不错的广播广告，文案创作者深刻领会广播是一种声音的媒介，不但充分利用广播这一特点来表现美的空调具有的强大静音功能，而且文案简洁、有力，与音效相互配合，充分体现了广播广告文案"为听而写"的特点。由此可见，文案创作者应根据媒介特征进行文案创作，而这就要求创作者在创作之前必须具备明确的媒介策略意识。

最后，文案创作者必须养成出色的诉求策略意识。曾经有人作过比喻，说写广告文案就如同给心仪的女子写情书，不仅要有海枯石烂、从一而终的爱情宣言（至少让对方觉得是这样），更要有不经意间流露的物质承诺，只有这样才有可能赢得她的芳心。在现实生活中，消费者就如同我们心仪的女子，我们要根据她们的特点，给予一定的诉求，引导其态度与行为趋向于我们预定的方向。

那么如何进行诉求呢？答案就是根据广告诉求策略进行诉求。所谓广告诉求策略，就是为说服消费者接受或购买所推销的商品、服务及观念，在广告创作中使用何种诉求方式的基本想法与判断。在类型上，一般可以分为感性诉求策略、理性诉求策略以及情理结合诉求策略。具体使用哪种诉求策略，应视产品与消费者的特征而定。例如，黑松汽水的平面广告文案，标题是"爱情灵药"，正文为"温柔心一颗，倾听二钱，敬重三分，谅解四味，不生气五两，以汽水服送之，不分次数，多多益善"。很明显，此广告文案运用的是感性诉求策略，因为汽水是一种低卷入度的产品，消费者购买时不会有太多理性的考虑，如果此时它的广告能在感性层面实现与消费者的沟通，可以大大提高消费者对该产品的选择频率。另外，此广告文案乍看起来，似乎在帮助消费者调适心灵，给那些备受爱情折磨的年轻人开点爱情灵药，一点儿也没有销售产品的意思。殊不知这正是感性诉求的高明之处：不但使一个卖汽水的摇身一变，成了消费者的情感抚慰师，而且黑松汽水也变成了爱情灵药的一部分，而这一切竟然发生得悄无声息，消费者没有丝毫的察觉与反感。可见，文案创作者不仅准确选择了感性诉求策略，而且成功运用了感性诉求策略，而这更加说明养成出色的诉求策略意识的重要性与紧迫性。

综上所述，广告文案创作不是天马行空的文学想象，不是卖弄文采的文字游戏，它是肩负销售使命的功利性创作。为实现广告文案兜售商品、服务或理念的功利性目的，文案创作者必须养成强烈的目标市场策略意识、良好的品牌形象策略意识、明确的媒介策略意识以及出色的广告诉求策略意识。

# 第五节　商品说明书

## 一、定义

说明书是用以对工商业商品、工程、商品设计、图书报刊、影视戏剧、文艺演出、旅游览胜以及各种博览、展销活动作介绍、说明的一种文体。

## 二、分类

说明书各种各样。一般来讲，按所要说明的事物来分，可以分为以下几种：商品说明书、使用说明书、安装说明书、戏剧演出说明书等。

### （一）商品说明书

商品说明书主要指关于那些日常生产、生活商品的说明书。它主要是对某一商品的所有情况的介绍，诸如其组成材料、性能、存储方式、注意事项、主要用途等。这类说明书可以是生产消费品的，如电视机；也可以是生活消费品的，如食品、药品等。

### （二）使用说明书

使用说明书是向人们介绍具体的关于某商品的使用方法和步骤的说明书。

### （三）安装说明书

安装说明书主要介绍如何将一堆分散的商品零件安装成一个可以使用的完整的商品。我们知道，为了运输的方便，许多商品都是拆开分装的，所以用户在购买到商品之后，需要将散装部件合理地安装在一起。这样在商品的说明书中就需要有一个具体翔实的安装说明书。

### （四）戏剧演出说明书

这是一种比较散文化的说明书，它的主要目的在于介绍戏剧、影视的主要故事情节，同时也向观众推荐该影剧。大型的演出活动，对于演职员的介绍、节目的介绍等也是为了吸引更多的观众而采用的一种宣传式的说明文字。

## 三、要求

说明书要实事求是，不可为达到某种目的而夸大商品的作用和性能。说明书要全面地说明事物，不仅介绍其优点，同时还要清楚地说明应注意的事项和可能产生的问题。商品说明书、使用说明书、安装说明书一般采用说明性文字，而戏剧演出类说明书则可以以记叙、抒情为主。说明书可根据情况需要，使用图片、图表等多样的形式，以期达到最好的说明效果。

## 四、作用

### （一）解释说明的作用

解释说明是说明书的基本作用。随着我国经济的发展，人民生活水平的不断提高，工业、农业的飞速发展，文化娱乐活动也日益繁荣，人们将会在生活生产中遇到许多各种各样的生产商品和生活消费品。科技的发展，更是使这些商品、消费品包含了很强的科技成分，所以为了使人民群众能很好地使用这些商品，真正为人民的生活服务，各生产厂家均会准备一本通俗易懂的商品或生活日用消费品的说明书，给用户的使用以切实的指导和帮助。说明书要详细地阐明商品使用的每一个环节和注意事项。

### （二）广告宣传的作用

商品经济高速发展的今天，说明书的广告宣传作用也是不可忽略的。好的说明书可以使用户产生购买欲望，达到促销的目的。

### （三）传播知识的作用

说明书对某种知识和技术有传播作用，如介绍商品的工作原理、主要的技术参数、零件的组成等。

## 五、商品说明书的写法

商品说明书一般由标题、正文和尾部构成。

### (一)标题

一般有两种方式,一种是说明对象或商品名称加文种组成,如“××六味地黄软胶囊说明书”;另一种则省略文种,直接由商品名称或“说明书”三个字构成,如“××牌小柴胡冲剂”。

### (二)正文

详细说明商品的基本情况,不同类型的说明书,侧重点不同。药物说明书着重说明其成分、功效和服用方法;机械商品说明书着重说明其构造、操作方法和维修保养方法;食品说明书着重说明用法、配料、生产日期及保质期、储存方法。

### (三)尾部

一般写明企业或单位名称、联系地址、电话号码、邮政编码、电子信箱、网址等资料,便于消费者与企业联系。

【例文】

**双黄连含片说明书**

【药品名称】双黄连含片

【汉语拼音】Shuanghuanglian Hanpian

【成分】金银花、黄芩、连翘。

【性状】本品为棕褐色片;气微、味酸甜、微苦。

【作用类别】本品为感冒类非处方药药品。

【功能与主治】清热解毒,用于风热感冒发热、咳嗽、咽痛。

【用法用量】含服,一次1片,一日18片。

【注意事项】……

【贮藏条件】密封,置阴凉干燥处。

【规格】每片重0.5克。

**双黄连糖浆使用说明书**

【药品名称】双黄连糖浆

【汉语拼音】Shuanghuanglian Tangjiang

【成分】同双黄连口服液。

【性状】本品为棕褐色液体;味甜、微苦。

【作用类别】同双黄连口服液。

【药理作用】经动物实验显示,本品具有解热和消炎作用;另经体外试验说明本品具有一定的抑菌、抗病毒效应。

【功能与主治】同双黄连口服液。

【用法用量】口服，一次 20 毫升，一日 3 次。小儿酌减。

【注意事项】同双黄连口服液。

【贮藏条件】密封，避光，置阴凉处。

【规格】每瓶装 100 毫升。

## 实践应用能力训练

**一、填空题**

1. ________________是劳动者与用人单位确立劳动关系、明确双方权利和义务的协议。

2. ________________是法人之间为实现一定经济目的、明确相互义务关系的协议。

3. 订立经济合同，应当依照国家的法律、法规和政策；必须符合国家计划的要求；必须坚持________________的原则。

4. ________________即业主按照规定条件发招标书，邀请投票人投标，在投标人中选择理想合作伙伴的一种方式。

5. ________________是投标者按照招标单位招标文件中提出的标准和条件，结合自己的主观条件估价后，向招标单位递送的书面材料。

**二、思考题**

1. 简述劳动合同的写作要求。

2. 简述招标书的特点。

3. 简述投标书的特点。

**三、改错题**

(一)以下几则是美国有些商品说明书，请修改当中出现的问题。

1. Dial 香皂："使用说明：如一般香皂使用。"

2. 某饭店提供的浴帽外盒写着："适用于一颗头。"

3. Tesco's Tiramisu 点心：(印在盒子底部)"请勿倒置。"

4. 某面包布丁："本商品加热后会变热。"

5. Boots 儿童咳嗽药(2～4 岁儿童专用)："服用后请勿开车或操作机械。"

6. Nytol 安眠药："服用后的症状——可能会引起嗜睡。"

7. Sains-bury's 罐装花生："警告——内含花生。"

8. 某航空公司的坚果点心包装上(飞机上常会发的点心，内含花生、豆子、榛果等坚果)的使用说明："打开包装，吃坚果。"

9. 某儿童穿的玩具超人服:“警告:此服装无法让你飞起来。”

10. 某吹风机:“睡眠时请勿使用。”

(二)下列几组广告词,你认为哪句更好,为什么?

1. 本店出售的女式服装,选用高级面料,由高级服装设计师设计加工,款式新颖,色调柔和,做工考究,在××年评比会上荣获××部银质奖,商品远销东南亚等国,请大家认准××牌商标。

请领着你的女友到本店来吧,我们会把她打扮成更可爱的新女人——仅需花几十元钱,这将是你有生以来最轻松、愉快的付款。

2. 车到山前必有路,有路必有丰田车。

广东汽车厂敢问路在何方。

3. 太平洋保险保太平。

平时注入一滴水,难时拥有太平洋。

**四、案例分析**

案例一:

日本有家旅馆,生意一直很萧条。旅馆后面山上有一片空地,老板想在这里栽些树,绿化一下以吸引顾客,但资金不足。有人给老板出了个好主意。于是,旅店老板推出了一则别出心裁的广告:“亲爱的旅客,您好!本店后山有空地,宽阔而幽静,专门为旅客植纪念树之用。如您有兴趣,不妨种下小树一棵,本店派人专门为您拍照纪念。树上可留下木牌,刻下您的名字和植树的日期……”广告发出后,响应的人络绎不绝。没过多久,旅店后山上的树,已是林木葱郁。那些在此种过树的人,经常来这里看望。从此,这家旅店变得顾客盈门,生意兴隆。

分析上面这则广告在创意上有什么特点,谈谈你在广告创意方面得到了什么启发。

案例二:

××集团准备对现在的办公楼进行翻修,为此招标××装饰公司为其办公楼进行装修。双方就装修问题进行了协商,最终达成了协议,下面是合同的内容。

××集团(甲方)委托××装饰公司(乙方)对办公楼进行内外装饰。办公楼建筑面积共2050平方米,包工包料,工程造价105万元整,工期100天。甲方在开工前10天要做好开工准备工作,并向乙方提供施工图。材料按设计规定购买,乙方应提交材料质保书或合格证。合同签订后,甲方预付工程总造价50%的款,工程完成验收合格后再付45%。余款5%作预留保修金。一年保修期满,扣除维修费用后再给付。质量要求须符合《建筑安装工程质量检验评定统一标准》,届时将聘请工程监理工程师协助验收。甲方委派张强为常驻现场负责人。乙方委派赵飞为现场施工负责人。

请问:如果你是办公室秘书小张,你将如何拟写这份合同?

**五、写作实训**



1. 院体育部将举行春季登山活动,请拟写一份活动策划书。

2. 请为你所在的学校设计一则广告宣传文案。

3. 在电视或报刊上找一则你认为写得不好的广告，分析原因并改写。

4. 根据以下材料写作广告，要求格式完整，要有广告标语和正文，突出述求重点，语言通俗易懂，富有感染力。

(1)“喝彩”牌饮料，运动饮料，内含葡萄糖、碳水化合物、钾、钠等物质，能够补充人体所需的维生素 A、B、D、E 等十几种物质，本商品最适宜体力消耗者饮用。

(2)“四海”牌鱼肠，爽口弹牙，营养丰富，价廉物美，容易消化，适合各年龄人士食用。

(3)“中意”牌牛奶，含有各种蛋白质、维生素、矿物质、乳糖等营养成分，可改善微循环，促进消化，防止血管硬化，具有护肤养颜之功效，品质优良，口味纯正，品种齐全，营养丰富，老少皆宜。

(4)“通达”牌手表，做工精致考究，报时精确误差小，款式新颖大方，规格齐全，适合各阶层人士佩戴。

**六、情景实训**

**情景实训(一)**

掌握撰写广告词。

1. 实训目标：通过本实训掌握广告词的写作要领。

2. 实训背景：广东××股份有限公司开业广告策划

广东××股份有限公司

主营业务：大卖场、综合超市及百货的连锁经营。

行业地位：公司是广东省大卖场、综合超市及百货连锁经营行业的龙头企业。

目前，公司门店分布的区域以粤南为重点，并向粤东、粤西及粤北辐射。公司共有 63 家门店，其中 3 家门店以经营百货为主，其余门店以经营大卖场、综合超市为主。

3. 实训内容：××超市即将在××市××区开设分店，请根据实际情况撰写一个有创意的广告文案在广播电视上投放，以吸引更多的潜在客户。

4. 实训要求

(1)本实训可选择在模拟的办公室或教室进行，最好能配置电脑。

(2)实训分小组进行，可以 3 人一组，其中 1 人负责总体策划，1 人负责文案写作，1 人进行监督和评价，每人都要出谋划策。

(3)每个同学在演练过程中一定要严肃认真，言行符合文体规范和创意要求。

(4)每个同学最好都能按照实训内容设计演练的脚本(包括策划内容，并给本小组成员分派角色)。

5. 实训提示

(1)广告文案内容要求真实诚恳，通俗简明。

(2)要求具有创意，体现主题思想，运用到位的语言文字表达主题、深化主体。

(3)要求能激发潜在的需求，以达到说服受众的目的。

(4)文案策划要求创新,不落窠臼,具有独特魅力。

**情景实训(二)**

撰写商品说明书。

1. 实训目标:通过本实训学会写各种商品的说明书。

2. 实训背景:琳琅满目的商品冲刺着我们的眼球,许多外资公司在中国纷纷设厂投资中国这只潜力股。由于中国人的外语没有普及,所以许多外资公司的许多商品标签根本就看不懂。

3. 实训内容:为老师所提供的各种商品拟写说明书。

4. 实训要求

(1)本实训可选择在模拟的办公室或多媒体教室进行,商品若干(例如:防晒霜、凉茶、矿泉水等)。可以通过多媒体放映。

(2)商品的成分可以由老师提供。

(3)每个同学在演练过程中认真听老师的讲解并作记录。

5. 实训提示

(1)教师可以先讲解相关的商品,然后由学生来拟写说明书。

(2)说明书要写出自己的特色。

# 第六章　宣传类文书写作

**学习提示：**

学习本章宣传类文书，重点了解解说词、导游词、海报和简报的特点、种类以及形式；掌握解说词、导游词、海报和简报的写作要点；学会书写解说词、导游词、海报和简报。

宣传文书，顾名思义，就是用以宣传、广泛告知的文书，包括解说词、导游词、海报、简报等。

## 第一节　解说词

现代社会，各种政治、经济、文化活动空前繁荣，解说词有了更为广阔的用武之地，像新闻图片、书画展览、景点导游等都要运用到这一文体，因而学好这一文体的写作有很大的实用价值。

### 一、概念

从解说词的概念来说，有广义与狭义之分。广义的解说词是指适用面很广的解说词，诸如运用在商品展销、文物陈列、图书展览、摄影图片、标本说明、园林介绍、影剧解说、新闻人物介绍等方面的一种独特文体。狭义的解说词是指一种运用在影视艺术中的专门性“画外语言”。然而，无论是广义的还是狭义的解说词，其中有一点却是共同的，就是解说词这种文体，既有解释，又有说明，亦有叙述，同时还有论述，有时还表达作者一定的思想。

### 二、语言特点

解说词是解说员配合某种实物或音像制品，以口头语言对所介绍的事物或人物进行现场解释说明的一种语言实践活动。解说者以有声语言来传递信息，不能像日常谈话和演讲那样，借助表情、动作、手势等辅助手段来增强表达效果，这就决定了解说词具有如下特点：

### （一）语言简明，节奏流畅

解说词是口耳相传的有声语言，稍纵即逝，没有时间让人仔细琢磨。参观陈列、展览的受众或收看影视专题片的观众，其注意力会随实物的变换、画面的推移或剧情的发展而转变。如果解说语言繁杂冗长，就容易与受众关注的实物或画面脱节，出现解说语言落后于实况的“马后炮”现象。因此，解说词往往具有概括性强、简洁明了、节奏流畅的特点。要想实现这一特点，可以采用以下方法：

1. 大量使用简略语

其中包括简称和节缩语。例如“奥运会”“九运会”“中国女排”等。

2. 大量使用成语和四字句

例如风光旖旎、山清水秀、物产丰饶等，这些词语在旅游解说词中常常用到；身经百战、难分难解、奥运风云等，这些是体育解说词中常用到的词语。

3. 大多使用通俗易懂的口语

例如：这一天，正好是中国的大年初一。舆论认为，邓小平选择新年的头一天飞洋过海，对刚刚改革开放的中国来说，是件有象征意义的事情。1978 年邓小平连续出访了缅甸、尼泊尔、朝鲜、日本、泰国、马来西亚、新加坡等国家。邓小平说：“中国的发展离不开世界。走向世界，不光是出去看，还要出去学。”几乎与此同时，邓小平作出决策：大量派遣留学生。（电视文献纪录片《邓小平》第九集《走向世界》）

4. 大量使用结构简洁的主谓句

例如：陈小敏出场了，她第一次试举 130 公斤，起来了（2000 年奥运会举重比赛解说词）。三句话共 18 个字，组成两个完全主谓句和一个省略句，把陈小敏夺取冠军的场面描述得完整明晰。

5. 使用普通话词语，不用或少用方言词语

由于方言词受地域限制，使用它会影响语言的明晰度。例如体育解说为了反映赛场上观众“满座”，如果用粤方言“爆棚”表示，会使大多数听众听不懂。

### （二）语言生动，幽默风趣

解说要吸引听众，就要用生动形象的语言烘托气氛，渲染感情，绘声绘色地描绘评议各种事物和画面，调动听众的积极性。尤其是电视的实况转播，画面图像本身生动鲜明、多姿多彩，直接作用于人们的多种感官，若配合现场的解说平淡无味，不仅起不到画龙点睛的作用，反而会增加观众的听觉负担。因此，解说词应具有生动幽默风趣的特点。要实现这一特点，可以采用以下方法：

1. 使用描绘性的语言

例如：湖面上那神奇的舞姿，像是把我们带到了那广阔无垠的原野，看到一对对美丽

的天鹅在草原上掠过；又像把我们带到了宁静的湖边，看到一双双水鸭在水面上划过……（韩江对花样滑冰表演的解说）

解说词没有干巴巴地介绍表演者的年龄、姓名、体育生涯等情况，而是结合画面、展开联想、运用比喻，把表演者优美、洒脱、轻松、活泼的花样滑冰表演动作再现给观众，极具表现力与感染力，使观众视觉上、听觉上都获得极大的满足和享受。

2. 使用幽默风趣的语言

例如一场足球赛，中途下起雨来，播音员立即风趣地解说道："观众朋友们请注意，现在下起了清凉的雨水，比赛将更激烈、更精彩，双方运动员打起了水仗，一个个如猛龙过江……"解说员能借题发挥，会起到妙趣横生的解说效果，同时增进与观众的感情。

## 三、解说词分类

解说词按照其语言特点，可以分为以下三种：

1. 通俗化、口语化解说词

此类解说词接受对象很广泛，因此要求写得通俗易懂；又因为解说词是要"说"的，所以还要尽量做到口语化。此类解说词具体要求如下：

(1)尽量用规范的语言写，一般不要用方言土语。有些特定对象的解说词，如地区性的展览会等，也可以用方言写。

(2)选词造句要大众化，尽量少用生僻的、专门的词语；要口语化，尽量不用文言文。

(3)避免使用容易引起歧义的词语和生造的词语。解说词主要是讲、念给人听的，有些音同或音近而义不同的词语，如不注意便会使听者发生误解。例如"全不"与"全部"，"治癌"与"致癌"，等，听上去差不多，而意思大不一样，在使用这些词时就应慎重，尽可能换一个说法，如把"全部"改成"全都"，"治癌"改成"治疗癌症"，这样效果就更好一些。

(4)群众中不常用的简称，尽可能不用。如"××市第一百货商店"，不要写成"市百一店"；"市人民政府"不要写成"市府"等。

2. 即物扣题解说词

此类解说词一般是配合实物或图片写的说明文字，因此，文字必须与实物一致。如介绍石林、溶洞时，就要紧扣石林、溶洞的形状、规模、特点、成因等，为了增加知识性和趣味性，也可以讲一些有关的传说和科学道理，但不要离开本题，去讲无关的其他内容。

3. 简明扼要解说词

此类解说词一般都是对实物加以解说，所以一般人看了实物能够理解的东西就不要多讲，而只要把观众不容易懂或可能产生疑问的地方，以及需要引起观众特别注意的地方写出来就可以了。因此，文字要简明扼要。

## 四、写法要求

这里我们重点介绍在旅游活动的过程中解说词的写法。解说词的基本结构由导语、主体和结尾三部分构成。

### (一)导语

导语要求简洁、自然,根据旅游项目策划的环节,直接点明行程、环境以及该景物在游程中的地位或特色。例如介绍广州“陈家祠”的导语:

陈氏书院坐北朝南,为三进院落式布局,由9座厅堂、6个院落、10座厢房和长廊巷组成。主体建筑占地6400平方米。其整体结构布局严谨、虚实相间,厅堂轩昂,庭院宽敞幽雅,特别是在建筑装饰上集中体现了广东民间建筑装饰艺术之精华。其内外建筑构件上巧妙地采用了木雕、石雕、砖雕、陶塑、灰塑、铜铁铸等工艺装饰。图案题材广泛,造型生动逼真,雕刻技艺精湛,用笔简练粗放却又精雕细琢。可以说,陈氏书院不愧为一座宏伟瑰丽的民间工艺建筑宝库。陈氏书院是全国重点文物保护单位,1996年被评为“广州十大旅游美景”之首……

### (二)主体

通常以游踪为线索安排整体结构,移步换形,“到哪个坡,唱哪个歌”。各名胜或景点有相对的独立性,在书面形式上,或用标题标明,或用空行表示,阶段分明。每一名胜或景点用一节或一段文字讲解说明,先要指明讲解的实物对象,点出名称,需要的话对名称由来掌故加以解释;然后紧扣景观特色,结合不同旅游群体的不同趣味倾向,可以从以下几个方面考虑安排解说内容。

#### 1. 抓住重点,巧妙构建

景观解说包括介绍景区的人文历史、自然科学、艺术品位等丰富的内涵。在这样一个大的范围内,撰稿人可以根据旅游活动策划的专业设计,结合该景区的特色,寻找一个准确的切入点,进行个性化的讲解。

景观的重点、景点的“含金”量,就在于其文化内涵或审美意蕴,而不是单纯的表象。每个旅游地都有其代表性的景观,每个景观又都以不同方式反映出它的独特内容。面面俱到,没有重点的平铺直叙是不可取的。解说词拟写的基本技巧就在于准确概括各个景观独有的个性,突出其自然奥妙或人文内蕴,表现其审美的客观存在。

例如《陈家祠》解说词(节选):

陈氏书院俗称陈家祠,现是广东民间工艺博物馆所在地,位于荔湾区中山七路陈家祠地铁站旁。

书院于清光绪十六年(1890年)动工兴建,历经四年竣工落成,是当时广东72县陈姓合族宗祠,始建时用作广东各县陈氏子弟来省城应科举时学习及住宿场所,也是祭祀祖宗的宗祠。全院占地近1.5万平方米,院东新辟有1.7万多平方米的绿化广场。主体建筑宽80米、深80米，以“三进三路九堂两厢杪”布设，穿插六院八廊，规模宏大，厅堂轩昂，庭院幽雅。全院的门、窗、屏、墙、栏、梁架、屋脊等处处均配上精美的各式木雕、石雕、砖雕、灰塑、陶塑、铜铁铸等艺术品，与雄伟的厅堂浑然一体。主体建筑正门两边的外墙上，有6幅大型砖雕“梁山聚义”“梧桐杏柳凤凰群”等，其画内建筑物雕工精细、层次分明，人物神态各异、形象生动，花鸟栩栩如生，其砖雕技艺为近代罕见，可说是惊世之作。

尤具特色的还有第二进后侧长廊上的柚木屏门双面镂雕，分别雕有历代历史故事和民间传说，如“三顾茅庐”“赤壁之战”等20幅木雕，被赞誉为“木刻钢刀雕就的中国历史故事长廊”。中路一、二进间的院子内的石栏杆镶嵌的铁铸双通花栏板“金玉满堂”“三羊启泰”等展示了中国近代铸铁工艺的成就，院内石雕、陶塑、灰塑也以表现主题的岭南特色鲜明、工艺精美、精品琳琅满目而称雄岭南。郭沫若曾赋诗赞美陈氏书院的建筑艺术：“天工人可代，人工天不如。果然造世界，胜读十年书。”

1959年，陈氏书院被辟为广东民间工艺博物馆，以搜集、保藏、研究和宣传展览广东地区历代各类民间工艺品为主，兼及全国各地民间工艺品。馆内辟有多个展厅，常年展出馆藏文物，展品有陶瓷、雕刻、刺绣等工艺精品。其他工艺品种类更多：有广州珐琅、金银工艺、套色蚀花玻璃；佛山灯色、剪纸、木刻、门画；潮州面塑、香稿塑、麦秆剪贴画；阳江、潮汕、佛山地区的漆器，以及少数民族地区工艺等。此外，还设有近代家具、书画、文房四宝、茶艺等展厅、专室。

用来介绍风景名胜解说词，最好能引人入胜。上面这一段解说词有两个特色：一是简括，因为是配合景点解说的，用不着太仔细，只要提示一下就行了。二是抓住特点，只用几句话就把各自特点概括出来了。

2. 突出景观的旅游价值与人文地位

一个景点，最能吸引游客、激发旅游兴致并给旅客们留下深刻的东西，往往是具有显著特征、富于特色的东西，通常被冠以“某某之最”“最……”“第一”等。导游人员可以根据实际情况，突出、详细介绍景区中的世界（或中国、某省）最大、最长、最高、最古老，甚至是最小的……因为这是景点的特征，很能满足游客的猎奇心理。如：北京故宫是世界上规模最大的宫殿建筑群，长城是世界最长的古城墙，乐山大佛是世界最大的弥勒佛。

3. 旁征博引，充实内蕴

旅游者出门旅行，大都带着增加见闻、扩充知识，以满足追新猎奇的需要和追求美好事物的热切愿望。在撰写景点解说词时，一定要充分研究、了解解说对象，以具备相应的政治、经济、历史、地理、文学、艺术、宗教、民俗、土产、园林、建筑等诸方面的知识为写作基础。从某种程度上来说，导游人员要有渊博的知识，要使自己成为掌握上述多方面知识的“杂家”，成为所谓“上知天文地理，下知鸡毛蒜皮”的“万事通”。只有具备雄厚的知识基础和很深的文化修养，在写作中才能信手拈来、旁征博引、自由发挥、得心应手。也

只有在此基础上,拟写的解说稿才能“上下五千年,纵横数万里,古今多少事,尽在笑谈中”。例如:

长城的这种阳刚之美,或称为壮美、崇高美,来源于它外部的巨大的体积所形成的磅礴气势。长城,以它的奇伟、雄险和绵延万里的雄姿,征服了无数的瞻仰者。现代著名考古学家希里曼在第一次看到中国长城时,发出这样的惊赞:无论是“从爪哇岛火山的高峰上,从加利福尼亚的西拉利瓦达的山顶上,从喜马拉雅山的山顶上,从南美洲的哥地来的高原上见到过的宏伟壮丽的景象”都“永远不能和我现在眼前展开的这一幅美丽奇伟的画幅相比拟,我惊讶着,震动着”“它对于我就像洪水以前巨人族的神话式的创造”,长城壮丽奇伟“超过我想象中的一百倍”。每个人在初次看到长城的一刹那,都会被长城那种气吞山河的气势所震撼。这也就是长城建筑艺术的主要审美特征。

解说对象景观,不论山川风物,还是人文名胜,在描述游客眼前的客观存在的实景的同时,可以巧妙地发挥,辅以有关该景物的神话传说、民间典故、历史故事、风俗人情等,可以使景物显得更加神奇完美。上面例文中就赋予了自然景观浓厚的文学色彩。

**(三)结尾**

在观赏结束时的小结,其内容并不固定,或概括游览的收获,或是请游客留下宝贵意见,或是诚挚的祝福与道别,或是期待再次相逢。例如,上海淀山湖大观园解说词的结束语:“一个以古典文学名著《红楼梦》为模拟对象的中国古典园林建筑群——‘大观园’,到此参观游览完毕。我想,这次参观一定给大家留下了难以磨灭的美好记忆。‘大观园’欢迎各位再次来做客,谢谢!”

**【 例文 】**

**北岔口长城解说词**

长城是闻名世界的奇迹,它像一条巨龙蜿蜒盘旋在中国北方的崇山峻岭之间。它是中国古代劳动人民血汗的结晶,也是中国文化的象征,被称为万里长城。长城具有阳刚之美,或称为壮美、崇高美。长城,以它的奇伟、雄险和绵延万里的雄姿,征服了无数的瞻仰者。它是中国第一名胜,被联合国教科文组织列入《世界文化遗产名录》。

长城始建于春秋战国时期,距今2000多年了。我们今天所指的长城是明代修建的长城,它西起甘肃的嘉峪关,东到辽宁的鸭绿江边,像一条矫健的巨龙,越群山、经绝壁、穿草原、跨沙漠,起伏崇山峻岭之巅,直达黄河和渤海之滨。

古话说得好:“不到长城非好汉。”古今中外,凡到过长城的人无不惊叹它的磅礴气势!长城,曾迷倒许多海内外游客。俄罗斯的叶利钦总统曾说过这么一句话:“这是我见过的人类史上最伟大的奇迹!”

旅客们,我们已经来到了著名的青铜峡北岔口长城,它是西部保存最完好、最美丽的长城,被誉为“宁夏八达岭”。您向远处看,可以发现这里的长城龙腾虎跃、气象万千,蜿蜒于山脊之上,景色十分壮观。它不是一般的土墙砌筑,在山势陡峻之处劈山削石,形成峭壁,山沟峡谷跨越处,用山石垒砌。在平缓的山冈,就地取材,黄土夯墙。这段长城远离城市,蜿蜒连绵,气势非凡。和八达岭用砖石修建的长城相比,宁夏的土长城更具有一种残破美、遗迹美。到北岔口的长城专家都感慨不已:走了这么多地方,看了这么多长城,西部最美的长城首推北岔口,与嘉峪关长城相比,北岔口长城是一种大美,是仅次于八达岭的一段中国长城!

千峰叠翠拥北岔,山北山南处处峰。锁钥北门天设险,半哉峻岭走长龙。北岔口长城始建于明成化十年(1474 年),近年它开始遭到人为破坏。一家企业为了省下一两百米的修路钱,就把一段世界文化遗产随意推倒……这是滴血的倾诉。具有"中国长城博物馆"之称的宁夏,先人们留下来的长城正面临着损毁的劫难。"万里长城永不倒",但宁夏长城的确存在着触目惊心的损毁,这里的很多长城已经倒了!如此下去,"长城博物馆"将不复存在,我们将无颜面对历史和祖先!中国长城学会一项最新调查显示,(明代)万里长城墙体超过三分之一残破不全,三分之一已不复存在,保存较好的不足三分之一。世界古迹基金会已把中国长城列为全世界 100 个最濒危的历史文化遗产之一。那些破坏长城的人,没有认识到长城的历史文化内涵,没有把长城看作不可再生的宝贵文化资源,在他们的眼里长城只不过是一道土墙。

"大漠孤烟直,长河落日圆",宁夏素有"关中屏障"之称,战略地位十分重要,从战国时期开始,历代王朝几乎都在宁夏筑过长城,有"中国长城博物馆"之称的宁夏,长城分布范围之广令人惊叹……经最新测算,我区境内长城全长 1507 公里,其中可见墙体达 506 公里。全区各市大都有长城墙体、营堡和墩台分布,是名副其实的"长城之乡"。青铜峡明长城称为西边墙,共有两段:一段是城西南墙,从玉泉营南起至广武界止,全长 50 多公里;另一段叫边防西关门墙,北自贺兰山三关口起,南到大坝堡,长 40 余公里。

城障、关隘、烽燧、墩台、堑壕……吸引着越来越多的眼球和心灵。的确,宁夏 6 万多平方公里的土地上,绵亘着一段段各个朝代的长城,它们蜿蜒于崇山峻岭之上、腾跃于高峡深谷之中,虽往昔狼烟不再,但是宏伟风采依稀如昨。一墩墩雄伟的烽火台、一段段厚重的城墙穿沙漠、过草原、越大山伫立在塞北荒野上,这些历史文物源源不断地给现代人带来古代信息和文化气脉。宁夏应该大打"长城旅游牌",发展长城旅游需要"出奇兵",宁夏的长城旅游形象策划应该定位为"原始"。宁夏可以推出"历代长城系列游""原始长城风情游",采用"徒步长城游""越野车绕长城游""直升机空中长城游"等不同旅行方式,推出青铜峡北岔口徒步长城游旅游点,这段明长城为荒漠土长城、山岳石长城共存,长城高大厚实,具雄浑、苍凉、哀怨、凄美特质,适宜开展徒步长城游。

今天的北岔口长城,正以其特有的魅力,吸引着中外游客,逐渐成为举世闻名的旅游胜地。随着旅游业的发展,长城这一中华民族的瑰宝,定会焕发出新的生机。我们将以更优质的旅游服务、更优美的旅游环境迎接大家的到来!

**评析**：导游解说词的创作要有文学家的功底、诗人的激情、史学家的冷静和理论家的逻辑。这就意味着导游解说艺术就是导游在时代精神下对旅游客体材料的提炼和优化，是融知识、观念、灵感、审美于一体的再创造活动。本文有浓厚的人文底蕴，主旨鲜明，结构明晰，语言优美。

## 第二节　导游词

### 一、概念

导游词是导游人员引导游客观光游览时的讲解词，是导游同游客交流思想、向游客传播文化知识的工具，也是吸引和招揽游客的重要手段，是应用写作研究的文体之一。

导游词事实上是一种对旅游景点进行历史的、文化的、审美的解读的文体。导游词就是要“还原”历史，“还原”生活，“还原”文化，“还原”事实。当然，这种“还原”不是用历史学家或考古学家的眼光，而是用艺术家的眼光对历史加以取舍并重新组合。

### 二、特点

#### （一）临场性

虽然书面导游词没有直接面对游客及景观，但它模拟现场导游的场景，创作者把自己比作导游，因此导游词是循游览线路层层展开的，而且为增加现场感，多以第一人称的方式写作。在修辞方面，导游词多用设问、反问等手法，仿佛游客就在眼前，造成很强烈的临场效果。

#### （二）实用性

导游词的写作目的有两方面，一是作为导游实际讲解的参考，二是作为游客了解某一景点或某一旅游目的地的资料。由于上述两个目的，导游词对每一个景点都提供翔实的资料，从各个方面加以讲述，导游读了以后，经过加工就能成为自己口头讲解的内容，而游客读了，就能对此景点或旅游目的地有详尽的了解。因此，导游词有很强的实用性。

#### （三）知识性

导游词既有说明性的特点，也有欣赏性的特点。在一篇导游词中，会用到自然科学知识，如地质成因、动植物学知识、力学原理等；还会用到社会科学知识，如宗教常识、哲学美学知识、诗词歌赋、中外文学等；另外，建筑、园林、书法、绘画等，都会有所涉猎。一篇优秀的导游词往往综合了各个学科门类，多角度、多层面对景点加以叙述，给阅读者全方位的信息。

### （四）规范性

虽然导游在实际工作中运用的是口语，但导游词却是书面语言。因此导游词的用语应该规范，应该避免口语化的表达方法，避免地方方言等，即便为了增加幽默感而需要运用地方方言，也应该加以解释，让全国各地的读者都能读懂。

### （五）其他

由于导游词具有极强的实用性，涉及的知识十分广泛，而导游讲解的主要目的是传播知识与文化，因此导游词还具有文学性、礼节性等特点。为了增强导游词的感染力，设计导游词时应在尊重客观景物（点）的基础上，恰当地借用抒情、描写和议论的手法，使其内容引人入胜，为口语导游词“创作”打下坚实的基础。

## 三、作用

### （一）引导旅游者观光游览

导游词的宗旨是通过对旅游景观进行绘声绘色的讲解、指点、评说，帮助旅游者欣赏景观，以达到游览的最佳效果。

### （二）传播文化知识

传播文化知识，即向游客介绍有关旅游胜地的历史典故、地理风貌、风土人情、传说故事、民族习俗、古迹名胜、风景特色，使游客增长知识。

### （三）陶冶游客情操

导游词的语言应具有言之有理、有物、有情、有神等特点。通过语言艺术和技巧，给游客勾画出一幅幅立体的图画，构成生动的视觉形象，把旅游者引入一种特定的意境，从而达到陶冶情操的目的。

### （四）推销商品，搞活经济

导游词通过对旅游地出产物品的说明、讲解，客观上起到向游客介绍商品的作用。

## 四、写作要求

导游词一般是由前言（开头语）、概括介绍（总述和分述）、结尾（告别语）三部分构成。

### （一）前言

每一篇导游词，或每一次导游的开始，都应该有见面时的开头语。开头语中常见的内容有问候语、欢迎语、介绍语、游览注意事项和对游客的希望五个方面，放在导游词的最前面。它既简短、亲切，又起到引出下文的作用，因此言词应富有激情，如行云流水、干净利落，使游客产生浓厚兴趣。如：

迎着清晨这一缕灿烂的阳光，沐浴着这清凉春风，我们今天的旅行就要在这明媚的春光中拉开序幕。各位来宾,大家早上好。欢迎大家参加××旅行社××之旅。我代表公司及我个人对大家的到来表示最热烈的欢迎。我是您此行的导游,我叫××,大家叫我××就可以了。(指着司机)这位是司机×师傅。在接下来的行程里,将由我们两位为大家竭诚服务,由我为您提供导游讲解服务。我们会将您的行程安排好,使您此行游得开心、玩得尽兴。

中国有句俗话说得好:有缘千里来相会,无缘对面不相识。今天,我们由不同的地方走到同一个目的地,乘坐在同一辆车里,大家由不相识到相见相知,这真是一种很奇妙而又美好的缘分,那么就让我们将这个美好的缘分进行到底,让我们开心而行,满意而归。

在这次旅行中,如果您有什么事需要我们为您服务,请您一定要告诉我们,让我知道,我们会为您服务,让您满意。因为您的满意就是我们的追求,您的快乐也就是我们最大的快乐。

**(二)概括介绍**

1. 总述

总述是用概述法对将要参观游览的景点先作整体介绍,让游客对景点有初步的了解,知道如何游览,以便让游客有一种见树先见林的感觉。首先对所参观游览的目的地的整体内容用精练的词句作整体介绍,让游客对景物初步了解;其次是对行进路线作介绍,不能漏掉精品景点和景物,避免在游览中发生游客走失等事故;还有对游览时间作出安排,有助于游客合理调配体力,保持游兴。

概括介绍应根据时间和游客情况,可长可短,可详可略。如,周庄概况:

今天我们将要参观浏览的景点是被誉为“中国第一水乡”的周庄。民间曾有“上有天堂,下有苏杭,中间有一个周庄”的说法。周庄四面环水,景色宜人,环境幽雅。著名画家吴冠中曾高度评价周庄说:“黄山集中国山川之美,周庄集中国水乡之美。”那么周庄有哪些引人入胜之处呢?下面就请大家跟我一起走进周庄,去领略那“小桥,流水,人家”的水乡特色吧!

2. 分述

分述是导游词的重点,它是按游览的先后顺序,对景观逐一进行生动、具体的陈述,使游客尽情饱览一个个景点的风韵和艺术魅力。

每一个景点的景观要素组合都较为复杂,但都存在主次之分,每一个大景点也都会由很多小景点组成。导游在带领游客游览的过程中,由于时间等客观原因,在游览和讲解中不可能面面俱到,要把景点的内容分成重点、次重点、一般景点依次布局,便能重点突出、层次分明、路线清楚、结构匀称、布局合理。导游词介绍的重点放在景区中最具有代表性的景点和景物,即对主要游览内容进行详细讲述,把最能体现景物本质特征的内容介绍出来。如,对园林胜迹的导游,应着重于它的特色和主要景点;对历史文物的介绍,着重于它的文化价值和历史意义;对人物着重介绍他的主要经历与功过得失等,或者可以从景点成因、历史传说、文化背景、审美功能等方面进行详细的讲解，使旅游者对旅游目的地有一个全面、正确的了解，这也是导游词最重要、最精彩的组成部分。这一部分是最能反映导游文学功底和导游艺术相融合的精彩篇章，既要有丰富多变、幽默诙谐的导游语言，又要有亲切柔婉的文学艺术手法，要把景观内涵挖掘透彻，引人入胜，激发起游客的情感。

3. 结尾告别语

导游词的结束语，包括感谢语、惜别语、征求意见语、致歉语和祝愿语五个方面。这一部分要尽量使游客产生意犹未尽之情，生发出故地重游的欲望。

## 五、写作注意事项

一篇优秀的导游词除结构严谨、层次清晰、主次分明、内容清楚、资料翔实、表达生动等要求外，还必须注意下述六个方面：

### （一）强调知识性

一篇优秀的导游词必须有丰富的内容，应融入各类知识并做到旁征博引、借古论今、融会贯通、引人入胜，导游词的内容必须准确无误，令人信服。这样的导游词就能吸引旅游者的注意力，满足他的求知欲。导游词若语言干瘪、知识贫乏，就无法引导旅游者进入审美意境。例如，陕西历史博物馆导游词《回首处，那一片辉煌》最终一段写道：

各位在陕西历史博物馆内数千件文物中徜徉，好似踏入了历史之河，回到了早已逝去的时代，领略了陕西历史文化及文物有年代早、品种全、规模大、水平高的特征。它对弘扬民族文化，促进改革开放和旅游事业的发展，起到积极的推动作用。我相信各位会为先辈们勤劳智慧创造的辉煌业绩所激动，重振汉唐雄风，再创辉煌！

这种潇洒自如的借古论今，既不装腔作势，又不牵强附会，对加深主题思想很有用处。这在导游词中处处可见。

### （二）讲究口语化

为使导游词口语化，就要多用口语词汇，当然也要有浅显易懂的书面语词汇，但要避免难懂的书面语词汇和音节拗口的词汇；多用短句，不用长句，以便说起来利索、顺口，听起来轻松、易懂。如《蓬莱仙洞解说词》：

是仙人送子，你看她，左手抱一个，背上驮一个，前面跪一个，身后还跟着一大群，哭哭啼啼，一片凄惨景象，真是儿多母苦啊！

这一段话全用口语词、短句子，显得生动活泼，便于讲解，听起效果很好。强调导游词的口语化，并不意味着就可信口开河，不要语言的规范化了。编写导游词时导游必须注意语言的品位，还有要避免难懂的、冗长的书面语词汇和音节拗口的词汇，减少刻意的主观煽情；要多用短句，减少华丽的书面文学辞藻的堆砌，以便讲起来顺口，听起来轻松。

（三）突出趣味性

导游词应该生动形象、通俗易懂并能够多方面调动旅游者的注意力，激发游客的游兴。怎样才能吸引旅游者，激发他们的游兴呢？这要求在导游词的趣味性上做文章。

1. 编织故事情节

讲解一个景点，要不失时机地穿插趣味盎然的传说和民间故事，以激起游客的兴趣和好奇心理。但是，选用的传说故事必须是健康的，并与景观密切相连。如介绍北京香山的双清别墅，可插入这样一段传说：

相传金代第六帝章宗来此游览时，突然感到疲乏，席地而卧，就进入了梦乡。梦中他看见一群大雁在头顶上空盘旋鸣叫，便拈弓连发两箭，大雁惊飞，但在两处箭跌落的地方顿时涌出两股清泉，他十分高兴，就命名为“梦感泉”。

这一段传说使景点增添了神秘色彩，更引人入胜。

2. 语言生动形象，用词丰富多变

主动形象的语言能将游客导入意境，给他们留下深刻的印象。

3. 恰当地运用修辞方法

导游词中，恰当地运用比喻、比拟、夸张、象征等手法，可使静止的景观深化为生动鲜活的画面，揭示出事物的内在美，使游客沉浸陶醉。如：

有人说三峡像一幅展不尽的山水画卷，也有人说，三峡是一条丰富多彩的文化艺术长廊。我们说，三峡倒更像一部辉煌的交响乐。它由“瞿塘雄、巫峡秀、西陵险”这三个具有各个不相同旋律和节奏的乐章所组成。（《话说长江》）

这一段导游词中用四个生动的比喻揭示出长江三峡内在之美。再如：

大家看，这就是举世闻名的秦兵马俑。瞧这位，颔首低眉，若有所思，好像在考虑如何战胜敌人；再看这一位，目光炯炯，神态庄重，分明在暗下决心，誓为统一天下而战；再看他，紧握双拳，待命出征……啊，快来看看这位战士，双眼凝视远方，像不像在思念家乡的亲人？

4. 幽默风趣的韵味

幽默风趣是导游词艺术性的重要体现，可使其锦上添花，气氛轻松。导游语言的幽默艺术技巧，在很大程度上是语言修辞手法的综合运用，它不等同于一般意义上的修辞，而是以造成幽默意境为目的。幽默意境主要由语言的反常组合来体现，即语言组合与其有关知识相违，完全超出人们可以意料的范围。有这样的一则事例，旅行车在一段坑坑洼洼的道路上行驶，游客中有人抱怨。这时，导游员说：“请大家稍微放松一下，我们的汽车正在给大家做身体按摩，按摩时间大约为 10 分钟，不另收费。”引得游客哄然大笑起来。这位导游员以“苦”中求乐的口吻把一件本来不轻松愉快的事说得痛快淋漓。

再如，一个旅行团即将结束在青岛的旅游，导游员说："你们即将离开青岛，青岛留给你们一样难忘的东西，它不在你们的拎包里和口袋中，而在你们身上。请想一想，它是什么？"导游员停顿了一下，接着说："它就是你们被青岛的阳光晒黑了的皮肤，你们留下了友情，而把青岛的夏天带走了！"话音刚落，他就赢得了热烈的笑声和掌声。照理说，"夏天"是不可能带走的，但夏天的阳光把游客的皮肤晒黑了，所以这位导游员故意强调事物的特征，夸张地说游客"把夏天带走了"，在富有诗意的想象中充满了幽默感。

5. 情感亲切

导游词语言应是文明、友好和富有人情味的语言，应言之有情，让游客赏心悦"耳"，倍感亲切温暖。

**（四）体现深刻性**

深刻就是要有深度。导游词不能停留在景物表面现象的罗列和说明上，它应该揭示景物深层的本质的内涵的东西。

下面是《漫谈椰文化》导游词的结尾：

椰子树不怕旱，不怕涝，不怕盐碱，不惧台风。烈日晒不死它，狂风刮不倒它。它在路边长，海滩长，山上长，水里也长。有人管它是那样，没人管它也是那样。它几乎无求于人，却把一切都奉献给了人们，从小到大，自始至终，真是鞠躬尽瘁，死而后已。这也许就是椰文化的精髓，也是人们把海南岛命名为椰岛，把海口市称为椰城的原因吧！

**（五）对象明确性**

在实地导游讲解时，导游必须从实际出发，因人、因时而异，有的放矢，即根据不同的听众，他们当时的情绪以及周围的环境进行导游讲解，切忌百病一言，避免不管听众千差万别，导游词只有一个的现象。

还有，导游词是给游客讲解，而不是创作用来欣赏的散文，不能成为散文朗诵，最好不唱独角戏，因此，一定要注意游客的存在，注意交流和互动。

以语言因素为例，用人称代词作称呼运用就很讲究。在导游这种语境中，用第二人称称呼游客，往往显得生硬冷淡，而用第一人称复数"我们"或没有特定人称标志的"大家"则比较合适，也可以连用为"我们大家"。这种用法，能营造出一种亲切友好的气氛，从而有效地缩短导游员与游客的心理距离。

**（六）重视品位**

1. 强调思想品位

因为弘扬爱国主义精神是导游义不容辞的职责。

2. 讲究文学品位

导游词的语言应该是规范的，文字是准确的，结构是严谨的，内容层次是符合逻辑的，这是对导游词文化创作的基本要求。在导游词中，适当地引经据典，引用一些著名的诗词、名句和名人警句等，就会使导游词的文学品位更为提高。

3. 体现“玩”的品位

旅游活动本身是有层次的，游览一个景点也是循序渐进的。现代人“出门”以“玩”为主，讲求“玩”的时序、享受“玩”的乐趣、追求“玩”的层次与品位。因此导游员在创作导游词时注意所选素材要紧扣中心思想，写作的内容需要“渐入佳境”，层层深入，扣人心弦。在知识的选取和“传授”上，要注意寓教于乐，在“玩”中传播知识与文化。

作为书面导游词，在创作中要有必要的描绘和抒情。

【例文】

**钱塘江大潮导游词**

每年农历八月十五，钱塘江涌潮最大，潮头可达数米。农历八月十八在钱塘江上检阅水军，以后沿习成节。除农历八月十八前后三天观潮节外，农历每月月初与月中皆有大潮可观，并可作一潮三看“追潮游”。在中秋佳节前后，八方宾客蜂拥而至，争睹钱江潮的奇观，盛况空前。或遇年头潮大，涌上江岸，冲伤观潮者。文献载《载敬堂集·江南靖士诗稿·观钱塘潮》诗：“乍起闷雷疑作雨，忽看倒海欲浮山。万人退却如兵溃，浊浪高于阅景坛。”距杭州50公里的海宁盐官观潮景区是观潮最佳处。

古时杭州观潮，以凤凰山、江干一带为最佳处。因地理位置的变迁，从明代起以海宁盐官为观潮第一胜地，故亦称“海宁观潮”。

“钱江秋涛”闻名国内外，早在唐宋就已盛行。观潮之日，尤在农历八月十八 前后几天，路上车如水流，人如潮涌。远眺钱塘江出海的喇叭口，潮汐形成汹涌的浪涛，犹如万马奔腾，遇到澉浦附近河床沙坎受阻，潮浪掀起三至五米高，潮差竟达九至十米，确有“滔天浊浪排空来，翻江倒海山可摧”之势。不同的地段，可赏到不同的潮景：塔旁观“一线潮”，八堡看“汇合潮”，老盐仓可赏“回头潮”。

观赏钱塘秋潮，早在汉、魏、六朝时就已蔚成风气，至唐、宋时，此风更盛。相传农历八月十八，是潮神的生日，故潮峰最高。南宋朝廷曾经规定，这一天在钱塘江上校阅水师，以后相沿成习，八月十八逐渐成为观潮节。北宋诗人潘阆的《酒泉子》中写道：长忆观潮，满郭人争江上望。来疑沧海尽成空，万面鼓声中。弄潮儿向涛头立，手把红旗旗不湿。别来几向梦中看，梦觉尚心寒。

这首诗便是当年“弄潮”与“观潮”活动的真实写照。

## 第三节　海报

海报这一名称，最早起源于上海。旧时，上海人通常把职业性的戏剧演出称为“海”，而把从事职业性戏剧的表演称为“下海”。作为剧目演出信息的具有宣传性招揽顾客的张贴物，也许是因为这个关系的缘故，人们便把它叫作“海报”。

“海报”一词演变到现在，它的范围已不仅仅是职业性戏剧演出的专用张贴物了，变为向广大群众报道或介绍有关戏剧、电影、体育比赛、文艺演出、报告会等消息的招贴，有的还加以美术设计。因为它同广告一样，具有向群众介绍某一物体、事件的特性，所以，海报又是广告的一种；但海报具有在放映或演出场所、街头广以张贴的特性，加以美术设计的海报，又是电影、戏剧、体育宣传画的一种。

## 一、概念

海报是主办单位向公众报道举行文化、娱乐、体育等活动的一种事务文书，是向公众报道或介绍有关电影、戏曲、杂技、体育、学术报告会等消息时所使用的一种招贴性应用文。海报又名“招贴”或“宣传画”，属于户外广告，分布在各街道、影剧院、展览会、商业闹区、车站、码头、公园等公共场所，国外也称之为“瞬间”的街头艺术。它通常张贴在有关演出的场所，或较为醒目的地方，告知有关活动的事项，有的海报也可以在报刊上登载，在电台上广播或在电视上播映。

## 二、类型

### （一）电影海报

这是影剧院公布演出电影的名称、时间、地点及内容介绍的一种海报。这类海报有的还会配上简单的宣传画，将电影中的主要人物画面形象地绘出来，以扩大宣传的力度。

### （二）文艺晚会、杂技、体育比赛等海报

这类海报同电影海报大同小异，它的内容是观众可以身临其境地进行娱乐观赏的一种演出活动，这类海报一般有较强的参与性。海报的设计往往要新颖别致，引人入胜。

### （三）学术报告类海报

这是一种为一些学术性的活动而发布的海报。学术类海报具有较强的针对性。

### （四）个性海报

自己设计并制作，具有明显 DIY 特点的海报。

## 三、格式和写法

海报一般由标题、正文和落款三部分组成。

### （一）标题

海报的标题写法较多，大体可以有以下一些形式：

(1) 单独由文种名构成，即在第一行中间写上“海报”字样。

(2) 直接由活动的内容承担题目，如“舞讯”“影讯”“球讯”等。

(3)可以是一些描述性的文字,如"×××再显风采""××旧事重提"。

## (二)正文

海报的正文要求写清楚以下一些内容:第一,活动的目的和意义;第二,活动的主要项目、时间、地点等;第三,参加的具体方法及一些必要的注意事项等。海报的正文一般可采用以下几种形式:

### 1. 一段式

内容简单的通常只用三言两语,一段成文。例如"×月×日下午×时,我校和××学院足球队在本校大操场进行友谊比赛,欢迎踊跃观赛"。

### 2. 项目排列式

内容稍多的可分项目,分项排列成文。例如:

特邀××学院××教授主讲《沟通》

讲座形式:视频为主,辅以讲解。

时　　间:××年×月×日至×日,每晚×时至×时。

地　　点:××报告厅。

入场办法:×月×日起在本馆门口售票处售票,每张××元。

### 3. 附加标语式

有的海报在正文首或正文末加上排列整齐的标语,起画龙点睛和渲染吸引作用,但要遵守真实的原则,不能哗众取宠。

## (三)落款

要求署上主办单位的名称及海报的发文日期。有的正文已把有关内容写清楚了,可以不设结尾。有的结尾还加上一些吸引人的口号,如"售完即止!勿失良机"之类。

以上的格式是就海报的整体而讲的,在实际的使用中,有些内容可以少写或省略。

海报相比其他广告具有画面大、内容广泛、艺术表现力丰富、远视效果强烈的特点。海报本身具有醒目、快速和制作简易的特点,内容要真实准确,形式要做到新颖美观,语言要求简明扼要、生动而富于鼓动性,以便吸引群众。为便于阅读,海报的篇幅要尽量短小。某些海报,可根据内容配适当的图案或图画,以增强感染力。同时海报还可采用文图相配合的形式增强宣传效果。

**【例文】**

**海　　报**

××市中心医院(市二院)特邀请俄罗斯国家卫生部重点心血管病专科医院医务人员一行7人,于20××年3月10日到我院讲学、手术表演,共10天。欢迎各类先天性心脏病、瓣膜病及冠心病需冠脉搭桥术者,及各类主动脉瘤病人速来我院联系住院检查,安排手术治疗，安排满为止。

联系电话：××××

联系人：×××

地址：××市××中路288号市二院住院部四楼心脏外科

**评析**：这则医院海报，文字简洁明了，篇幅短小精悍，首先注明单位：××市中心医院（市二院）；然后介绍具体活动及活动时间：俄罗斯国家卫生部重点心血管病专科医院医务人员一行7人，于20××年3月10日至3月20日讲学、手术表演；其次提出参与活动的具体方法及必要的事项，希望各类有关病人速来联系住院检查，安排手术治疗，满额为止；最后给出具体地址。整则海报用词简洁，绝无冗长造作之言，体现出医院治病救人的原则及严肃认真的严谨态度。

**【知识链接】**

**电影海报起源**

1895年12月28日，法国卢米埃兄弟在巴黎的一间餐厅里向35位观众放映了《火车到站》等短片，当时那张题为《卢米埃电影》的海报可能是世界上第一张电影海报。

早期的电影海报是纯粹为了电影的上片做宣传广告用途，就如现在卖场中的大多数促销海报招贴，是用手工绘制的，又称手绘电影海报，其真迹已较少见，好莱坞早期著名影片《飘》《第凡那的早餐》《卡萨布兰卡》当初的海报都是手绘的，画面精美细致，至今仍有很高的艺术价值。

随着电影的普及，电影海报制作技术的进步，电影海报本身也因其画面精美、表现手法独特、文化内涵丰富，成为一种艺术品，具有欣赏和收藏价值。但国外的海报收藏家一般只收藏原版电影海报，当然其头版及前几版更因其数量稀少、升值潜力巨大而备受宠爱。

电影海报及其他电影衍生商品，从功能上分可分为两类：第一类是供广告促销用的，其商品上常标有“For Promotion（促销用）”的字样，主要用作电影公司的广告、影院招贴、观众的赠品。第一类商品是不能用于销售的。第二类是可供销售的。大家在上海看到的电影海报、明信片、钥匙圈、纪念卡、马克杯、T恤等都属于电影的衍生商品。电影和电影的衍生商品早已成为一种文化，影响了一代又一代人，走进千千万万人的生活。

当今的电影海报大多画面精美，即使是同一部电影的海报，各国的版本都会有不同的表现手法，也可能突出不同的主题。一部普通的电影海报只有一两个版面，而一部畅销的大片就可能有数十种版面，《TiTanic》电影的海报应该是目前版面最多的海报了。

# 第四节　简报

## 一、概念

简报，顾名思义就是情况的简要报道，是国家机关、社会团体及企事业单位内部用来通报情况、交流信息的一种简短的文字材料。它是各行政机关之间用来下情上报、上情下达和互通情况、交流信息的一个文种，是信息类公文中最重要、最常用的一种。它是一种机关文书，是应用写作实践中的一种常用文体，具有汇报性、交流性和指导性的特点。通常简短、灵活、快捷的简报又称“动态”“简讯”“要情”“摘报”“工作通讯”“情况反映”“情况交流”“内部参考”等。也可以说，简报就是简要的调查报告、简要的情况报告、简要的工作报告、简要的消息报道等。简报的刊期有定期的与不定期的，还有的简报机密性较强，只供一定范围的领导和有关人员阅读。而大部分简报需连续分期印发，具有连续性，且有强烈的时间性。

简报不是一种文章的体裁。因为一份简报，可能只登一篇文章，也可能登几篇文章。这些文章，可能是报告、专题经验总结、讲话、消息等，故此，把简报说成一种独立的文体，或只说是报告，是不妥当的。

简报不是一种刊物。因为有些简报可装订成一本，像一般“刊物”，更多的是只有一两张纸，几个版面，像一份报纸。更重要的是，简报具有一般报纸的新闻特点，特别是要求有很强的时效性。而刊物的时效性则远不及报纸，故此，简报不是“刊”，而是“报”，说它是刊物，不如说是“小报”更贴切些。

综观各种工作简报、会议简报、动态简报，再拿这些简报同一般的报纸、刊物相对照，可以得出这样的看法：简报不再单纯是下级向上级汇报工作的简要书面报告，不能看作一种独立文体，也不是一种刊物，而是一种专业性强的简短的内部小报。

## 二、特点

简报具有一般报纸新闻性的特点，这是共性；它又有本身的特点。

### （一）内容专业性强

公开的报纸，一般是综合性的，内容广泛，各方面的新闻都有，如政治经济文化、工农商各行各业、城市乡村、国内国外的新闻等；除了新闻，还有文艺作品。这样，它就能满足各阶层读者的需要，有宣传政策、沟通信息、传播知识和陶冶性情等多方面的作用。简报就有所不同，它一般由有关单位、部门主办，专业性十分明显。这样，对一般读者来说，能使他们了解工作的进展情况，增强责任感；对领导机关来说，各级领导接到这样的简报，掌握情况,有问题就有办法处置。

**(二)篇幅特别简短**

虽然所有报纸篇幅都有限,文章都较简短,但比较起来,公开的大报,一般都有 4 版,有 4 万多字;地方小报,每期也有 2 万多字。简报的简,是它区别于其他报刊的最显著的特点。一期简报甚至只登一篇文章、几段信息,或一期几篇文章,总共一两千字,长的也不过三五千字,读者可以用很短的时间把它读完。

**(三)限于内部交流**

一般报纸面向全社会,内容是公开的,没有保密价值,读者越多越好,正因为如此,它除了新闻性外,还要求有知识性和趣味性。简报则不同,它一般在编报机关管辖范围内各单位之间交流,不宜甚至不能公开传播,特别是涉外机关和专政机关主办的简报更是如此。有的简报,往往是专给某一级领导人看的,有一定的保密要求,不能任意扩大阅读范围。

## 三、类型

简报按不同的分类标准可分为不同的种类,如根据时间划分,有定期的简报、不定期的简报;根据性质划分,可分为综合反映情况的简报和反映特定情况的专题简报;根据使用情况划分,可分为工作简报、专题简报、会议简报、动态简报。这里主要介绍根据使用情况划分的简报。

**(一)工作简报**

工作简报是为了推动日常工作而写的简报,也是简报中最常见的一种形式,它的任务是及时反映工作进展状况,交流工作中取得的经验或指出工作中存在的问题,为上级领导和下级工作人员及时了解、掌握工作情况服务。编写工作简报,要注意迅速及时,并围绕工作中心,突出重点,抓好典型。

**(二)专题简报**

这是在一段时期中为配合某项重要工作、任务、活动而写的专项简报,它与工作简报的差别是前者面向全局,有较强的广泛性;而后者则目标单一,有较强的针对性。专题简报的编写是伴随着某项工作、任务、活动的开展而进行的,工作、任务、活动宣告结束,简报的编写也就停止,因而它比工作简报更看重时效性。

**(三)会议简报**

这是在某一会议召开期间,为了反映会议情况、交流代表观点、反映会议动态而写的简报。它可以是一次性的,也可以是连续性的。其内容主要包括:主要的报告、讲话、会议决议、讨论发言、会议动态及其重要状况。会议简报是专为会议服务的,会议结束了,简报也就停办了,因此它是阶段性的简报。

**（四）动态简报**

这类简报包括情况动态和思想动态。这类简报的时效性、机密性较强，要求迅速编发，发送范围有一定限制，在某一个时期、某一阶段要保密。

## 四、作用

**（一）反映情况**

通过简报，可以将工作进展情况以及工作中出现的新情况、新问题、新经验，及时反映给各级决策机关，使上级领导及时了解发文单位学习、工作、生产情况和问题，以便取得上级机关的指导与帮助，也为决策机关制定政策、指导工作提供参考。

**（二）交流经验**

简报体现了领导机关的一定指导能力，通过组织交流，可以提供情况、借鉴经验、吸取教训，这样对工作有指导和推动作用，也与同级单位沟通情况，促进相互了解。

**（三）传播信息**

简报本身即是一种信息载体，既可以使各级机关及从事行政工作的人互相了解情况，吸收经验、学习先进、改进工作，也能向自己所属单位传达有关方面的指示精神、部署工作、介绍经验，因而便于下属机关及时了解上级意图，以此及时调整步伐，推动各项工作。

## 五、格式和写法

简报的结构一般包括报头、报核和报尾三部分。

**（一）报头**

简报一般都有固定的报头，包括简报名称、期号、编印单位、印发日期、秘密等级和编号。

1. 简报名称

一般用套红印刷的大号字体，如有特殊内容而又不必另出一期简报时，就在名称或期数下面注明“增刊”或“××专刊”字样。

2. 期号

位置在简报名称的正下方，用括号括上，一般按年度依次排列期号，有的还可以标出累计的总期号。属于“增刊”的期号，要单独编排，不能与“正刊”期号混编。

3. 编印单位

应标明全称，位置在期号的左下方。

4. 印发日期

写在与编印单位平行的右侧，以领导签发日期为准，应标明具体的年、月、日，位置在期号的右下方。

5. 秘密等级

标在简报名称的左上角，用“绝密”“机密”“秘密”“内部参考”“注意保存”等字样，以示保密程度。

6. 编号

放在报头右上角，与密级相对称。

（二）报核

报核，即简报所刊的一篇或几篇文章，是简报的内容部分，由按语、标题、正文和结尾几部分组成。报核与报头部分一般会用一条粗线拦开。

1. 按语

必要时可加按语，主要内容是工作任务来源、本期重点稿件的意义和价值、征稿通知、征求意见等。按语不可过长，短者三五行，长者半页即可。按语从内容上区分，大体有以下三种类型：

（1）说明性按语。对根据什么发此简报作一简要说明，一般文字很短，有时就一句话。如：

按：根据省委领导的意见，现将××市委办公厅实行岗位责任制的情况刊载于此，供参考。

（2）提示性按语。对一些篇幅略长的简报，特别是一些介绍经验的简报，往往在按语中扼要地介绍其要点，以便使读者抓住中心。如《商业改革要让消费者拍手叫好》的简报按语是：

按：这个材料以具体事实肯定了商业改革同维护消费者利益的一致性，总结了一些有益的经验，也指出了当前应注意解决的问题，现予刊登，供各地参考。

（3）指示性按语。它常常是针对一些有典型意义的材料和反映当前工作中问题的材料作些评论，表达领导上的看法、意见或对下级的要求。这类按语可适当展开一下，对某些问题作出强调，要求有关部门的同志对简报反映的内容、问题给予重视，但一定要写得简明扼要。如《××市委充分发挥从领导岗位上退下来的老同志的作用》的简报按语：

按：在机构改革中，一大批老同志适应党的事业“长征接力”的需要，愉快地退出了领导岗位。其中市级退下来的老同志为数最多，而且大多数不到离休退休年龄，有些还在55岁以下，身体状况还很好。这些同志中绝大多数都是思想好、作风正、有工作经验和工作能力的好干部，热情关怀他们，妥善安排和合理使用他们，充分发挥他们的积极作用，对于搞好干部队伍的合作交替，对于新干部的锻炼成长，对于我们事业的兴旺发达，都具有重要的意义。希望全省各级党委和有关工作部门，都能像××市委那样，高度重视和切实做好这项工作。

2. 标题

简报的标题类似新闻的标题，要揭示主题，简短醒目，可分为单标题和双标题两种基本类型。

（1）单标题。用一句话概括简报的内容。如：《后勤工作今年重点抓好五件事》等，标题准确，引人注意。

（2）双标题。双标题有两种情况：一是正题后面加副题。如：《再展宏图创全国一流市场——××农贸市场荣获市信誉市场称号》，前一个标题是正题，概括事实的性质，后一个标题是副题，补充叙述基本事实；二是正题前面加引题。如：《尽责社会完善自身——华东师大团委开展"把知识献给人民"的活动》，前一个标题是引题，指出作用和意义，后一个标题是正题，概括主要的报道内容。

3. 正文

正文包括导语、主体和结尾。

（1）导语。导语就是简报的开头语，要用简短的文字，准确地概括出报道的内容，说明报道的宗旨，引导读者阅读全文。导语写作总的要求是"开门见山"，一开始就切入基本事实或核心问题，给人一个明确的印象。导语的具体写法可根据主题需要，分别采用叙述式、描写式、提问式、结论式等几种形式。这几种导语形式，各有所长，写作时可根据稿件特点选择运用。

（2）主体。主体是简报的主要部分，它的任务是用足够的、典型的、富有说服力的材料把导语的内容加以具体化，用材料来说明观点。写好主体是编好简报的关键。主体的内容，或是反映具体的情况，或是介绍具体的做法，或是叙述取得的成绩和经验，或是指出存在的问题，或是几项兼而有之，要视具体情况而定，没有固定的框框。

主体的层次安排有"纵式"和"横式"两种形态。纵式结构按事件发生、发展的时间顺序来安排材料，横式结构按事理分类的顺序安排材料。如果内容比较丰富，各层可加小标题。

（3）结尾。结尾或指明事情发展趋势，或提出希望及今后打算。简报要不要结尾，因内容而定。事情比较单一，篇幅比较短小的，可以不单写结尾，主体部分话说完就结束，干净利落；事情比较复杂，内容较多的，可以写个结尾，对全文作一个小结，以加深读者印象。有些带有连续性的简报，为了引起人们注意事态的发展，可用一句交代性的话语作为结束，如"对事情的发展我们将继续报告""处理结果我们将在下期报告"等。

**（三）报尾**

在简报最后一页下部，用两条平行线与报核隔开，横线下左边写明发送范围，即写明发送单位，在横隔线下右侧标明印刷份数。

【例文】

编号 007

财经简报

第108期 总第200期

××集团公司财会部编 二〇二〇年十二月八日

为总结公司2020年度财务工作经验,同时也为了推进下一年度的各项工作,特编发本期简报。

再展宏图创全国一流

——××集团公司召开财务工作会议

在清产核资工作全面展开、新的《企业会计制度》即将实施、主辅分离逐步开展的形势下,11月16日—18日,集团公司在××楼召开了××集团2020年度财务工作会议,各分公司总会计师、财务科科长、决算人员、审计人员,各指挥部办事处财务主管等130余人参加了会议。

集团公司总会计师××出席会议并作了重要讲话,在讲话中,××从认清新的财务形势、树立新的财务理念、完善成本管理机制、规范资金运作、实施新《企业会计制度》、做好清产核资工作、做好财务预算工作、做好审计工作、加强会计基础工作、加强财会队伍建设等十个方面作出重要指示,为集团公司下一步的财务工作指明了方向。

集团公司副总会计师、财会部部长总结了2020年度集团公司财务工作情况,并对下一年度集团公司的财务工作作出了安排布置,提出了2021年度财务工作九个方面的要点:加强内部资金管理,提高信用意识;加大成本管理工作,探索有效的成本管理途径;严格执行财务预算制度,加大对资本运营中的监控;做好清产核资工作,为全面执行《企业会计制度》奠定基础;执行《企业会计制度》,完善相关的财务配套制度;结合"主辅分离",紧缩经费开支;开展财会信息化建设,促进财会管理水平的提高;继续加强财会队伍的建设,提高公司的财务管理水平;加强财会学会建设,充分发挥财会学会的作用。

此次财务工作会议全面布置了2020年度财务决算编制工作,提出了2021年财务预算的编制要求,明确了清产核资的步骤和方法,解答了汇总纳税及青藏退税的有关问题。为下一步做好财务决算编制工作,提高财务预算的编制水平,加强国有资产的监控管理,合理筹划纳税工作,全面实施《企业会计制度》打下了基础,做好了准备。

报送:××××××

抄送:××××××

共印 份

## 六、写作注意事项

### (一)选材要准

简报不能有事就报,要注意从党的中心工作和单位阶段工作的需要出发,在众多的事件中选取那些最有指引意义或必须引起重视的经验、状况和问题，予以全面的、实事求是的报道。那种捡起芝麻丢掉西瓜，或者只看表象忽视实质，误把芝麻当西瓜的做法，是必须避免的。

**（二）材料要真**

简报的准确、真实，首先强调的是所涉及的内容必须准确，也就是说，简报所选用的材料，包括人名、地点、时间、情节、数字、引语、因果关系等，都必须准确无误。其次，简报强调的准确、真实，还表现在写作上，作者必须忠实于事实，保证反映的是事物的本来面貌，做到不为迎合而弄虚作假，不歪曲写作角度。用事实说话，是简报的主要特征之一，也是我们编写简报应该注意的一个重要问题。

**（三）速度要快**

简报也是一种“报”，它有新闻性。这就要求简报的编写应该求快，对于工作中、会议中出现的新动向、新经验、新问题，编写者要及时地予以捕捉，并用最快的速度予以报道。否则，失去了新闻性、时效性，简报就会降低指导意义，乃至完全失去应有的作用。

**（四）文字要简**

简报的一个“简”字，代表了简报的基本特性。为了体现这一特征，作者在编写简报时要首先注意选材精当，不求面面俱到；其次，要求文字简洁，对事物作概括的反映。一篇简报最好是千把字，至多不超过两千字。篇幅过长、文字过繁的做法，不适宜简报的编写。

**【例文一】**

**既要金杯银杯　更要群众口碑**

——阳高县先进性教育把落脚点放在办实事上

连日来，来自山东等地客商收瓜的车络绎不绝踏着新修建的水泥路来往阳高县鳌石乡设点收购西瓜，全乡2600多亩西瓜仅10天内就销售一空，农民因此增收200多万元，群众高兴地说：“新修的水泥路平展展，卡车拉走了瓜蛋蛋，腰包鼓起了钱串串，这都是政府修建水泥路解决行路难、为民办实事带来的喜人变化。”

既要金杯银杯，更要群众口碑。在保持共产党员先进性教育活动中，阳高县注重从解决群众实际困难和突出问题入手，把落脚点放在为群众办实事上，让群众不断得到实惠，不断看到党员先进性教育的成效。县委把取得实效和致力于建设群众满意工程作为努力的方向。

各乡镇、各部门、各单位按照县委的要求，把解决群众关注的热点难点问题作为出发点和落脚点，把促进各项工作、推动全县经济社会发展作为着力点，坚持边学习、边评议、边改进，深入基层，深入群众，组织开展了“党员示范岗”“党员责任区”“深入基层送服务”等多种形式的主题实践活动。广大党员把先进性教育的成果落实在行动中，体现在工作上，为广大群众办好事、实事。全县13个乡镇把完成300公里水泥路作为为民办实事、改善基础设施、促进经济发展、促进先进性教育的重要举措，自我加压奋力赶超，克服困难，多方筹集资金，目前已完成230公里，占全县300公里的77%。

在先进性教育活动中，该县坚持把改变工作作风、为群众办实事作为重点，实行边议边改，县职业介绍服务中心把解决劳动力转移、实施劳务输出作为增加农民收入的一项重点工作，到目前为止，大同浩海集团、天津海湾食品有限公司、北京东刚物业管理公司等用工单位达成协议，输出劳力6802人。阳高一中、四中在先进性教育活动中，把解决贫困学生上学难作为一项活动内容，共为贫困生减免学费11万元，免除特困生课本费7万元，受到了学生家长欢迎。

**评析**：这是一篇动态简报。该简报抓住了新问题、新气象，符合简报的写作特点。标题采用双标题形式，前一个标题是引题，指出作用和意义，后一个标题是正题，概括主要报道内容，即阳高县先进性教育把落脚点放在办实事上。

简报的正文有导语和正文两部分组成。导语开门见山，一开始就切入基本事实或核心问题，给读者一个明确的印象。用简短的文字，准确地概括报道的内容，说明报道的宗旨，即政府修建水泥路解决行路难问题，为民办实事所带来的喜人变化；正文部分具体介绍阳高县为群众办实事所采取的措施、办法，以及所取得的成效。

该简报不仅抓住了新情况、新气象，反映了值得关注的问题，而且善于用典型材料说话，行文简洁明了。

**【例文二】**

**政协××市六届×次会议简报**

第二十四期

大会秘书处　　　　　　　　　　　　　　　　二〇××年七月八日

今年政府应办几件实事

××委员说：建议市长要有相应的任期目标，要像×××那样一年办几件实事，年终总结，有哪些完成，有哪些没完成，为什么？

改“三公开一监督”为好

××委员说：报告在谈到廉政建设时，提出实行“两公开一监督”，我们认为应改为“三公开一监督”，即再增加公开市、县两级主要领导的经济收入，以便接受人民群众的监督。

不能再走大投入低效益之路

××委员认为：20××年我市社会总产值为180亿元，国民收入为74亿元，而全市的财政收入只有9.15亿元，很明显，经济效益是很低的。而20××年的计划数字，基本上是按比例同步增长，经济效益无明显提高。这是我市多年来生产发展的一个关键性的问题，即大投入、低效益，致使财政拮据，入不敷出。市领导应着眼长远，从当前入手，立足于大力提高经济效益和增强生产后劲（包括政策、体制、发展规划、产业结构、环境整顿、提高管理水平、提高劳动力的素质、提高劳动生产率、大力发展科技、教育等多方面综合治理）。只有这样，才能使我市的经济进入高一层次的发展，形成良性循环。这才是提高经济效益的真正出路。

**评析**：这是一篇会议简报。简报的报头部分有简报名称、期号、编印单位、印发日期。

正文部分包括三个小部分，分别由标题和正文内容组成。标题是对简报中心内容的概括，正文是对会议情况的详尽反映，其中有提出问题和对问题的分析，也有对工作措施的说明，内容翔实，表述清晰有条理。

因为是会议简报，是在会议期间发的，所以不用报送发给单位和个人。

**【知识链接】**

## 简报的学问

明基中国营销总部总经理　曾文祺

每隔三个月，我会抽一段时间，跑跑全国分公司，听新人们做简报，对他们作教导面谈。准备简报，对新人们来说是一件大事，对分公司主管而言也是一件大事。公司把新人的培养当作考核分公司的重要指标，对主管的绩效影响很大，如果新人的简报做不好，代表着分公司的失职，压力很大。主管们铆足了劲，辅导新人做简报，要求简报内容要好，逻辑要清晰，工作的回顾与前瞻要符合“计划—实施—检查—改善”的学习循环，还要与其他分公司作比较，从竞赛中学习。

新人们刚入社会，刚进公司，什么都不懂，而现在谈起事情头头是道，指导工作有章有法，训起人来也一针见血。一次又一次的简报，代表着一次又一次的总结，体现了集体的智慧。新人们就像在一个阳光充分、雨水充沛、不断有人施肥剪草的园子里成长，自然长得又快又壮，有血有肉。

这是新人第一份简报，也是第一份教材。这一份简报是市场管理，谈的是规划与管理，下一个简报或许是商品管理，谈的是商品规划与供应链改善；或许是行销管理，谈的是行销预算与市场推广。在他们的生活规划当中，伴随着成长，必须完成一份又一份的简报，经过一个又一个的关卡。

一份份精彩的简报，像是一个个台阶，留下进步的痕迹；又像是一个个勋章，代表着从小兵到大将的赫赫战功。经济的舞台上，知识工作者充满心血的简报，需要资深人员的指导，才能整理出做事的条理。三个月一次的简报，三个月一次的整理，三个月一次的全国大比武，对新人的提升有很大的帮助。简报不仅是一次具有广度与深度的学习，同时也是一次教导式学习。现在可以向主管作精彩的报告，未来就能向部下作出色的教导。

学习、教导与领导是同义词，领导一定要先教导，教导一定能学习；学习的时候心存教导，学得一定够深、够透；领导的时候心存教导，领导一定能服人、服众。新人成为未来的领导，关键不仅在于培养学习能力，更重要的是要培养教导能力。做完合格的简报之后，新人们带着精心制作的简报内容、刚刚学会的工作方法和持续改善的能力，以及竞赛中学习的态度，前去教导经销商、教导市场督导，进而成为他们的领导，大家同心协力，把市场做好。

## 实践应用能力训练

**一、填空题**

1. 对人物、画面、展品或旅游景观进行讲解、说明、介绍的一种应用性文体称为________________。

2. ________________是主办单位向公众报道举行文化、娱乐、体育等活动的一种事务文书，是向公众报道或介绍有关电影、戏曲、杂技、体育、学术报告会等消息时所使用的一种招贴性应用文。

3. ________________即情况的简要报道，是国家机关、社会团体及企事业单位内部用来通报情况、交流信息的一种简短的文字材料。

4. 解说词按照其语言特点，可以分为________________，________________，________________三种。

5. 根据使用情况，简报一般有以下几种________________、________________、________________、________________。

6. 海报具有________________、________________和________________的特点。

**二、思考题**

1. 简要说明解说词的基本结构和写法。

2. 简要分析导游词的写作要求。

3. 简述海报的格式和写法。

**三、改错题**

1. 下面是一位年轻导游为台湾地区某中学生旅行团所作的解说词，表述有不妥之处，请推敲一下，提出修改意见。

(1)先生们，女士们：欢迎大家第一次来中山陵游览！(2)今天我为大家导游，感到很荣幸。(3)中山陵是孙中山先生长眠之处。(4)也是海峡两岸同胞心中的圣地。(5)苍松翠柏环抱着它，(6)霞光丽日辉映着它，(7)青山绿水依傍着它。(8)去年连战先生曾来这里拜谒，(9)表达了对中山先生的缅怀敬仰之情。(10)现在，让我们怀着崇敬的心情，登上台阶，故地重游，(11)瞻仰中山先生的陵寝，(12)重温先生的教诲吧！

2. 讨论以下这些句子是否通顺、妥当？这些导游词错在哪里？

(1)在豫园小商品集市中，映入眼帘的是各式各样的摊主所摆放的商品和小玩意。

(2)作为导游的我都愿意游客获得满意。

(3)在抗日战争爆发之际,只有中国共产党才能担负拯救民族危亡的命运。

(4)当游客抱怨时,我想起了老导游员×××,他招待游客很热心。

(5)无产阶级革命家陈毅同志,在他革命的一生中,对上海对上海人民贡献,他的精神永垂不朽。

**四、案例分析**

分析下面这段解说词语言的特征。

**鼓浪屿钢琴博物馆解说词**

你们好!欢迎大家参观鼓浪屿钢琴博物馆,它是目前国内唯一一家专门展示世界各国名古钢琴的专业博物馆,共分2个展馆,馆内所有的钢琴都是照片上这位胡友义先生捐赠的。他1936年出生在鼓浪屿,现定居澳大利亚。胡先生曾经说过:"不论在世界任何地方,鼓浪屿都是我永远的故乡,我把我毕生收藏的钢琴放在这里展览,是我将自己最珍爱的东西搬回了家!"朴素的话语里透出胡先生对故乡深深的眷恋之情!胡先生从小学习音乐,曾留学于比利时皇家音乐学院。

我们馆内的这些古钢琴都有一二百年的历史了,首先我给大家介绍这架"舒维登",它于19世纪中期产于德国柏林。琴的上面有两盏煤油灯,因为当时没有电,所以钢琴的照明一般都是用油灯或蜡烛。整架钢琴的外壳都是用上等桃花芯木制成的,上面的花纹都是天然的木纹。桃花芯木是世界动植物保护协会明令禁止砍伐的十大物种之一,它防虫蛀、硬度高、柔韧性强,年代越久颜色和光泽度越好。早期钢琴的黑白琴键分别是用乌木和象牙制成,这架钢琴也不例外,用这种材料制成的琴键可以吸汗,弹琴人的手如果流汗了还可以起到防滑的作用。早期的钢琴只有贵族家庭才能够拥有,它也作为家庭中最重要的摆设品,是身份的象征。

……

近80架百年古琴安家在这依山傍海、风景如画的江南园林式花园内。在左边,有千年巨石和百年古榕的掩映,前方是浪花四溅、涛声回响的大海和沙滩,自然和音乐在这里得到了最和谐的统一。

**五、写作实训**

要求:按照文种的正确格式,进行下列写作。

1. 为你熟悉而又喜欢的一个自然景点拟写解说词。
2. 自选一种类型的景点,收集创作素材,在教师规定的时间内进行导游词创作比赛。
3. 为你喜欢的电影写一份海报。
4. 写一份关于"青春诗会"的活动海报。
5. 书写一份简报,内容自定。

**六、情景实训**

**情景实训(一)**

从事旅游业的人员应掌握撰写解说词的方法。

1. 实训目标:通过本实训掌握旅游文书中的解说词的写法。

2. 实训背景:

来自河南郑州的一个旅游团将于6月15日到达××,按行程安排,他们将于当日游玩参观××的旅游景点之一——××同安影视城。小刘将负责此旅游团的带队工作,他要将××同安影视城,这个国家AAAA级景区的概况介绍给游客。

3. 实训内容:书写一篇关于××同安影视城的解说词,并试着向大家解说。

4. 实训要求

(1)本实训需模拟一个解说现场,可选择在配备多媒体的教室进行。

(2)实训分小组进行,可以5人一组,其中1人扮演解说员小刘,4人扮演游客。每人都要轮演解说员和游客,游客也可就相关问题对解说员进行提问。

(3)每个同学在演练过程中一定要严肃认真,言行符合礼仪规范。

(4)每个同学最好都能按照实训内容设计演练的脚本(包括情节和台词,并给本小组成员分派角色)。

**情景实训(二)**

掌握书写、制作主题海报的格式和方法。

1. 实训目标:通过本实训掌握书写、制作主题海报的格式和方法。

2. 实训背景

××学院校园文化艺术节即将拉开帷幕,学校将此次艺术节的主题定为"奥运在我心中"。各系学生将结合自己的专业特点,创作体现自己专业特色的作品来参与这次艺术节。基础部与艺术系的同学将合作制作一组海报,来宣传奥运精神,展现中国2020年奥运的风采。

3. 实训内容:按照正确的书写格式,并结合独特的艺术构思,创作富有特色的海报。

4. 实训要求

(1)本实训可选择在美术系的画室进行,画室里必备的学习用品将便于学生的创作。

(2)实训分小组进行,可以4人一组,其中2人负责海报内容的书写,2人做艺术处理工作。

(3)每个同学在演练过程中一定要严肃认真,创作内容紧扣艺术节的主题。

(4)各组创作完毕之后,可以先进行自评,然后各组之间进行互评。

# 第七章　科技类文书写作

**学习提示：**

本章要了解科技文的分类；掌握毕业设计（论文）写作的过程和写作的基本格式与要求；掌握学术论文写作的基本格式与要求；特别要掌握采用标准著录规则的方法摘录文献资料。

科技类文书的写作是由科技知识的自身特性决定的，它反映一定时期的科学技术内容，并以说明和议论为主要表达方式，还具有创新性内容。

科技类文书具有鲜明的科学性、客观性、实用性、规范性和创造性。它是以严谨、求实作为根本，并以创造性作为主要性质特征的文书。人类社会对大自然的探索从未间断，所以从古至今给我们留下了浩如烟海的科技论著，这笔丰富的遗产是社会进步发展的印迹，是激励科技工作后来者的强大动力。

例如，在我国周朝《尚书·禹贡》中记载了我国的山川形势、交通物产，就属于地理著作，还有春秋战国时期的《考工记》《黄帝内经》，秦汉时期的《九章算术》《伤寒杂病论》，魏晋南北朝时期的《齐民要术》，宋代的《梦溪笔谈》，元代的《农桑辑要》，明代的《本草纲目》《天工开物》等，众多的论著均记录下我国古代各行各业的科学技术发展状况。

同样，我国现代很多著名科学家的论著对现代科技的发展作出了重要贡献，如，侯德榜的《制碱》被称为世界各国制碱工艺的准则；华罗庚《关于塔内问题》的论文被国际数学界誉为“华氏定理”；《统筹方法平话》《优选法》将运筹学的数学方法运用在生产领域，取得了优质、高产低耗的效果；李四光的《冰期之庐山》《新华夏之起源》《中国地质学》等为合理利用地下水、开展地质勘探、开发石油资源，提供了可靠的科学依据。

在国外，从古希腊到现代西方，有亚里士多德的《物理学》《工具篇》，欧几里得的《几何原本》，阿基米德的《论浮体》，哥白尼的《天体运行论》，维萨里的《人体构造论》，伽利略的《星宿的使命》《运动法则》，开普勒的《新天文学》，笛卡尔的《方法论》，牛顿的《光和颜色的新理论》《自然哲学的数学原理》，达尔文的《物种起源》，道尔顿的《原子论》《分子论》，门捷列夫的《化学原理》，爱因斯坦的《论运动物理的电动力学》《广义相对论》等。20世纪诞生的控制论、信息论和系统论的主要著作有维纳的《控制论或关于动物和机器中控制与通信的科学》、申农的《通讯数学》、贝塔朗菲的《理论生物学》和《现代发展理论》等。21世纪，现代传媒技术的迅猛发展，世界范围内的科技论文和论著陡然剧增、不胜枚举。

# 第一节　概述

科技类文书是科技工作者在日常科技事务和科研活动中交流科技信息、处理日常事务、解决具体问题时经常使用的，具有一定规范格式和特定读者对象的文章。科技类文书产生于科学技术的具体实践，是随着科学技术的发展，为适应交流科技信息、处理科技事务的需要而产生发展起来的。

## 一、科技类文书的分类

当代，随着科学技术的飞速发展，科技类文书的种类不断增加，应用范围逐步扩大，使用频率也越来越高，对科技文书的研究也自然呈现了多样的特点。

科技类文书众多，可以运用不同的分类标准对科技文书进行分类。本书从科技类文书的内容进行划分，其目的是便于学习与掌握这类文书写作。

科技论文类：包括科学技术专著、报刊自然科学论文、毕业论文、学位论文等。

科技报告类：包括科技实验报告、科技考察报告、科学研究报告、技术研究报告、科技综合报告等。

科技情报类：包括题录、文摘、综述、述评、动态、手册、年鉴等。

科技事物类：包括合同协议、专利申请、设计指导、鉴定纪要、成果总结、鉴定推广等。

## 二、科技类文书的特点

1. 创新性

创新性，也称为创造性、新颖性和独特性，所谓创新性，是指科研文书的选题或所论述的内容、所得出的结论必须是前人没有解决或没有完全解决的问题。

2. 科学性

所谓科学性，是指文章内容真实可信，能经得起重复和实践的检验，具体表现为正确、客观、有意义。正确是指结论经得起实践的检验，能揭示客观真理；客观就是文章内容真实可信，忠于事实；有意义指的是科研文书的结论带有普遍性，能够指导人们的社会实践，有助于人们认识自然规律。

3. 理论性

科研文书的理论性也就是指它的学术性，是指对所从事的科学研究活动，从理论上加以专门而系统的总结，对科研文书所提出的观点、见解和构想，通过严密的分析、论证和逻辑的推理，上升到理论的高度，在理论上有所建树、有所发展。

4. 规范性

规范性是指科研文书的写作必须遵循有关形式、规格的要求，科研文书的规范化主要是指形式和规格上要按照国家制定的统一编排标准来表达。

## 三、科技类文书写作的基本规范

依照《中华人民共和国国家标准科学技术报告、学位论文和学术论文的编写格式》要求，科研文书的写作由以下几部分组成：

1. 前置部分

前置部分包括封面、题名页、序和前言、摘要、关键词、插图和附表清单、符号、标志、单位、术语等。

2. 主体部分

主体部分包括引言、正文（一般包括实验和理论分析、结果和讨论）以及相应的图和表、结论、致谢、参考文献等。

3. 结尾部分

结尾部分包括可供参考的文献、索引、封底等。

# 第二节　毕业设计（论文）写作

毕业设计（论文）是指高等院校的学生在毕业时所撰写的带有专业学习的总结性文件。也可以说，它是一种具有一定学术性、难度适中的综合性答卷。

## 一、毕业论文

我国学位制度规定，大学生毕业可申请学士学位，因此毕业论文往往同时就是“学士学位论文”。学生在教师指导下选题，独立地阅读文献、收集资料、编写提纲，进行科学研究，并最终以论文的形式来反映所取得的研究成果。它要求表明该同学在某一学科领域中已经掌握了基本的知识和理论，并具备了一定的独立研究能力。这类论文在内容上不但要强调有较强的科学性，而且注重独创性，要求能反映出该同学在某一科学领域中今后的潜在研究能力和发展趋向。但毕业论文在科学性和创见性上的要求，不像其他学术论文那样高。它的独创性要弱于硕士、博士论文。其篇幅大致在 1 万字。写作毕业论文，应注重选择与专业课内容相关的题目，其难易大小要适合自己的实际能力；要在导师的指导下进行科学研究和论文写作；论述要有条理、有逻辑性；装订要科学化、规范化。

## 二、毕业设计(论文)的写作

### (一)选题

毕业设计(论文)的选题基本由指导教师提供,也可以根据学生对专业的兴趣进行选择。在毕业设计(论文)选题中“真题真做”是指教师提供在科研、生产中需要解决的实际问题让学生作为毕业设计(论文)的选题;“假题真做”是指虚拟一个专业范围的课题,或者是已经存在的设计项目作为学生的毕业设计(论文)内容。

### (二)开题报告

开题报告是指开题者对科研课题的一种文字说明材料。由选题者把自己所选的课题的概况(即“开题报告内容”),向有关专家、学者、科技人员进行陈述,然后由他们对科研课题进行评议,再由科研管理部门综合评议的意见,确定是否批准这一选题。毕业设计(论文)的开题报告由相关的系、院组织有关专业和专业教师对选题进行评议,并作为毕业论文答辩委员会对学生答辩资格审查的依据材料之一。

毕业设计(论文)开题报告的主要内容包括以下几个方面:

(1)题目。

(2)选题的依据及课题的意义。

(3)研究概况及发展趋势综述。

(4)研究内容及实验方法。

(5)目标、主要特色及工作进度。

(6)主要参考文献。

### (三)毕业设计(论文)写作基本格式

毕业设计(论文)一般由封面、任务书、摘要、目录、引言(绪论)、正文、结论、致谢、参考文献、附录构成(各高等院校均有具体规定)。

1. 封面

封面内容包括题目名称、学生所在专业、导师与学生本人签字。

题目名称要选用最恰当、简明的词语组成,应能反映毕业设计(论文)中重要的特定内容,使人看后能大致了解文章的确切内容和专业范畴,题目名称所用词语必须考虑有助于选定关键词和可提供检索的特定信息。

题目名称不得超过20个字,要简练、准确,可分两行书写。

2. 任务书

任务书由导师填写,装订于摘要之前。

任务书主要包括以下内容:

(1)毕业设计(论文)题目。

(2)毕业设计(论文)使用的原始资料(数据)及设计技术要求。

(3)毕业设计(论文)工作内容及完成时间。

(4)主要参考资料。

**3. 摘要(中文在前,英文在后)和关键词**

(1)摘要

摘要是毕业设计(论文)内容的简要陈述,应具有独立性与自含性,即不阅读设计(论文)的全文就能获得必要的信息,一般应重点说明设计或研究工作的目的、设计或实验方法、结果和最终结论。中文摘要一般不得超过300字。

(2)关键词

关键词是从毕业设计(论文)中选出的用以表示全文主题内容的单词或术语。不得自造关键词,关键词一般为4~8个。

**4. 目录**

目录按三级标题编写,要求层次清楚,且要与正文标题一致。目录中列出的还包括引言、主要符号表、论文后的附录、致谢、参考文献等。

**5. 插图和附表清单**

毕业设计(论文)中如图、表较多,可以分别列出清单置于目录页之后。图、表的清单应有序号、图名或表名、页码。

**6. 主要符号表(根据具体情况可省略)**

若论文正文中公式较多,且所用符号不是国际上通用的标准符号,可列出主要符号表。

**7. 引言(绪论)**

引言是全篇文章的开场白,应简要说明选题的缘由,设计与研究工作的目的、范围,相关领域以及前人的工作和知识空白,理论基础的分析,研究方法,实验方法,预期结果和意义。所用词语应言简意赅,不要与摘要雷同,不要成为摘要的注释。

引言(绪论)也可作为正文的一章。

**8. 正文**

正文是毕业设计(论文)的核心部分,占全文较多的篇幅,内容包括研究工作的基本前提、模型的建立、实验方案的拟定、基本概念和理论基础、设计计算方法、设计计算的过程、实验与测试方法以及实验结果分析、理论论证、结果和意义的阐明等。

正文的撰写中应注意以下问题:

(1)要求实事求是、客观真切,用语要简练、通顺,层次清楚,重点突出。

(2)章、条、款的序号与标题的要求

章号用汉字,如:第三章;条与款的序号用阿拉伯数字,如:第三章第二条为“3.2”;第三章第二条第四款为“3.2.4”。章号和标题要居中书写，条、款及标题顶格书写，题目层次不宜太多。不论几级标题都不能单独置于页面的最后一行。标题不宜太长，一般不超过15字。

(3)图、表及序号

毕业设计(论文)中的图一般分为线条图和照片图，线条图又可分为工程图、坐标图、框图和电气线路图。工程图和电气线路图的绘制均应符合相应的标准。照片图要采用黑白或彩色，不得采用复印方式；原版照片要采用大光相纸，不宜用布纹相纸；金相显微组织照片必须注明放大倍数。坐标图的坐标轴名必须能清楚而简洁地把图的含义表达清楚，所用单位必须符合法定计量单位。文中的选图要精练，适于文字说明的，就不要用图。所有线条图均应精心设计与绘制，不得徒手勾画。文中表的格式应采用三线表。

图和表一律通栏摆放，两侧不能有文字。图名和表名均应居中放置，且打印字号可比正文小一号。图、表的序号分章编写，序号由两部分组成，前面为章号，后面为该图或表在该章中的顺序号，章号与顺序号之间加一黑点。

(4)公式的格式与序号

公式和算式按长度分为短式和长式，占一行的式子称为短式，需要转行的式子称为长式。短式要居中书写，长式转行应首先考虑在“=”处转行，其次考虑在“+、-、×、÷”等符号处转行。转行后最好采取等号对齐方式。

公式统一用英文斜体书写，公式中的上标、下标、顶标书写时，必须层次清楚，特别是角标层次多时，更应注意此问题。若公式前有“解”“证”“假设”等文字时，文字顶格写，公式仍居中。

公式序号的编写与图、表相同，但要加圆括号。短式的序号与式子同处一行，右顶格，转行的长式序号写在最后一行，右顶格。不是所有的式子都要编序号，只有那些在以后的叙述中，运算和推演中涉及的式子才编序号。

(5)公式中符号的注释

若式中有一些符号是在全文中第一次出现，则应对这些符号作注释。

引用文献号用方括号“[ ]”括起来置于引角词的右上角，若打字用五号上标排版。

9. 结论(或结束语)

结论是对整个研究工作进行归纳和综合得出的总结，包括所得结果与已有结果的比较、课题研究中尚存在的问题、进一步开展研究的见解与建议。它集中反映作者的研究成果，表达作者对所研究课题的见解与主张，是全文的思想精髓，是文章价值的体现。通常结论要写得概括，篇幅要短，撰写时应注意以下几点：

(1)结论要简单、明确，措辞要严密。

(2)结论反映本人的研究结果要实事求是，切忌言过其实。

结论作为单独一章排列，但总标题前面不加“第×章”字样。结论一般不超过两页。

10. 致谢

致谢是对导师和给予指导或协助完成设计与研究工作的组织和个人表示的谢意。这不仅是礼貌,也是对他人劳动的尊重,是治学者应有的思想作风。致谢所用文字要简洁,切勿用浮夸和庸俗之词。

11. 参考文献

参考文献是毕业设计(论文)不可缺少的组成部分,它反映作者工作中参考信息的广博程度和可靠程度。完整的参考文献是向读者提供的一份有价值的信息资料。参考文献必须是学生本人真正阅读过的,以近期发表的文献为主,应与课题直接有关。文献按照在正文中的出现顺序排列。参考文献的条目数应尽可能少而精,非正式发表的文献一般不得引用(硕士、博士论文可引用)。商品说明书、各类标准、专利及未公开发表的研究报告不能作为参考文献;同一书籍只能在参考文献中列用一次。

12. 附录(视具体情况可选)

根据需要可在论文中编排附录,附录序号用"附录 A""附录 B"等字样表示。

【**例文**】目录的书写格式

**目　录**

**【知识链接】**

## 撰写科技论文的四个要素

一、创新性

在科学与技术的发展处于转折、发现和革命的时期，像20世纪之初量子论诞生那种充满重大发现的年代；像40年代末至50年代初发明晶体管的年代，像50年代发现DNA双螺旋结构从而开创分子生物学的激动人心的时期，创新是一种科学发现，它必将开创一个新的学科领域，对人类的认识在哲学的高度上产生深远的影响，对于这些科学革命时期的创新，学术界很容易理解和体会它的含义，这不属于本文论述的重点；本文所关心的是处于科学技术平稳的发展时期，由一般科技人员撰写的论文，它的创新性究竟是指什么，请先看一下《Nature》与《Science》的说明。

《Nature》认为创新是科研成果新颖，引人注意（出人意料或令人吃惊），而且该项研究看来在该领域之外具有广泛的意义，无论是报道一项突出的发现，还是某一重要问题的实质性进展的第一手报告，均应使其他领域的科学家感兴趣。《Science》则认为，创新是指对自然或理论提出新见解，而不是对已有研究结论的再次论证，内容激动人心并富有启发性，具有广泛的科学兴趣。具体而言，就是说在已沉寂的研究领域提出创新思想，在十分活跃的研究领域取得重大进展或者是将原先彼此分离的研究领域融合在一起。

读者不难看出，上述要求并不是容易达到的，即使是在这两种刊物上已发表的论文，也并不是都能达到这个要求，如果有10%的论文能达到这个要求也就相当不错了，显然这种要求是办刊人员的奋斗目标和期刊的最高标准。为了比较，再来看一看《科学通报》《中国科学》和《自然科学进展》这三种全国性综合期刊对创新性的要求，它们的要求是相同的，即在基础研究和应用研究方面具有创造性的、高水平和有重要意义的最新研究成果。读者可能已注意到这里对创新性的要求与《Nature》《Science》的要求不同之处在于没有特别强调论文的内容应能引起科技界广泛的兴趣，用现在流行的话来说，就是大家广泛关注的热点问题。作为国际科学期刊，《Nature》与《Science》强调这一点是应当的，也是可以实现的，他们可以从众多的来稿中筛选出符合这一要求的论文；而国内期刊需要根据本国科研的实际需要和整个背景情况来慎重地对待这个要求。其实，随着国家科学基金个人申请项目的逐年增多，申请人就可以既根据个人的专长，又根据当前国内外自己所熟悉的科学前沿进展确立科研选题，那么假以时日，这个要求也就不难达到了。但是，需要特别指出的是，像《Nature》与《Science》这样著名的国际科学周刊，在全世界也只此两家，我们没有可能，也没有必要完全照搬那些不符合国情的东西。

笔者认为，一篇论文或一项研究课题规模不一定很大，但研究一定要深入，结果一定要深刻，要能反映研究者独到的见解。这样的论文列入高水平论文想必不会有疑问了。

二、可读性

一篇科学论文的可读性是至关重要的，应当引起作者的高度重视。可读性是由如下因素决定的：

1. 研究工作是否取得了实质性进展，所得结论是否可靠，结果是否深刻和有启发性；如果是阶段性成果，它对后续的研究有什么指导意义，是否是重要发现的前奏。

如果研究工作没有获得阶段性或最终的结果，就不应动手写论文，靠一个平淡的研究工作无论如何是写不出一篇好文章来的，因而也不可能是一篇具有可读性的文章。

2. 作者要对论文进行完整的构思，体现严密的逻辑思维，一项研究课题经过长期努力工作而得到结果时，就应当像艺术家构思一幅作品那样，一丝不苟。精雕细刻，对论文的论述方式、内容的取材、学术思想的解释、研究背景的介绍等需要反复推敲，仔细斟酌，以期做到论文结论严谨，内容充实，论述完整，逻辑性强。如果做不到这一点，那么论文就很难引起读者的阅读兴趣了。

3. 在论述方式上，要做到深入浅出，表达清楚、简练。专业术语准确，前后一致，语言要规范、生动。

4. 文字与插图恰当地配合。国内相当多的论文在利用图、表来生动地阐述学术内容方向还显不足,随着计算机三维可视化方法的普及,论文中采用彩图、立体图的趋势将会增加,这可以避免过多的文字说明,而且效果也比较好。

5. 论文的体例格式。虽然每一期刊都制定了能反映他们自己的风格和特点的体例要求,但大体上,学术期刊有一个共同的体例要求,读者对此并不陌生,不过真正认真照着去做的却不多,作者可能很少思考这样一个问题:学术期刊为什么要提出体例要求?须知这不是可以随意对待的事。体例不仅保证了论文形式上的规范,也保证了内容上的可读性,恰恰就是这一点被许多作者所忽视了,其中,论文的标题、摘要和关键词这三者基本上决定了论文能否被期刊所采纳和能否引起读者的兴趣。进入《科学文献索引》的优秀期刊《Chinese Physics Letters》(《中国物理快报》)一再申明:本刊特别注重文章的标题、摘要的编写。目的在于提高文章的引用率。标题应该清晰地描述文章的内容,又能反映与其他文献的区别。关于摘要,首先要求是对文章的主题及其所属的领域和研究对象给予简短的叙述,更重要、更严格的要求是对文章的理论或实验结果、结论以及其他一些有意义的观点给出清晰、明确、较具体的简要的叙述。可见这三者对一篇论文是能产生画龙点睛的效果的。国内有些论文的一个通病是喜欢包罗万象、大而空的标题,接着又是言过其实、空洞无物的摘要。例如说一次观测就得出一个变化规律,一个算法就解决了一个NP问题,等等,罗列的关键词不能反映论文的中心议题,也不便于检索,这样就使得读者没有兴趣再读下去了。出现这样的结果,何谈论文的可读性?

请看一下《Nature》在投稿指南第二条中对可读性是如何解释的:来稿应写得清楚、简练,以便让其他领域的读者和母语为非英语的读者能够读懂。基本的但又属于专业的术语应作简明解释,但不要是说教式的。在投稿之前请从事其他学科研究的同事对最终文稿在清楚易懂方面提供意见往往很有用。《Nature》杂志的编辑常常建议修改并重写论文的摘要和正文的第一段(即引言),并保证文章和图片对非该领域的读者明确,能读懂。这再清楚不过地说明了论文的可读性是何等重要,《Nature》杂志一再申明,论文是否利用最终决定权属于编辑部,凡不符合他们要求的稿件,无须深入阅读即行退稿。道理很简单,在大量来稿的情形下,编辑不可能花太多的精力和时间去处理一篇可读性很差的稿件。

谈到可读性,使笔者回想起在数学界流传很广的一件往事。在20世纪之初,Hilbert由于提出23个数学问题而名声大振,有人问他何谓23个好的数学问题,Hilbert毫不犹豫地回答:清晨与你漫步时,能向你遇到的第一位行人用10分钟时间解释清楚的数学问题。可见简明、清楚、易懂是一篇论文必须具备的基本条件。

当然,《Nature》与《Science》不是专业杂志,他们特别重视论文可读性是可以理解的,那么,专业期刊是否就不必这样认真对待可读性问题呢?事实上,可读性是指读者在读过你的文章之后,能够明了你要说的什么问题,是怎样着手解决的,并不需要读者非得全面理解你的论文的全部内容,因此,专业期刊同样要求论文具有可读性。如果一篇论文由于可读性差而失去很多读者，对于期刊本身而言，负面影响将是严重的。

三、信息量

信息量是源于通信领域而逐渐普及成为大众与媒体频繁使用的一个词，将它与一篇科技论文联系起来，是指在篇幅有限的情况下，论文本身能向读者提供多少有关该论题的信息。笔者在《Chinese Physics Letters》的投稿规范上看到，它是指要尽可能多地给出有关研究的信息，尽可能少地运用 investigate（调查）、study（研究）、discuss（讨论）等词，并举例作了进一步解释，如 The cross section is（6.25 ± 0.02）就比 The cross section is measured 包含更多的信息量。通俗地讲，读之前或许不知道，或者模糊不清或不确切的知识在读过该文之后不仅获得新知识，还消除了模糊不清或不确切之处，就说明这篇文章包含较多的信息量。简言之，当你读完一篇文章后获得的新知识越多，说明它的信息量就越大。显然，“多点测量”的信息量要比“6 点测量”少得多，前者给出的是模糊的、不确切的信息，而后者则是清楚的、确切的信息。

现在，国内外一些著名期刊对论文的篇幅作了严格限制，这样做的意义何许呢？显然新的学术思想，新的实验，新的发现……创新结果是决定论文信息量的关键，但是不可否认，篇幅的严格限制会促使作者想方设法删除那些与文章主题关系不大的或次要的内容。作者面对篇幅的限制，不得不一次又一次地重新构思论文的框架，选择最重要的素材，采纳最恰当的表述方式并对文字的叙述仔细推敲。这样做的结果，一般来说论文的内容充实了，信息量上增加了，主题鲜明了，论文的质量也相应地提高了。

著名的国际学术期刊《Physical Review Letter》的编辑首先对来稿从标题、图表、数学公式直到参考文献逐一计算所占的行数，总行数绝对不能超过 460 行，否则即退回作者重新修改，精练内容到符合要求为止。

篇幅虽少但内容不充实，论文包含的信息量太少则很难被编辑、审稿人认为是篇好文章，退稿是预料之中的事。

从上可知，限制论文篇幅隐含着对信息量的要求，只要作者认真对待，反复修改，精练自己的叙述方式，就能够改善论文的质量，尤其是增加信息量。

在这方面值得大家借鉴的是，Watson 与 Crick 发现 DNA 双螺旋结构的论文发表在《Nature》上，只有约 500 字和一幅 DNA 的双螺旋图，就是 Penzias 和 Wilsoh 发现宇宙大爆炸的 3K 背景辐射的技术观测论文也只有一页篇幅，而这两篇论文则使作者分别获得了诺贝尔生物医学奖与物理学奖。

四、署名与致谢

科技论文的署名是一件极其严肃的事，应按研究工作实际贡献的大小确定署名，论文中的每一位作者均应对其论点、数据和实验结果，其中责任作者还应当对读者的质疑有答辩的能力与义务。不恰当的署名既可能失去获得科学奖励的机会，又可能严重损害论文与作者的声誉。诺贝尔生理学或医学奖得主 Baltimore 于 1986 年在他本人并不熟悉的、不知道有伪造实验数据的论文上署名，造成了恶劣影响，受到科学界严厉的谴责，论文被撤回，他本人引咎辞职。因此，优秀科技论文的署名反映了作者的科学道德，应经得起时间的考验。

一篇科技论文所涉及的研究工作在很多情况下是由一个研究小组完成的，至少包含了课题组的贡献，也包含了作者与同事、同行的学术交流与讨论，甚至向其他专家学者当面的或书面的请教，也包括经费的支持和工作条件的保障，等等。在这种情况下，作者通过论文向对自己的学术思想、研究进展提供过帮助的主要人员致谢是完全应当的，特别是在学术上。科学问题方面对自己的研究提供过帮助或得到过启发的人员，一定要向他们致谢。

在第二次世界大战结束后，科学界出现了一次极不公平的诺贝尔奖事件，当时著名的女物理学家莱丝·梅特娜（Lise Meitner）对核裂变作出了重大贡献，由于出身犹太民族受到迫害离开德国后，她曾通过大量书信促进（实际上也指导了）奥托·哈恩（Otto Hahm）进行实验工作，遗憾的是哈恩为了独得诺贝尔奖，未能向评委会提供这些内情，既未在论文中署上梅特娜的名字，也未向她致谢，将梅特娜排斥于诺贝尔奖之外，在科学界产生了极大的震动，哈恩的品行将永远受到谴责。

论文的作者千万不要轻视致谢这件事，把它看成可有可无的事，自己论文公开发表后，就用书面形式记载了你的科研成果，同时也记下了你的科研道德，像哈恩那样的事，还是不出现为好。

以上四个要素，是一篇优秀科技论文必须具备的，至少是应当努力去实现的目标。编辑、审稿人实际上是与作者一起为实现这一目标在不懈地工作着，关键当然还是作者自己。

## 第三节　学术论文写作

### 一、学术论文的定义

国家标准化管理委员会在《科学技术报告、学位论文和学术论文的编写格式》中指出："学术论文是某一学术课题在实验性、理论性或观测性上具有新的科学研究成果或创新见解和知识的科学记录；或是某种已知原理应用于实际中取得新进展的科学总结，用以提供学术会议上宣读、交流或讨论；或在学术刊物上发表；或作其他用途的书面文件。"

简而言之，学术论文也称"论文""科学论文"，是在各种科学领域内专门探讨学术问题、反映研究成果的一种应用文体。它既是进行科学研究的一种手段，又是描述科研成果的一种工具。

## 二、学术论文的特点

学术论文的特点可以概括为“四性”，即科学性、创造性、专业性和理论性。

### （一）科学性

学术研究的任务是本着科学的态度，运用科学的原理和方法揭示事物发展的客观规律，探求客观真理，从而推动文化科学技术进步与发展。因此，学术论文的立论必须从实际出发，符合事物发展的客观规律；论据要真实可靠、典型充分，反映事物的本质特征；论证要简明准确，揭示和分析论点和论据之间的必然联系。这样的学术论文才能得出科学的结论。

学术论文的内容必须是客观存在的事实，是国际公认的真理，它应该是成熟的理论或技术，经得起实践的检验，并且应具有当代科学技术的先进水平，在技术上行得通，不脱离实际。在论文的表述上，则体现为：语言使用的确切，包括定性和定量的准确；内容充分、清楚明白，不能模棱两可、含糊不清，不能一语双关、意义不确定；要全面表述，既要注意主要倾向，又不掩盖另一倾向，防止以偏概全。

### （二）创造性

论文要反映出作者对客观事物研究的独到理解和观点，它应该显示出新理论、新设想、新方法、新定理，甚至能够填补某个领域的空白。它可以用几句话简明、清晰地表述出来。当然，论证这个基本的思想，可能需要非常丰富的材料以及复杂的推理。但这种创造性是就全人类总的知识而言的，是在世界范围内来衡量的，而不能局限于某一狭窄的范围。有没有创造性，这是决定论文价值的一个根本标准。

### （三）专业性

学术论文是对某一学科领域的学术问题的专题探讨，其内容具有很强的专业性。论文的论据离不开本学科范围的客观事实和公理、原理、原则、定律等，论文的语言表述，也常常使用专门的科学术语。许多论文，对于不具备该学科专业知识的人来说，是难以读懂的。这是学术论文与一般议论文的一个很大的区别。

### （四）理论性

学术论文不同于科研总结或实验报告之类的文章，与普通议论文也有区别。它要求通过严密的论证和科学的分析来说明问题，要上升到理论的高度认识问题，揭示事物发展的客观规律和本质。因此，对一些学科来说，有了科研成果，并不等于有了学术论文。学术论文的写作，需要有一个再创造的过程。

## 三、学术论文的性质与分类

学术论文一般可包括科学专著、专论、科学实验报告、学术报告、研究札记，以及大学中的学年论文、毕业论文、学位论文（学士论文、硕士论文、博士论文）等。本节从便于学习和掌握其写作特点的角度，从写作类别与内容性质上分类阐述。

### （一）从写作角度分类

1. 科技学术报告

科技学术报告是描述一项科学技术研究的成果，或进展或一项技术研制试验和评价的结果，或是论述某项科学技术问题的现状和发展的文件。

科学技术报告是为了呈送科学技术工作主管机构或科学基金会等组织或主持研究的人等。科学技术报告中一般应该提供系统的或按工作进程的充分信息，可以包括正反两方面的结果和经验，以便有关人员和读者判断和评价，以及对报告中的结论和建议提出修正意见。

2. 学位论文

学位论文是表明作者从事科学研究取得创造性的结果或有了新的见解，并以此为内容撰写而成、作为提出申请授予相应学位时评审用的学术论文。它包括学士论文、硕士论文、博士论文。

（1）学士论文

学士论文应能表明作者确已较好地掌握了本门学科的基础理论、专门知识和基本技能，并具有从事科学研究工作或担负专门技术工作的初步能力。

（2）硕士论文

硕士论文应能表明作者确已在本学科上掌握了坚实的基础理论和系统的专门知识，并对所研究课题有新的见解，有从事科学研究工作并具有独立担负专门技术工作的能力。

（3）博士论文

博士论文应能表明作者确已在本门学科上掌握了坚实宽广的基础理论和系统深入的专业知识，并具有独立从事科学研究工作的能力，在科学或专业技术上取得了创造性的成果。

学位论文根据不同层次及不同专业，在学术水平上有不同要求，在写作格式上甚至文章字数上都有不同要求。写作这类论文，一般要在导师指导下，以及本院校相应规定下完成。

3. 学术论文

学术论文是某一学术课题在实验性、理论性或观测性上具有新的科学研究成果或创新见解和知识的科学记录；或是某种已知原理应用于实际中取得新进展的科学总结，用以提供学术会议上宣读、交流或讨论；或在学术刊物上发表；或作其他用途的书面文件。

学术论文应提供新的科技信息，其内容应有所发现、有所发明、有所创造、有所前进，而不是重复、模仿、抄袭前人的工作。

### (二)从内容性质分类

1. 社会科学类

社会科学类论文包括理论性论文、描述性论文。理论性论文具体又可分成两种:一种以纯粹的抽象理论为研究对象,研究方法是严密的理论推导和数学运算,有的也涉及实验与观测,用以验证论点的正确性。另一种是以对客观事物和现象的调查、考察所得观测资料以及有关文献资料数据为研究对象,对其进行分析、综合、概括、抽象,通过归纳、演绎、类比,提出某种新的理论和新的见解。

2. 自然科学类

自然科学类论文包括实验型论文、设计性论文、学位论文等。实验型论文是运用实验(试验)、观察方法进行科学研究而获得新材料、形成新论点的论文;设计性论文是指在设计新商品、新工艺的过程中的最佳设计方案,并对这一方案进行全面论述的书面文件;学位论文是学位申请者用以申请授予相应学位提出的作为考核评审用的论文,它是作者独立从事具有一定创造性的科学研究而取得的成果,或是具有新发现的调查研究所得出的结论,并以此为内容的论文。

## 四、学术论文写作的基本结构与写作要求

### (一)社会科学类论文的基本结构与写作要求

社会科学类论文主要是指理论性的论文,包括财会、商务、管理等学科的论文。其基本结构一般包括三部分:序论、本论、结论。

1. 序论

序论也叫前言、引言、导论或绪论,它是论文的开头部分。社会科学类论文的序论的内容,一般包括选题的背景、缘由、意义和目的,或研究的目的、范围、方法及所取得的成果,也可以对本文的基本观点、本论部分的基本内容作一个扼要的介绍。序论的写法主要有以下几种:

(1)交代式

开头交代论文写作背景、缘由、目的和意义。

(2)提问式

一开头就提出问题,或在简要交代写作背景之后随即提出本文所要解决的问题。

(3)出示观点式

序论开宗明义,将本文的基本观点或主要内容揭示出来。

(4)提示范围式

序论部分提示本文的论述范围。

(5)阐释概念式

序论先释题,阐释题目中和文中出现的基本概念。

总的说来,第一,序论要开门见山,迅速入题。议论性文章通常要求开门见山,一开头就能让读者接触到文章的中心,了解文章的基本内容是什么,而不能“下笔千言,离题万里”,带着读者在文章中心以外尽绕圈子,使读者如堕入云里雾中。第二,序论要引人入胜,能抓住读者。开头要让读者对文章产生良好的初始印象,发生阅读的兴趣。这就要求序论要有实质性内容和易于吸引读者的词句。第三,序论要简洁、有力。开头的文字不宜过长,以免显得头重脚轻,结构不匀称。

2. 本论

本论是论文的主体部分,是分析问题、论证观点的主要部分,也是最能显示作者的研究成果和学术水平的重要部分。一篇论文质量的高低,主要取决于本论部分写得怎样。本论部分的要求,一是论证充分,说服力强;二是结构严谨,条理清楚;三是观点和材料相统一。

(1)论证充分,说服力强

本论部分最主要的任务是组织论证,以理服人。作者要千方百计地证明自己的观点是正确的、可信的。为此,必须围绕论点,运用论据,展开充分的论证。论证就是要用论据来证明论点的正确性或证明敌对论点错误性的过程和方法。从论题的性质来看,论证又可分为立论和驳论两种。第一为立论:正面阐述自己的观点,证明它的正确性,从而把论点确立起来的过程就叫立论,也叫作证明;运用例证法进行论证,事例要典型,数据要确凿,叙述的语言要简明扼要。第二为驳论:驳论是通过驳斥敌对方的论点,证明它是错误的、荒谬的,从而证明自己观点正确性的一种论证方法。驳论可分为反驳论点、反驳论据和反驳论证三种。常用的驳论方法有直接反驳、反证法、归谬法等。

(2)结论严谨,条理清楚

本论的篇幅长、容量大、层次较多、头绪纷繁,如果不按一定的次序来安排文章内容,就会层次不清、结构混乱,大大降低表达的效果。根据层次之间的不同关系,可以把本论部分的结构形式划分为并列式、递进式和混合式三种类型。

①并列式结构,又称平列式结构或横式结构。它的特点是,围绕中心论点划分为几个分论点和层次,各个分论点和层次平行排列,分别从不同角度、不同侧面论证中心论点,使文章呈现出一种多管齐下、齐头并进的格局。

②递进式结构,又称为推进式结构或纵式结构。它对需要论证的问题,采取一层深于一层的形式安排结构,使层次之间呈现一种层层展开、步步深入的逻辑关系,从而使中心论点得到深刻透彻的论证。

③混合式结构,也称并列递进式结构或纵横交叉式结构。有些论文的层次关系特别复杂,不能只用一种单一的结构形式,需要把并列式和递进式结合起来,形成一种混合的

结构形式。采用混合式结构，又有两种形式：一是在并列的过程中，在每一个并列的面上，又展开递进（并列中的递进）；二是在递进的过程中，在每一个递进层次上，又展开并列（递进中的并列）。

为了避免由于内容过多而使条理不清，写作本论时，常在各个层次之前加一些外在的标志，这些外在标志的主要形式有小标题、序码、小标题与序码相结合及空行等几种。

（3）观点和材料相统一

本论部分的内容是由观点和材料构成，写好本论要求将观点和材料有机地结合起来，以观点统率材料，以材料证明观点。从总体上说，材料应按照各自所要证明的观点来安排，即把所有的材料分别划归到各个小观点之下，随着观点间逻辑关系及排列顺序的明确，材料自然也各得其位了。但是，在同一内容层次之中的观点与材料应怎样安排，究竟是先出观点还是先列材料，在起草时不能不斟酌一番。为了避免雷同，应该有所变化。一般是先摆观点，后列材料；有时也可以先列材料，再摆观点；还可以边摆观点边列材料，夹叙夹议，由浅入深。总之，要把材料和观点紧紧地糅合在一起，有机地统一起来，为表现文章的中心服务。

3. 结论

结论是一篇论文的收束部分，是以研究成果和讨论为前提，经过严密的逻辑推理和论证所得出的最后结论。论文的结论要提出论证结果。在这一部分中，作者应对全篇文章所论证的内容作一个归纳，提出自己对问题的总体性看法和意见，指出进一步研究的方向。在论文结论部分，作者常常不仅概括自己的研究成果，而且还指出课题研究中所存在的不足，为他人继续研究指明方向、提供线索。

写好结论，应该注意两点：第一，要使结论部分真正起到收束全文的作用，一般不要提出新的观点或材料；第二，结论的语言要简洁有力，给读者留下深刻的印象。

写好结论还要避免两种错误：一是草草收尾，不当止而止；二是画蛇添足，当止而不止。

在结论部分的最后，也可以写上几句致谢的话，向在本篇文章的撰写过程中，对曾给予自己帮助的人表示谢意。致谢的话要写得感情诚恳、言语得体。

在学术论文后一般应列出参考文献。参考文献种类和著录项目很多，没有必要全部记住，必要时可查阅有关国家标准、作者须知、投稿目标期刊近期论文的参考文献著录格式。如何标注正文中所引用参考文献和著录文后参考文献表，具有世界影响的是如下3种规定：温哥华宣言、Ciba基金会建议、美国化学文摘规定。期刊论文的参考文献表位于“致谢”之后，“附录”之前。参考文献标注著录有如下4种体系，分别为：著者－出版年体系；顺序编码体系；数字字母混合体系；出版年顺序体系。目前，我国普遍采用的是顺序编码体系。

【例文】

## 论贾平凹作品的语词特色

冯常深

（××大学文理学院，×43300）

摘要：贾平凹是一位有语词特色的作家，其独特的语词不仅准确、完满地揭示了作品所要表现的情绪和表达的主题，而且给人以想象的空间，满足了读者无限的阐释兴趣，在文学史上独树一帜。

关键词：贾平凹；语词特色

中图分类号：I206－07　文献标识码：A　文章编号：1007－1687(2007)03－0025－02

古今中外的优秀作家无一例外地都有着自己的文学风格，许多作家都把创作风格的形成当作自己写作实践的最高境界和终极目标。文学是语词的艺术，文学的风格特点往往通过语词表现的特点呈现出来[1]，因此，也可以这么说，文学风格就是一位作家所固有且独具的写作技巧和语词特色的总和。

贾平凹在散文、小说、诗歌、杂文等领域均有不凡的造诣和贡献，他的创作风格很难纳入某一流派之中，研究贾平凹的论著颇多，论者从各种角度均有涉及，贾平凹变化多端的语词特色对其独特的文学创作风格的形成起了重要的作用，在讨论贾平凹的作品时不能不说到他的语词特色。从柔美婉约的抒情风格到散文化的风韵，从充满着故事情节力度的“复归”到兼收并蓄现代派小说的技巧，贾平凹不断地延展着自己的文学风格，也不断地调整着语词的厚度和张力，在表达不同的主题内涵时，总是力图寻出其相应的表现方式和语词结构。贾平凹的创作成就是多方面的，尤以散文和小说见长，下面就散文和小说来谈谈贾平凹的语词特色。

一、在散文创作中，贾平凹的语词质朴、细致、清新、空灵，富有诗情画意，明快而流畅，给人以美的享受和艺术的熏陶

（一）语词质朴自然、富于表现力和生活气息是贾平凹散文的鲜明风格，他善于巧妙地运用语词与他把握语词的深厚功力不无关系，他重视从生活中、从大众语词中汲取有益的营养，语词的选用具有浓郁的生活气息。《商州又录》写山里的男子守在产房外，当得知妻子产下一子，那“男人却稀软得立不起来”。将男子渴望得子的心态传神地表达出来。《走三边》写乘车行进于高原公路，“猛一出山，车在路上蹦跶，人在车上也乐得蹦跶，但很快风大起来，沾身就起一身鸡皮疙瘩”。传达出乘车人欢快的心情，这些带着乡土味的语词散发着浓郁的生活气息，他取用了那些来自生活的、有生命力的、鲜活的语词经过艺术加工，创造了一种俚而不俗、清新质朴的语词风格。

（二）贾平凹善用语词准确生动地进行细致描写，逼真地进行音、色传神，有一种韵律美。如散文《游寺耳记》中：“樵夫伐木，叮叮声如天降，遥闻寒暄，不知何语，但一团嗡嗡，此谷静之缘故也。”作者通过细致的描写，将那些神奇的声音描绘出来，使读者如临其境，

如闻其声。散文《观沙砾记》中:“看得久了,又似若有若无,灿灿的却在那雾气之中,有了什么在闪光,有的若火苗,那么一小朵,里圈是红的,外圈是白的,飘忽不可捉摸;有的如珍珠,跳跃着无数光环,目不能细辨,似乎其中有红、黄、绿、紫的色彩;有的如星星,三角形的,五角形的,光芒乍长乍短。”作者着重细致表现光色的质感,展现了一个非常丰富的光色世界。

(三)贾平凹的语词创造了风格独异的境界,读者常被其意味隽永的如诗般的语境所感染,它体现了贾平凹语词的艺术造诣。如《落叶》中这样如月光下水滴般清澈浏亮的文字:“窗外,有一棵法桐,样子并不大的,春天的日子里,它长满了叶子。枝根的,绿得深,枝梢的,绿得浅;虽然对列相间而生,一片和一片不相同,姿态也各有别。没风的时候,显得很丰满,娇嫩而端庄的模样。一早一晚的斜风里,叶子就活动起来,天幕的衬托下,看得见那叶背上了了的绿的脉络,像无数的彩蝴蝶落在那里,翩翩起舞,又像一位少妇,风姿绰约的,作一个妩媚的笑。”这种空灵、轻巧、优美、单纯语词特色为其散文塑造独特的意境起了推波助澜的作用。

贾平凹的散文还善用虚词的重叠,造成音乐美,如《月迹》中描写月光:“尽院子的白光,是玉玉的,银银的,灯光也没有这般亮的。院子的中央处,是那棵粗粗的树,疏疏的枝,疏疏的叶,桂花还没有开,却有了累累的朵儿。”“院门外便是一条小河。河水细细的,却漫着一大片的净沙;全没有白日那么的粗糙,灿灿的闪着银光,柔柔和和得像水面了。”大量虚词的重叠运用构成轻柔曼妙的诗化意境,散发着一股清新气息。

(四)用语词准确而充分地表现情绪是贾平凹散文的语词特色之一,所用语词能切合题旨语境的需要,把自己的情感寄托于字里行间,使文章真实感人。著名散文《秦腔》表现得尤为充分、透彻,富有强烈的艺术感染力。“秦腔是他们大苦中的大乐,在田野已经累得筋疲力尽,立在犁沟里大喊大叫来一段秦腔,那心胸肺腑、关关节节的困乏便一尽儿涤荡净了。高兴了,唱‘快板’,高兴得似被烈性炸药爆炸了一样,要把整个身心粉碎在天空;痛苦了,唱‘慢板’,揪心裂肠的唱腔却表现了多么有情有味的美来,美给了别人的享受,美也熨平了自己心中愁苦的皱纹。”把秦腔那种痛快淋漓的感受写得惟妙惟肖,反映了当地人民那种豪爽、旷达的性格,写出了他们的喜怒哀乐,作者对古老剧种秦腔及其流行区居民与这一剧种相统一的那种气质、性格、风尚,对这一剧种的酷爱等等的描述和表现,简直达到极致而无以复加,使读者感受到秦腔那种强大的吸摄力。这些朴素、恰当的语词是作者不断锤炼的结果,充分让读者感受到了一种委婉缠绵、气韵飘逸的感染力。

贾平凹的散文题材广阔,内容浩瀚,五彩缤纷,突破既有的散文疆界,几乎涵盖了所有的语词表达方式,容纳了所有的主题表达欲求,而后期的散文少了些诗情画意,多了几分哲理,仿佛由天上回到大地,由精神返回物质,感性而又世俗,质朴而又毫无雕琢之感,这种坦诚的语词风格缩短了与读者的距离,另外,贾平凹于传统的散文写作中取得了一些突破,比如凡对社会、人生的独特体察、个人内心情绪(爱与恨)或偶尔感悟到的某些哲理等，都能把它呈现在语词中，时时给人以新的思考与启示。

二、在小说创作中，贾平凹充分发挥自身的语言天赋，形成了一套自己的语词特点，或精练含蓄，或深沉绚丽，或阴郁堂奥，或低回迷蒙，都能准确、完满地揭示作品所要表达的主题，具有丰富的话语蕴藉

"蕴藉"一词指文学作品中意义含蓄有余、蕴意深厚。话语蕴藉是对文学活动的特殊的语言与意义状况的概括[2]。从贾平凹"商州系列"的中长篇小说可以看出他具有丰厚的农村经验，熟悉农民的心理并在此基础上构成了自己的话语蕴藉，使他的创作如风行水上，自然成文；提笔展纸，胸中便如万斛源泉，喷洒涌泻，汪洋恣肆，美文妙章源源不断，而且情形还远不仅如此，贾平凹城市小说的创作风格以及表现出的一些有待讨论的问题其策源地也可能在于此。

文学语言是以审美为目的，以情趣想象为构建策略，以二度规约为主要表现形式的话语形式，是情理美三维、意义意思两面的话语形式[3]，一般而言，作家的语词特色也为其主题思想的表达来服务，使思想表达和语词特色达到一致，这是作品表达思想的客观需要，在我国近二十年来从语言学角度研究作品风格的著作大都坚持这一观点。贾平凹独具一格的语词特点使他的小说缠绵悱恻中透露出阳刚之气、悲恸抒情中力透着理性的思考。

（一）贾平凹的小说较突出的特点之一就是语词朴素自然，他注重用平实的语词来实录生活，并从秦川的乡风民俗、人情地理等的描写中暗示出嬗变的民族文化。而作者的才力又使他能够用这种平实的语言刻画、描述，从而使作品显示出强烈的内在魅力。在《鸡窝洼人家》中，有两个典型的段落："东墙上，挂着筛箩：筛糠的、筛麦的、筛面的、筛糁子的，粗细有别，大小不等。西墙上挂着各类绳索：皮的曳绳、麻的缰绳、草的套绳，一律盘成团儿。南墙靠着笨重用具：锄、镢、板、铲、犁、铧、耱、耙。北墙是一个架子，堆满了日常用品：镰刀、斧子、锯、锤、钳、钉、磨刀石、泥瓦抹。满个屋里：木的亮着油色，铁的闪着青光，摆设繁杂，杂而不乱。""回回家的猪肥得如小象一样……回回主张杀了吃熏肉。深山里，家庭富裕不富裕，……看谁家的地窖里有没有存三年两年的甘榨老酒，看谁家的墙壁上有没有一扇半扇盐腌火燎的熏肉。"作家在这里以细致平实的语词描写了中国乡村自给自足的自然经济从生产到消费的全部流程，以全方位的视角剖析了整个人文环境的变迁给人的心理世界带来的巨大冲击，深刻揭示了人物的意识深层结构中的嬗变，使之更具现代感和哲理性。

（二）贾平凹在表达某种复杂微妙的情绪时，有的语词不能准确地传情达意，于是便自造出一些表意更加新奇有味、更加丰富多彩的语词，如那些超常规重叠词，如臃臃肿肿、窄窄小小、灾灾难难、立陡陡、艰难难等，它们在普通话中并不存在。另外，贾平凹打破了惯常使用界限，使语词富有新意，当他描写"天高云淡"之境界时，索性进行白描式的直接陈述"天很高，没有云，没有雾，连一丝灰尘也没有，晴晴朗朗，是一个巨大的空白呢。"（《河西》）这种语词可以引起读者在阅读过程中对文字所表达意蕴的充分注意，通

过语词外在形式的变换与包装，使读者能够更加深入地理解文章内容，也更大限度地满足了读者阅读上求新求异的心理需求。又如“风天里，太阳走得快，过了屋脊，下了台阶，在厦屋的山墙上磨蚀了一片，很快就要从西山峁上滚下去了。”（《商州又录》）连续几个富于表现力的动词，用拟人化的语词将人对太阳的感觉细致微妙地表现了出来，极大增强了作品的形象表达能力。描写丰收景象“收罢秋，山瘦，河肥；村子在涨起来，巷道却窄下去。”（《古堡》）这样的用词凝练、古朴，韵味深长，增加了语义横断面的宽度。

（三）贾平凹对传统的语词情有独钟，特别注意吸收我国传统的美的表现方法，捕捉那些新鲜、富有活力的、准确的语词，不仅在自己的白话文写作中经常借重文言文来表达白话无法表达的意思，而且缓慢滞重，质朴、平实、苍凉、雄浑，毫无雕琢之感，语言坦诚而又韵味深长，节奏与韵律带有古朴情调，始终是整个当代作家中最突出的一种语言现象。贾平凹深得我国古典文学描写的神韵，将古白话、文言、土语方言有机地融入自己的作品之中，以中国传统的美的表现方法，真实地表达现代中国人的生活和情绪，这是他创作追求的东西，我们已经感到中国传统语词在表达贾平凹的世界观以及审美观中独特的作用，也正因为如此，使他的作品呈现出一种无法言传的艺术力量。如《白夜》带有很强的明清话本小说的风格，而自“商州系列”以来，一直到《高老庄》《怀念狼》，都夹杂着大量的方言土语，在《废都》这部小说中，形成了混沌、含蓄的语言表达方式，常常使用大段的古白话，文白夹杂，这种话语信息含量大，蕴意深刻[4]，为表达“中年知识分子的精神困顿”这一主题起到了催化剂的作用。贾平凹大量的这种语词特色的作品在文学史中构成了展现着他自身独特风格的复杂的整体意象，在文学史上独树一帜。

一个作家的创作实际上是很复杂的，但不管怎么说，作家的创作都有重要的意义取向，贾平凹的语词特色不仅加深了作品的思想性，也不仅对作家所想表现的情绪、所想揭示的主题起到了准确、完满的表达作用，而且给人想象的空间，让读者意犹未尽，满足了读者无限的阐释兴趣，这也是本文对贾平凹的创作在语词特色层面的感悟。

参考文献：

[1]童庆炳.文学理论教程[M].北京:高等教育出版社,1998:251.

[2]童庆炳.文学理论教程[M].北京:高等教育出版社,1998:251.

[3]于根元.中国现代应用语言学史纲[M].北京中国经济出版社,2005:319.

[4]冯常深.走不出这精神困顿——再读《废都》[J].绥化学院学报,2006(4).

**（二）自然科学类论文的基本结构与写作要求**

自然科学类论文的基本结构一般包括题名、作者及其工作单位、摘要、关键词和图书分类号、引言、正文、结论、致谢、参考文献等9个方面。不同类型的论文各有侧重。

1. 题名

题名又称题目或标题。题名是以最恰当、最简明的词语反映论文中最重要的特定内容的逻辑组合。

论文题目是一篇论文给出的涉及论文范围与水平的第一个重要信息，也是必须考虑到有助于选定关键词不达意和编制题录、索引等二次文献可以提供检索的特定实用信息。论文题目十分重要，必须用心斟酌选定。有人描述其重要性，用了下面的一句话："论文题目是文章的一半。"对论文题目的要求是准确得体，简短精练，醒目。

2. 作者及其工作单位

这一项属于论文署名问题。署名一是为了表明文责自负，二是记录作者的劳动成果，三是便于读者与作者的联系及文献检索(作者索引)。署名大致分为两种情形，即：单个作者论文和多个作者论文，后者按署名顺序列为第一作者、第二作者……署名排序重要的是坚持实事求是的态度，对研究工作与论文撰写实际贡献最大的列为第一作者，贡献次之的，列为第二作者，以此类推。注明作者所在单位同样是为了便于读者与作者的联系。

3. 摘要

论文一般应有摘要，有些为了国际交流，还有外文(多用英文)摘要。它是论文内容不加注释和评论的简短陈述。其作用是不阅读论文全文即能获得必要的信息。

摘要应包含以下内容：

(1)从事这一研究的目的和重要性。

(2)研究的主要内容，指明完成了哪些工作。

(3)获得的基本结论和研究成果，突出论文的新见解。

(4)结论或结果的意义。

论文摘要虽然要反映以上内容，但文字必须简练，要求把本文的创新观点、创新内容充分概括，篇幅大小一般限制其字数不超过论文字数的5%。例如，对于6000字的一篇论文，其摘要一般不超出300字。

4. 关键词与中国图书分类号

关键词属于主题词中的一类，是用来描述文献资料主题和给出检索文献资料的一种新型的情报检索语言词汇，正是由于它的出现和发展，才使得情报检索计算机化(计算机检索)成为可能。

中国图书分类号是根据论文的内容由《中国图书馆分类法》的标准进行分类，共分为二十二大类，由英文字母和数字组成。

5. 引言

引言又称前言，属于整篇论文的引论部分。其写作内容包括：研究的理由、目的、背景，前人的工作和知识空白，理论依据和实验基础，预期的结果及其在相关领域里的地位、作用和意义。

6. 正文

正文是一篇论文的本论，属于论文的主体，它占据论文的最大篇幅。论文所体现的创造性成果或新的研究结果,都将在这一部分得到充分的反映。因此,要求这一部分内容充实,论据充分、可靠,论证有力,主题明确。为了满足这一系列要求,同时也为了做到层次分明、脉络清晰,常常将正文部分分成几个大的段落。这些段落即所谓逻辑段,一个逻辑段可包含几个自然段。每一逻辑段落可冠以适当标题,分标题或小标题。

7. 结论

论文的结论部分,应反映论文中通过实验、观察研究并经过理论分析后得到的学术见解。结论应是该论文的最终的、总体的结论。换句话说,结论应是整篇论文的结局,而不是某一局部问题或某一分支问题的结论,也不是正文中各段的小结的简单重复。结论应当体现作者更深层的认识,且是从全篇论文的全部材料出发,经过推理、判断、归纳等逻辑分析过程而得到的新的学术总观念、总见解。

结论应该准确、完整、明确、精练。该部分的写作内容一般应包括以下几个方面:

(1)本文研究结果说明了什么问题。

(2)对前人有关的看法作了哪些修正、补充、发展、证实或否定。

(3)本文研究的不足之处或遗留未予解决的问题,以及对解决这些问题的可能的关键点和方向。

8. 致谢

按照 GB7713—1987 的规定,致谢语句可以放在正文后,体现对下列方面的感谢:国家科学基金,资助研究工作的奖学金基金,合同单位,资助和支持的企业、组织或个人;协助完成研究工作和提供便利条件的组织或个人;在研究工作中提出建议和提供帮助的人;给予转载和引用权的资料、图片、文献、研究思想和设想的所有者;其他应感谢的组织和人(这部分内容一般可省略)。

9. 参考文献

在学术论文后一般应列出参考文献(表),其目的有三:一是为了能反映出真实的科学依据;二是为了体现严肃的科学态度,分清是自己的观点或成果还是别人的观点或成果;三是为了对前人的科学成果表示尊重,同时也是为了指明引用资料出处,便于检索。

**(三)参考文献的标注方法及规定**

根据中华人民共和国国家标准《文后参考文献著录规则》GB/T7714－2005(摘录):

1. 文献类型及标志代码

普通图书[M]、会议录[C]、汇编[G]、报纸[N]、期刊[J]、学位论文[D]、报告[R]、标准[S]、专利[P]、数据库[DB]、计算机程序[CP]、电子公告[EB]。

2. 电子文献载体及标志代码

磁带(magnetic tape)[MT]、磁盘(disk)[DK]、光盘(CD－ROM)[CD]、联机网络(online)[OL]。

3. 参考文献著录格式

参考文献凡有直接引用他人成果（文字、数据、事实以及转述他人的观点）之处均应加标注说明且列于参考文献中，按文中出现的顺序列出直接引用的主要参考文献。

参考文献书写格式应符合国家规范。各类引用参考文献条目的编排格式如下：

(1)学术期刊文献

[序号]作者. 文献题名[J]. 刊名，出版年份，卷号（期号）：起止页码.

(2)学术著作

[序号]作者. 书名[M]. 版次（首次免注）. 翻译者. 出版地：出版社，出版年：起止页码.

(3)有 ISBN 号的论文集

[序号]作者. 题名[C]//主编. 论文集名. 出版地：出版社，出版年：起止页码.

(4)学位论文

[序号]作者. 题名[D]. 保存地：保存单位，年份.

(5)专利文献

[序号]专利所有者. 专利题名[P]. 专利国别：专利号，发布日期.

(6)技术标准

[序号]标准代号. 标准名称[S]. 出版地：出版者，出版年.

(7)报纸文章

[序号]作者. 题名[N]. 报纸名，出版日期（版次）.

(8)报告

[序号]作者. 文献题名[R]. 报告地：报告会主办单位，年份.

(9)电子文献

[序号]作者. 电子文献题名[文献类型/载体类型]. 文献网址或出处，发表或更新日期/引用日期（任选）.

……

**【知识链接】**

**从《中华人民共和国著作权法》来看抄袭**

1. 著作权法所称抄袭、剽窃，是同一概念（为简略起见，以下统称抄袭），指将他人作品或者作品的片段窃为己有。抄袭侵权与其他侵权行为一样，需具备四个要件：第一，行为具有违法性；第二，有损害的客观事实存在；第三，和损害事实有因果关系；第四，行为人有过错。由于抄袭物需发表才产生侵权后果，即有损害的客观事实，所以通常在认定抄袭时都指已经发表的抄袭物。因此，更准确的说法应是，抄袭指将他人作品或者作品的片段窃为己有发表。

2. 从抄袭的形式看，有原封不动或者基本原封不动地复制他人作品的行为，也有经改头换面后将他人受著作权保护的独创成分窃为己有的行为。前者在著作权执法领域被称为低级抄袭,后者被称为高级抄袭。低级抄袭的认定比较容易。高级抄袭需经过认真辨别,甚至需经过专家鉴定后方能认定。

在著作权执法方面常遇到的高级抄袭有:改变作品的类型将他人创作的作品当作自己独立创作的作品,例如将小说改成电影;不改变作品的类型,但是利用作品中受著作权保护的成分并改变作品的具体表现形式,将他人创作的作品当作自己独立创作的作品,例如利用他人创作的电视剧本原创的情节、内容,经过改头换面后当作自己独立创作的电视剧本。

3. 如上所述,著作权侵权同其他侵犯权利一样,需具备四个要件,其中,行为人的过错包括故意和过失。这一原则也同样适用于对抄袭侵权的认定,而不论主观上是否有将他人之作当作自己之作的故意。

4. 对抄袭的认定,也不以是否使用他人作品的全部还是部分、是否得到外界的好评、是否构成抄袭物的主要或者实质部分为转移。凡构成上述要件的,均应认为属于抄袭。

# 实践应用能力训练

1. 什么是科技论文？科技论文的结构如何？
2. 简述毕业设计与学术论文的基本格式。
3. 举例说明对参考文献标注的规定。
4. 结合所学专业阅读若干篇优秀毕业设计书并撰写阅读笔记。
5. 结合所学专业阅读若干篇学术论文并撰写阅读笔记。

# 第八章　电子文书写作

**学习提示：**

学习本章电子文书，重点需要了解短信、电子邮件、传真的概念、特点和种类；掌握短信、电子邮件、传真的格式和写作方法；能够熟练运用短信、电子邮件、传真来解决工作中的实际问题。

一些主要电子邮箱：

| | | | |
|---|---|---|---|
| Hotmail mail（微软） | MSN mail（微软） | Yahoo mail（雅虎） | QQ mail（腾讯） |
| Foxmail mail（腾讯） | 163 mail（网易） | 126 mail（网易） | 188 mail（网易） |
| 139 mail（移动） | 189 mail（电信） | china. com（中华网） | Sina mail（新浪） |

## 第一节　短信

### 一、短信的概念

短信，简称 SMS，是用户通过手机或其他电信终端直接发送或接收的文字或数字信息，是现代人进行沟通交流的一种新型方式和手段。

### 二、短信的特点及应用范围

#### （一）特点

手机短信是一种基于移动网络的短信息传送服务方式。它具有移动性好、收发便捷、趣味性强、价格低廉等特点。

#### （二）应用范围

手机短信的应用范围较广，以其强大的功能和灵活的配置广泛适用于各种行业，如：

证券营业部、经纪人：发送股评、即时行情、公告信息、通知、资金异动信息。

各型企事业单位：新产品发布、各种产品销售信息、内部通知、业务变更，以及与本单位业务人员、出差人员、各地经销商联系等。

商场超市:商业活动广告、新品宣传、打折及联谊活动通告,向客户发送物价、促销信息及与供货商、商场、超市企业内部联系等。

行政管理部门:发送下文、会议通知、住处通报、工作进度、人事变更等信息。

保险公司:发送保费催缴、结算通知、新业务通告、保费调整等信息,及业务员联系等。

广告公司、其他媒体:发送广告报价,广告播出、刊出通知,代理客户短消息广告等。

旅行社:发布旅游线路信息、报价等广告及与外地导游联系。

短信服务平台:如短信防伪平台、抽奖平台、收音机电台短信平台等。

### 三、短信写作的注意事项

1. 语言要精练

因为其容量有限,短信要写得短小精悍、言简意赅。

2. 措辞要得体

不同类型的短信有不同的语体色彩:工作生活类短信注重叙述和说明:祝福类短信注重情感的表达;商务宣传短信则注重产品或服务诉求。短信的语言必须注重礼节,符合双方的身份,还要注意礼貌,语言文明。

3. 要富有创意

精彩的短信应有精巧的构思。

4. 注重文采

短信语言要典雅、明快,既要有诗歌的韵味,又要有散文的意境或杂文的笔法,还要综合运用修辞手法(对偶、比喻、拟人、排比、夸张、双关等),读起来具有对称美、节奏感。

5. 风趣幽默

幽默风趣的短信更能引起他人的关注,使人过目不忘。

6. 勿忘落款

如果对方手机里没有你的电话号码,而你的短信又没有落款,会给对方带来不便,所以这种情况下短信最后一定要落款。

## 第二节　电子邮件

### 一、电子邮件概念



电子邮件(E-mail)是 Internet 应用最广的服务。通过网络的电子邮件系统,可以用非常低廉的价格(不管发送到哪里,都只需负担网费即可),以非常快速的方式(几秒钟之内可以发送到世界上任何你指定的目的地)，与世界上任何一个角落的网络用户联系，这些电子邮件可以是文字、图像、声音等各种方式。同时，可以得到大量免费的新闻、专题邮件，并实现轻松的信息搜索。这是任何传统的方式无法相比的。正是由于电子邮件的使用简易、投递迅速、收费低廉、易于保存、全球畅通无阻，使得电子邮件被广泛地应用，它使人们的交流方式得到了极大的改变。

## 二、电子邮件的特点

1. 发送速度快

电子邮件通常在数秒钟内即可送至全球任意位置的收件人信箱中，其速度比电话通信更为高效快捷。如果接收者在收到电子邮件后的短时间内作出回复，往往发送者仍在计算机旁工作的时候就可以收到回复的电子邮件，接收双方交换一系列简短的电子邮件就像一次次简短的会话。

2. 信息多样化

电子邮件发送的信件内容除普通文字内容外，还可以是软件、数据，甚至是录音、动画各类多媒体信息。

3. 收发方便

与电话通信或邮政信件发送不同，E-mail 采取的是异步工作方式，它在高速传输的同时允许收信人自由决定在什么时候、什么地点接收和回复。发送电子邮件时不会因“占线”或接收方不在而耽误时间，收件人无须固定守候在线路另一端，可以在用户方便的任意时间、任意地点，甚至是在旅途中收 E-mail，从而跨越了时间和空间的限制。

4. 成本低廉

E-mail 最大的优点还在于其低廉的通信价格，用户花费极少的费用即可将重要的信息发送到远在地球另一端的用户手中。

5. 更为广泛的交流对象

同一个信件可以通过网络极快地发送给网上指定的一个或多个成员，甚至召开网上会议进行互相讨论，这些成员可以分布在世界各地，但发送速度则与地域无关。与任何一种其他的 Internet 服务相比，使用电子邮件可以与更多的人进行通信。

6. 安全

E-mail 软件是高效可靠的，如果目的地的计算机正好关机或暂时从 Internet 断开，E-mail 软件会每隔一段时间自动重发；如果电子邮件在一段时间之内无法递交，电子邮件会自动通知发信人。作为一种高质量的服务，电子邮件是安全可靠的高速信件递送机制。

## 三、电子邮件的格式

一封邮件的基本内容通常分为三部分:收件人、主题、正文。

**(一)收件人**

收件人为传递信息或分布任务的对象。除了收件人之外还可以同时抄送给其他人,抄送对象要看邮件重要程度而定。邮件比较重要、责任比较重大,一旦有了问题承担不了责任、自己无法解决的时候,记得把邮件抄送给你的直接上司或者领导。

**(二)主题**

主题要突出邮件的主旨,要让收件人一看到这个主题就能大概知道你想传递的是什么事情。

**(三)正文**

正文的开头要写敬语,礼貌是最重要的,不管是对领导还是对同事;转行填写问候语以及正文文干部分,完成之后写祝福语、日期及写信人的姓名。如有文件,点击"添加附件"。

正确的电子邮件格式按照上面的几大步骤进行,切记不要出现错误。

**【例文】**

尊敬的杨先生:

您好!

省每年一届的企业人力资源交流会议定于8月28日上午9:00在××饭店举行,为期一天。您作为××公司多年的人力资源总监,是从事企业人力资源研究的专家,我们真诚地邀请您在会议上做60分钟的发言,建议发言内容为员工的年终考核工作。晚上19:00—20:00,会议将安排酒会,便于各位专家交流。

衷心希望您能接受这项邀请,并尽快给我们回音。

会议联系人:×××

联系电话:020-35962587

恭祝

万安!

企业人力资源研究中心主任:×××

二〇二〇年六月十四日

# 第三节　传真

## 一、概念

将文字、图表、照片等记录在纸面上的静止图像，通过扫描和光电变换，变成电信号，经各类信道传送到目的地，在接收端通过一系列逆变换过程，获得与发送原稿相似记录副本的通信方式，称为传真。传真通信是利用扫描和光电变换技术，从发端将文字、图像、照片等静态图像通过有线或无线信道传送到收端，并在收端以记录的形式重显原静止的图像的通信方式。

传真的主要技术有扫描技术、记录技术、同步同相技术、传输技术。传真的通信过程包含扫描、光电变换、图像信号的传输、记录变换、收信扫描和同步同相。

## 二、格式

标准的传真由以下三个部分组成：信头、信文和信尾。下面我们来详细介绍一下信头的书写格式。

在传真中，信头所占页面一般不超过1/3。传真的信头包括发信人地址（连同传真号码）、收信人地址（连同收信人传真号码）、发信日期、页数、称呼和事由。

### （一）发信人地址

一般来说，传真的信笺上印有抬头，并采用固定的信头格式，发信人的地址位于传真纸页首固定的信头格式内。

### （二）收信人地址

收信人地址包括收信人的全名和职衔，以及公司的全称和地址。收信人的姓名一定要书写正确。传真中收信人地址一般打在信头格式的空格内。

### （三）发信日期

写传真时，日期打印在信头相应的空格内。

### （四）称呼

称呼要使用得当，有礼貌性，使用职衔时也要谨慎得当。

## 三、分类

传真机将需发送的原件按照规定的顺序，通过光学扫描系统分解成许多微小单元（称为像素），然后将这些微小单元的亮度信息由光电变换器件顺序转变成电信号，经放大、编码或调制后送至信道。接收机将收到的信号放大、解码或解调后，按照与发送机相同的扫描速度和顺序，以记录形式复制出原件的副本。传真机按其传送色彩，可分为黑白传真机和彩色传真机；按占用频带可分为窄带传真机（占用一个话路频带）、宽带传真机（占用12个话路、60个话路或更宽的频带）。

占用1个话路的文件传真机，按照不同的传输速度和调制方式可分为以下几类：(1)采用双边带调制技术，每页(16开)传送速度约6分钟的，称为一类机；(2)采用频带压缩技术，每页传送速度约3分钟的，称为二类机；(3)采用减少信源多余度的数字处理技术，每页传送速度约1分钟的，称为三类机；(4)将可与计算机并网、能储存信息、传送速度接近于实时的传真机，定为四类机。

按用途可分为气象图传真机、相片传真机、文件传真机、报纸传真机等。记录方式多用电解、电磁、烧灼、照相、感热和静电记录等。

## 四、发传真的要求

### (一)规范操作

如有可能，在发传真之前，应先打电话通知对方，因为很多单位是大家共用一台传真机，如果不通知对方，信件就可能会落到别人的手里或因别人不知道是谁的信件而被丢入垃圾桶。

传真机有自动和手动两种方式。手动方式需接听传真电话的人给传真开始的信号，传送者在听到嘀嘀的长音后再开始传真文档。自动方式不需对方人工操作，在拨通传真电话后，在几声正常电话回音后，就会自动出现嘀嘀的长音，此后就可以开始传真文档。

不应用传真机传送太长的文件。由于传真机所用的纸张质量一般不高，印出的字迹可能不太清楚，如要长久保存，请将传真件复印。如果接收人需要原件备案，诸如一些需要主管人员亲笔签字的合同等资料，则应在传真后将原件用商业信函的方式寄出。

### (二)明确信息

为了明确传真的有关信息，正式的传真必须有封面，封面页一般较为正式，有的企业使用“填空式”或封面专用纸。发急件时应在封面正面页注明，因为有的大企业定时分批发送公函和信笺，如不标明急件，就容易被耽误。其上注明传送者与接收者双方的公司名称、人员姓名、日期、总页数等，如此接收者可以一目了然。如果不是非常正式的，也必须认真标明传真页码，如果其中某一张传真不清楚或是未收到，则可以请对方再将此页传一次。可以使用本企业名称的公文纸，并注明时间与日期。一般应在第一页写明接收人姓名、电话号码以及所在部门名称；如果需要可写明发送人的姓名、传真号、电话号码及所在部门名称等。

### (三)注意保密



未经事先许可，不应用传真机传送保密性强的文件或材料，因为公共传真机保密性不高，任何刚好经过传真机旁边的人，都可以轻易窥得传真纸上的内容，所以传真件不能确保完全保密。

**（四）行文礼貌**

书写传真件时，在语气和行文风格上，应做到清楚、简洁，且有礼貌。传真信件时必须用写信的礼仪，如称呼、敬语等均不可缺少，尤其是信尾签字不可忽略。这不仅是礼貌问题，而且只有签字才代表这封信函是发信者同意的。

## 五、电子传真

发电子传真不需要使用传真机和纸，而是利用网络来收发传真。电子传真和传真机的主要区别是：电子传真不需要纸张，只要能上网有电脑就行，使用电子传真要比普通传真节约钱，最关键的是效率问题，节省人力、时间、耗材，而且还能移动办公；传真机接收和发送传真的时候必须要用纸张，还总占线、卡纸、没墨等等，且发送与接收传真必须要跑到传真机那里去。另外要考虑耗材、通信费，以及环保、节能问题。

电子传真最大的好处就是方便，因为电子传真能实现移动，无论在哪里，只要能上网就能及时收发传真，也可以随时查询以前的信息，就和电子邮件一样。但是电子传真又不同于网络传真，网络传真通常只能够发送，往往是用来群发传真，量大容易发生堵塞现象。没有真实的号码，有的也只是一个虚拟的10位以上的号码，这对于企业或商务人士来说，会影响到形象和正常使用；还有的是要安装传真软件，硬件才能实现，而电子传真不需要安装任何的软件硬件，能收能发，有短信提醒、邮件转发。

# 实践应用能力训练

**一、填空题**

1. ________________是指互联网上或常规计算机网络上的各个用户之间，通过邮件的形式进行通信的一种交流联系方式。

2. 电子邮件所体现的信息传输方式与传统的信件有较大的区别，它的特点可概括为：________________、________________、________________、________________、________________和安全。

3. ________________是伴随数字移动通信系统而产生的一种电信业务，通过移动通信系统的信令信道和信令网，传送文字或数字短信息，属于一种非实时的、非语音的数据通信业务。

4. 将文字、图表、照片等记录在纸面上的静止图像，通过扫描和光电变换，变成电信号，经各类信道传送到目的地，在接收端通过一系列逆变换过程，获得与发送原稿相似记录副本的通信方式,称为________________。

5. 短信的特征有________________。

6. 标准的传真由以下三个部分组成:__________________、__________________和__________________。

**二、思考题**

1. 简述电子邮件写作的注意事项。

2. 简要说明收发传真的方法。

3. 简要回答传真信头的书写格式。

**三、写作实训**

按照要求编写下列短信:

(1)母亲节就要到了,为表达对母亲辛苦养育的感恩,并祝母亲节日快乐,请给母亲发一条短信。

要求语言简明、连贯,有文采,有创意,不超过60字。

(2)圣诞节来临之际,请为自己的亲人或朋友发一条手机短信。

要求:①适合特定情境;②感情真挚;③不少于40字。

(3)重阳节来临之际,请给自己多年的好友发一条手机短信。

要求:①感情真挚;②不超过60个字。

(4)你的一位在外校读书的高中同学,他(她)给你发来短信说,面临考研,有些信心不足,自己很苦恼。请你给他(她)回复一条短信,鼓励他(她)战胜自我,勇敢面对考试,并祝愿他(她)考研取得好成绩。

要求语言简明、连贯,有文采,有创意,不超过100字。

**四、情景实训**

**情景实训(一)**

掌握电子邮件书写的格式以及发送和接收电子邮件的方法。

1. 实训目标:通过本实训掌握电子邮件书写的格式以及发送和接收的方法。

2. 实训背景

××汽车销售公司恰逢成立十周年,公司为酬谢多年来帮助关心公司的政府领导、社会各界、业务往来公司和客户等,决定将要进行20××年的热门车型打折优惠活动。经理让秘书小王以电子邮件的形式发送对方,告知对方活动的内容、时间,以及20××年9月份有哪些热门的车型,同时将热门车型的图片作为附件一起发送。

3. 实训内容:按照实际情况书写电子邮件并进行发送。

4. 实训要求

(1)本实训可选择在模拟的办公室或教室进行,最好能配置真实的可上网的电脑。

(2)实训分小组进行,可以3人一组,其中1人扮演秘书,1人扮演客户,1人扮演经理进行监督和评价,每人都要轮演秘书和客户。

(3)每个同学在演练过程中一定要严肃认真,言行符合礼仪规范。

(4)每个同学最好都能按照实训内容设计演练的脚本(包括情节和台词,并给本小组成员分派角色)。

5. 实训提示

(1)电子邮件内容要注明活动的主题、时间和地点等。

(2)如有必要还应说明与对方相关的具体细节。

(3)最后通常为期待对方尽早答复或征求对方意见。

**情景实训(二)**

掌握传真书写的格式以及发送和接收传真的方法。

1. 实训目标:通过本实训掌握传真书写的格式以及发送和接收传真的方法。

2. 实训背景

××集团今年恰逢成立五周年,公司决定筹办五周年庆典活动,并借此机会酬谢多年来帮助关心公司发展的社会各界人士。老总让秘书小高以传真的方式正式邀请各位代表前来参加此次庆典活动。对方代表收到传真后也要进行回复。

3. 实训内容:按照实际情况书写传真并进行发送和接收。

4. 实训要求

(1)本实训可选择在模拟的办公室进行,最好能配置真实的传真机和能上网的电脑。

(2)实训分小组进行,可以 3 人一组,其中 1 人扮演秘书,1 人扮演对方代表,1 人进行监督和评价,每人都要轮演秘书和对方代表。

(3)每个同学在演练过程中一定要严肃认真,言行符合礼仪规范。

(4)每个同学最好都能按照实训内容设计演练的脚本(包括情节和台词,并给本小组成员分派角色)。

5. 实训提示

(1)传真内容要明确对方参加的活动是什么,在什么地方、什么时间举行。

(2)如有必要还应说明与对方相关的具体细节,例如,需要对方发言等。

(3)最后通常为期待对方尽早答复或征求对方对此邀请的意见。

# 附　录

## 附录 A:党政机关公文处理工作条例

### 第一章　总　　则

第一条　为了适应中国共产党机关和国家行政机关(以下简称党政机关)工作需要,推进党政机关公文处理工作科学化、制度化、规范化,制定本条例。

第二条　本条例适用于各级党政机关公文处理工作。

第三条　党政机关公文是党政机关实施领导、履行职能、处理公务的具有特定效力和规范体式的文书,是传达贯彻党和国家的方针政策,公布法规和规章,指导、布置和商洽工作,请示和答复问题,报告、通报和交流情况等的重要工具。

第四条　公文处理工作是指公文拟制、办理、管理等一系列相互关联、衔接有序的工作。

第五条　公文处理工作应当坚持实事求是、准确规范、精简高效、安全保密的原则。

第六条　各级党政机关应当高度重视公文处理工作,加强组织领导,强化队伍建设,设立文秘部门或者由专人负责公文处理工作。

第七条　各级党政机关办公厅(室)主管本机关的公文处理工作,并对下级机关的公文处理工作进行业务指导和督促检查。

### 第二章　公 文 种 类

第八条　公文种类主要有:

(一)决议。适用于会议讨论通过的重大决策事项。

(二)决定。适用于对重要事项作出决策和部署、奖惩有关单位和人员、变更或者撤销下级机关不适当的决定事项。

(三)命令(令)。适用于公布行政法规和规章、宣布施行重大强制性措施、批准授予和晋升衔级、嘉奖有关单位和人员。

(四)公报。适用于公布重要决定或者重大事项。

(五)公告。适用于向国内外宣布重要事项或者法定事项。

(六)通告。适用于在一定范围内公布应当遵守或者周知的事项。

(七)意见。适用于对重要问题提出见解和处理办法。

(八)通知。适用于发布、传达要求下级机关执行和有关单位周知或者执行的事项,批转、转发公文。

（九）通报。适用于表彰先进、批评错误、传达重要精神和告知重要情况。

（十）报告。适用于向上级机关汇报工作、反映情况，回复上级机关的询问。

（十一）请示。适用于向上级机关请求指示、批准。

（十二）批复。适用于答复下级机关请示事项。

（十三）议案。适用于各级人民政府按照法律程序向同级人民代表大会或者人民代表大会常务委员会提请审议事项。

（十四）函。适用于不相隶属机关之间商洽工作、询问和答复问题、请求批准和答复审批事项。

（十五）纪要。适用于记载会议主要情况和议定事项。

## 第三章　公 文 格 式

第九条　公文一般由份号、密级和保密期限、紧急程度、发文机关标志、发文字号、签发人、标题、主送机关、正文、附件说明、发文机关署名、成文日期、印章、附注、附件、抄送机关、印发机关和印发日期、页码等组成。

（一）份号。公文印制份数的顺序号。涉密公文应当标注份号。

（二）密级和保密期限。公文的秘密等级和保密的期限。涉密公文应当根据涉密程度分别标注“绝密”“机密”“秘密”和保密期限。

（三）紧急程度。公文送达和办理的时限要求。根据紧急程度，紧急公文应当分别标注“特急”“加急”，电报应当分别标注“特提”“特急”“加急”“平急”。

（四）发文机关标志。由发文机关全称或者规范化简称加“文件”二字组成，也可以使用发文机关全称或者规范化简称。联合行文时，发文机关标志可以并用联合发文机关名称，也可以单独用主办机关名称。

（五）发文字号。由发文机关代字、年份、发文顺序号组成。联合行文时，使用主办机关的发文字号。

（六）签发人。上行文应当标注签发人姓名。

（七）标题。由发文机关名称、事由和文种组成。

（八）主送机关。公文的主要受理机关，应当使用机关全称、规范化简称或者同类型机关统称。

（九）正文。公文的主体，用来表述公文的内容。

（十）附件说明。公文附件的顺序号和名称。

（十一）发文机关署名。署发文机关全称或者规范化简称。

（十二）成文日期。署会议通过或者发文机关负责人签发的日期。联合行文时，署最后签发机关负责人签发的日期。

（十三）印章。公文中有发文机关署名的，应当加盖发文机关印章，并与署名机关相符。有特定发文机关标志的普发性公文和电报可以不加盖印章。

（十四）附注。公文印发传达范围等需要说明的事项。

（十五）附件。公文正文的说明、补充或者参考资料。

（十六）抄送机关。除主送机关外需要执行或者知晓公文内容的其他机关，应当使用机关全称、规范化简称或者同类型机关统称。

（十七）印发机关和印发日期。公文的送印机关和送印日期。

（十八）页码。公文页数顺序号。

第十条　公文的版式按照《党政机关公文格式》国家标准执行。

第十一条　公文使用的汉字、数字、外文字符、计量单位和标点符号等，按照有关国家标准和规定执行。民族自治地方的公文，可以并用汉字和当地通用的少数民族文字。

第十二条　公文用纸幅面采用国际标准 A4 型。特殊形式的公文用纸幅面，根据实际需要确定。

## 第四章　行 文 规 则

第十三条　行文应当确有必要，讲求实效，注重针对性和可操作性。

第十四条　行文关系根据隶属关系和职权范围确定。一般不得越级行文，特殊情况需要越级行文的，应当同时抄送被越过的机关。

第十五条　向上级机关行文，应当遵循以下规则：

（一）原则上主送一个上级机关，根据需要同时抄送相关上级机关和同级机关，不抄送下级机关。

（二）党委、政府的部门向上级主管部门请示、报告重大事项，应当经本级党委、政府同意或者授权；属于部门职权范围内的事项应当直接报送上级主管部门。

（三）下级机关的请示事项，如需以本机关名义向上级机关请示，应当提出倾向性意见后上报，不得原文转报上级机关。

（四）请示应当一文一事。不得在报告等非请示性公文中夹带请示事项。

（五）除上级机关负责人直接交办事项外，不得以本机关名义向上级机关负责人报送公文，不得以本机关负责人名义向上级机关报送公文。

（六）受双重领导的机关向一个上级机关行文，必要时抄送另一个上级机关。

第十六条　向下级机关行文，应当遵循以下规则：

（一）主送受理机关，根据需要抄送相关机关。重要行文应当同时抄送发文机关的直接上级机关。

（二）党委、政府的办公厅（室）根据本级党委、政府授权，可以向下级党委、政府行文，其他部门和单位不得向下级党委、政府发布指令性公文或者在公文中向下级党委、政府提出指令性要求。需经政府审批的具体事项，经政府同意后可以由政府职能部门行文，文中须注明已经政府同意。

（三）党委、政府的部门在各自职权范围内可以向下级党委、政府的相关部门行文。

（四）涉及多个部门职权范围内的事务，部门之间未协商一致的，不得向下行文；擅自行文的，上级机关应当责令其纠正或者撤销。

（五）上级机关向受双重领导的下级机关行文，必要时抄送该下级机关的另一个上级机关。

第十七条　同级党政机关、党政机关与其他同级机关必要时可以联合行文。属于党委、政府各自职权范围内的工作，不得联合行文。

党委、政府的部门依据职权可以相互行文。

部门内设机构除办公厅（室）外不得对外正式行文。

## 第五章　公文拟制

第十八条　公文拟制包括公文的起草、审核、签发等程序。

第十九条　公文起草应当做到：

（一）符合党的理论路线方针政策和国家法律法规，完整准确体现发文机关意图，并同现行有关公文相衔接。

（二）一切从实际出发，分析问题实事求是，所提政策措施和办法切实可行。

（三）内容简洁，主题突出，观点鲜明，结构严谨，表述准确，文字精练。

（四）文种正确，格式规范。

（五）深入调查研究，充分进行论证，广泛听取意见。

（六）公文涉及其他地区或者部门职权范围内的事项，起草单位必须征求相关地区或者部门意见，力求达成一致。

（七）机关负责人应当主持、指导重要公文起草工作。

第二十条　公文文稿签发前，应当由发文机关办公厅（室）进行审核。审核的重点是：

（一）行文理由是否充分，行文依据是否准确。

（二）内容是否符合党的理论路线方针政策和国家法律法规；是否完整准确体现发文机关意图；是否同现行有关公文相衔接；所提政策措施和办法是否切实可行。

（三）涉及有关地区或者部门职权范围内的事项是否经过充分协商并达成一致意见。

（四）文种是否正确，格式是否规范；人名、地名、时间、数字、段落顺序、引文等是否准确；文字、数字、计量单位和标点符号等用法是否规范。

（五）其他内容是否符合公文起草的有关要求。

需要发文机关审议的重要公文文稿，审议前由发文机关办公厅（室）进行初核。

第二十一条　经审核不宜发文的公文文稿，应当退回起草单位并说明理由；符合发文条件但内容需作进一步研究和修改的，由起草单位修改后重新报送。

第二十二条　公文应当经本机关负责人审批签发。重要公文和上行文由机关主要负责人签发。党委、政府的办公厅（室）根据党委、政府授权制发的公文，由受权机关主要负责人签发或者按照有关规定签发。签发人签发公文，应当签署意见、姓名和完整日期；圈阅或者签名的，视为同意。联合发文由所有联署机关的负责人会签。

## 第六章　公 文 办 理

第二十三条　公文办理包括收文办理、发文办理和整理归档。

第二十四条　收文办理主要程序是：

（一）签收。对收到的公文应当逐件清点，核对无误后签字或者盖章，并注明签收时间。

（二）登记。对公文的主要信息和办理情况应当详细记载。

（三）初审。对收到的公文应当进行初审。初审的重点是：是否应当由本机关办理，是否符合行文规则，文种、格式是否符合要求，涉及其他地区或者部门职权范围内的事项是否已经协商、会签，是否符合公文起草的其他要求。经初审不符合规定的公文，应当及时退回来文单位并说明理由。

（四）承办。阅知性公文应当根据公文内容、要求和工作需要确定范围后分送。批办性公文应当提出拟办意见报本机关负责人批示或者转有关部门办理；需要两个以上部门办理的，应当明确主办部门。紧急公文应当明确办理时限。承办部门对交办的公文应当及时办理，有明确办理时限要求的应当在规定时限内办理完毕。

（五）传阅。根据领导批示和工作需要将公文及时送传阅对象阅知或者批示。办理公文传阅应当随时掌握公文去向，不得漏传、误传、延误。

（六）催办。及时了解掌握公文的办理进展情况，督促承办部门按期办结。紧急公文或者重要公文应当由专人负责催办。

（七）答复。公文的办理结果应当及时答复来文单位，并根据需要告知相关单位。

第二十五条　发文办理主要程序是：

（一）复核。已经发文机关负责人签批的公文，印发前应当对公文的审批手续、内容、文种、格式等进行复核；需作实质性修改的，应当报原签批人复审。

（二）登记。对复核后的公文，应当确定发文字号、分送范围和印制份数并详细记载。

（三）印制。公文印制必须确保质量和时效。涉密公文应当在符合保密要求的场所印制。

（四）核发。公文印制完毕，应当对公文的文字、格式和印刷质量进行检查后分发。

第二十六条　涉密公文应当通过机要交通、邮政机要通信、城市机要文件交换站或者收发件机关机要收发人员进行传递，通过密码电报或者符合国家保密规定的计算机信息系统进行传输。

第二十七条　需要归档的公文及有关材料，应当根据有关档案法律法规以及机关档案管理规定，及时收集齐全、整理归档。两个以上机关联合办理的公文，原件由主办机关归档，相关机关保存复制件。机关负责人兼任其他机关职务的，在履行所兼职务过程中形成的公文，由其兼职机关归档。

## 第七章　公 文 管 理

第二十八条　各级党政机关应当建立健全本机关公文管理制度，确保管理严格规范，充分发挥公文效用。

第二十九条　党政机关公文由文秘部门或者专人统一管理。设立党委（党组）的县级以上单位应当建立机要保密室和机要阅文室，并按照有关保密规定配备工作人员和必要的安全保密设施设备。

第三十条　公文确定密级前，应当按照拟定的密级先行采取保密措施。确定密级后，应当按照所定密级严格管理。绝密级公文应当由专人管理。

公文的密级需要变更或者解除的，由原确定密级的机关或者其上级机关决定。

第三十一条　公文的印发传达范围应当按照发文机关的要求执行；需要变更的，应当经发文机关批准。

涉密公文公开发布前应当履行解密程序。公开发布的时间、形式和渠道，由发文机关确定。

经批准公开发布的公文，同发文机关正式印发的公文具有同等效力。

第三十二条　复制、汇编机密级、秘密级公文，应当符合有关规定并经本机关负责人批准。绝密级公文一般不得复制、汇编，确有工作需要的，应当经发文机关或者其上级机关批准。复制、汇编的公文视同原件管理。

复制件应当加盖复制机关戳记。翻印件应当注明翻印的机关名称、日期。汇编本的密级按照编入公文的最高密级标注。

第三十三条　公文的撤销和废止，由发文机关、上级机关或者权力机关根据职权范围和有关法律法规决定。公文被撤销的，视为自始无效；公文被废止的，视为自废止之日起失效。

第三十四条　涉密公文应当按照发文机关的要求和有关规定进行清退或者销毁。

第三十五条　不具备归档和保存价值的公文，经批准后可以销毁。销毁涉密公文必须严格按照有关规定履行审批登记手续，确保不丢失、不漏销。个人不得私自销毁、留存涉密公文。

第三十六条　机关合并时，全部公文应当随之合并管理；机关撤销时，需要归档的公文经整理后按照有关规定移交档案管理部门。

工作人员离岗离职时，所在机关应当督促其将暂存、借用的公文按照有关规定移交、清退。

第三十七条　新设立的机关应当向本级党委、政府的办公厅（室）提出发文立户申请。经审查符合条件的，列为发文单位，机关合并或者撤销时，相应进行调整。

**第八章　附　　则**

第三十八条　党政机关公文含电子公文。电子公文处理工作的具体办法另行制定。

第三十九条　法规、规章方面的公文，依照有关规定处理。外事方面的公文，依照外事主管部门的有关规定处理。

第四十条　其他机关和单位的公文处理工作，可以参照本条例执行。

第四十一条　本条例由中共中央办公厅、国务院办公厅负责解释。

第四十二条　本条例自2012年7月1日起施行。1996年5月3日中共中央办公厅发布的《中国共产党机关公文处理条例》和2000年8月24日国务院发布的《国家行政机关公文处理办法》停止执行。

# 附录B:应用文常用词语表

<table>
<tr><th colspan="4">应用文常用词语一览表</th></tr>
<tr><td rowspan="3">称谓词</td><td rowspan="3">表称谓关系</td><td>第一人称</td><td>本,我</td></tr>
<tr><td>第二人称</td><td>贵,你</td></tr>
<tr><td>第三人称</td><td>该</td></tr>
<tr><td>领叙词</td><td>引出文章撰写的依据、理由或具体内容</td><td colspan="2">根据,按照,为了,遵照,敬悉,惊悉,……收悉,近查,经查,为……特……,现……如下……</td></tr>
<tr><td>追叙词</td><td>引出被追叙的事实</td><td colspan="2">业经,前经,即经,复经</td></tr>
<tr><td>承转词</td><td>即过渡用语</td><td colspan="2">为此,据此,故此,鉴此,综上所述,总而言之,总之</td></tr>
<tr><td>祈请词</td><td>向受文者表示请求和希望</td><td colspan="2">希,即希,敬希,请,望,敬请,烦请,恳请,希望,要求,拟请</td></tr>
<tr><td>商洽词</td><td>征询对方意见和反映</td><td colspan="2">是否可行,妥否,当否,是否妥当,是否可以,是否同意,意见如何</td></tr>
<tr><td>受事词</td><td>客套语</td><td colspan="2">蒙,承蒙</td></tr>
<tr><td rowspan="2">命令词</td><td rowspan="2">表示命令或告诫</td><td>表示命令语气</td><td>着,着令,特命,责成,令其,着即</td></tr>
<tr><td>表示告诫语气</td><td>切切,毋违,切实可行,不得有误,严格办理</td></tr>
<tr><td rowspan="3">目的词</td><td rowspan="3">直接交代行文目的</td><td>用于上行文、平行文</td><td>请批复,函复,批示,告知,批转,转发</td></tr>
<tr><td>用于下行文</td><td>查照办理,遵照办理,参照执行</td></tr>
<tr><td>用于知照性文件</td><td>周知,知照,备案,审阅</td></tr>
<tr><td>表态词</td><td>表示明确意见的用语</td><td colspan="2">应,应当,同意,不同意,准予备案,特此批准,请即试行,按照执行,可行,不可行,迅即办理</td></tr>
<tr><td rowspan="3">结尾词</td><td rowspan="3">表示正文结束的用语</td><td>用以结束上文</td><td>此布,特此报告,特此通知,特此批复,特此函复,特此函告,特此公布,此致,谨此,此令,特此,此复</td></tr>
<tr><td>再次明确行文目的与要求</td><td>……为要,……为盼,……为荷,……是荷</td></tr>
<tr><td>表示敬意、谢意、希望</td><td>敬礼,致以谢意,谨致谢忱,当此敬贺</td></tr>
</table>

| 党政公文常用词一览表 | |
| --- | --- |
| 令,该,兹,应,系,悉,拟,概,仍,依,必,英,经,勿,荷,取,则,其,亦,未,至,予,尚,函告,当否,周知,此致,特此,莅临,酌情,恪守,予以,以资,遴选,事宜,论处,逾期,接洽,业经,业已,即予 | |
| 称谓词 | 阁下,贵校,该生,你厂,受害人,责任人,甲方,乙方,投资方 |
| 领叙词 | 据,根据,按照,遵照,为了,为,由于,对于,关于 |
| 叙述词 | 前接,近接,据查,据了解,近悉,欣悉,闻悉 |
| 判断词 | 系,确系,纯系,均系,纯属 |
| 祈请词 | 请,特请,拟请,务请,函请,希,望,希即 |
| 商洽词 | 当否,可否,妥否,能否,是否可行,如有不当,如有不妥 |
| 表态词 | 可,不可,可行,不可行,同意,不同意,拟不同意,照办 |
| 结尾词 | 为要,为盼,此复,特复,此令,此布,此告,特此函达 |
| 强调用词 | 须,必须,务须,均须务于,一律,一概,尤为 |
| 表示目的、原因 | 为,为了,为使,因,由于 |
| 表示对象、范围 | 对,对于,关于,至于,将,除(除了) |
| 表示根据、方式 | 根据,依据,按照,遵照,通过,经过,本着 |
| 表示时间起止 | 自,于,在,从,自从 |

# 附录 C:应用文写作常用词语汇释

## 一、礼仪类

台鉴:你审阅的意思。台,对别人的敬称;鉴,审查的意思。

惠鉴:有劳你审阅的意思。惠,有求于人的敬辞。

雅鉴:请你指教、审阅的意思。

钧鉴:请你审阅的意思(对尊长或上级用)。

台览:你审阅的意思。览,阅看。

已悉:已经知道了。

收悉:收到并知道了。

兹有:现在有。兹,这里,现在。

兹将:现在把。

拜托:托人办事的敬辞。

恭:恭敬。
恭贺:恭敬地祝贺。
恭候:恭敬地等着。
光:敬辞,表示光荣。
光临:敬辞,称宾客到来。
光顾:商家敬称顾客来到。
惠临:敬称对方到自己这里来。
届时:到时候。届,到。
恳请:诚恳地请求。
莅临:到来,来临。莅,到。
乔迁:搬到好地方住;官职升高。
笑纳:请人收下礼物的客套话。
谢忱:感谢的心意。
雅正:请对方指教,常用于书画题款上的客套话。
奉笺:接到来信的意思。
拟于:打算在。
本拟:本来打算的意思。
拟订:起草制订的意思。
就地:在原来的地方(不到别处)。
不予:不给以的意思。
径向:直接向的意思。
径与:直接同的意思。
均应:都应该的意思。
查复:检查后再作答复。
查收:检查后收下的意思。
查询:检查询问的意思。
当即:当时立刻就的意思。
洽商:接洽商谈的意思。
洽妥:接洽妥当。
竭诚:竭尽忠诚,全心全意。
歉难:对方提出的要求难以满足,表示抱歉。
尚望:还希望的意思。
孔殷:十分急切的意思。孔,很,十分;殷,深厚。
函复:写信答复。
惠纳:希望对方收纳的意思。

诚盼:诚恳盼望的意思。

台祺:您吉祥的意思。

台安:您安好的意思。

见谅:请原谅我的意思。

拨冗:推开繁忙的事务,抽出时间。

鉴核:审阅,核查。

敬祈:恭敬地请求。祈,请求。

## 二、经济类

调拨:调动拨付(物资)。

托付:委托银行部门付给(钱款);委托别人照料或办理。

托运:委托运输部门运送(行李、货物)。

债权:有权要求债务人按合同的约定或者依照法律规定履行义务。

收讫:收清("收讫"两个字常刻成戳子,加盖在发票或其他单据上)。

索供:请求成交供货。

售罄:货物卖光。

打烊:停止营业。

标的:合同当事人权利义务所指的对象,如货物、劳务、工程项目等。

## 三、公文类

备查:供查考。备,准备提供的意思。

备考:书册、文件、表格中供参考的附录或附注。

存查:保存起来以备查考。

参照:参考并仿照。

定案:对方案、案件等所作的最后决定。

核准:审核后批准。

面洽:当面商量。洽,商量,接洽。

业已:即已经。

业经:即已经。

申明:郑重说明。申,申述,说明。

签发:由主管人审核后,签上名字,正式发出。签,书写名字。

签署:在重要文件上正式签字。署,题写名字。

批复:上级对下级答复请示事项用的公文。

纪要:记录要点的文字。

列席:参加会议,有发言权,无表决权。

鉴于:考虑到,觉察到。

颁布:公布、发布(命令、指示等)。

嘉奖:(上对下)赞许、奖励。嘉,夸奖;奖,奖励。

兹:这里;现在。

事宜:关于事情的安排处理。

当否:是否合适。

# 主要参考文献

[1]李沉碧.经济应用文写作[M].北京:科学出版社,2004.
[2]杨文丰.现代应用文文书写作[M].北京:中国人民大学出版社,2003.
[3]孙莉,邱平.实用应用文写作[M].北京:北京交通大学出版社,2006.
[4]陈子典.当代应用写作[M].广州:中山大学出版社,2007.
[5]徐颃强.应用文写作[M].武汉:华中科技大学出版社,2006.
[6]徐明,贺湘辉.酒店应用文写作[M].广州:广东经济出版社,2006.
[7]包锦阳.旅游应用文[M].北京:人民邮电出版社,2006.
[8]高胜祥,邸晓平.旅游应用文[M].北京:旅游教育出版社,2005.
[9]刘世权.应用文写作[M].重庆:西南师范大学出版社,2008.
[10]夏昕君,严静.应用写作新编[M].北京:中国时代经济出版社,2006.
[11]于佩学.应用文写作[M].长春:长春理工大学出版社,2008.
[12]刘春生.公务文书写作教程[M].上海:复旦大学出版社,2005.
[13]中国公文写作研究会.公文写作规范与要领[M].北京:中央文献出版社,2006.
[14]中国当代应用文写作研究所.事务写作范本[M].呼和浩特:内蒙古人民出版社,2004.
[15]李兴民.大学应用写作教程[M].成都:四川大学出版社,2005.
[16]张再欣.秘书理论与实务[M].北京:清华大学出版社,2008.
[17]胡江晚.司法文书教程[M].北京:中国政法大学出版社,1999.
[18]汪祥云,蒋瑞松.应用文写作[M].2版.上海:上海交通大学出版社,2005.
[19]岳凯华.秘书学概论[M].长沙:湖南大学出版社,2005.
[20]王建庄.应用文写作[M].郑州:河南教育出版社,2006.
[21]罗春祥.旅游应用文写作[M].北京:北京交通大学出版社,2009.
[22]王正东.应用文写作[M].北京:石油工业出版社,2007.
[23]孙乃沅.中国公文实用大典[M].北京:九州出版社,2000.
[24]王杰编.应用文写作[M].北京:机械工业出版社,2008.
[25]杜菁锋.现代应用写作[M].广州:华南理工大学出版社,2006.
[26]张德实.应用写作[M].2版.北京:高等教育出版社,2003.
[27]邓云晖,于万里.财经应用文[M].北京:对外经济贸易大学,2005
[28]孟海全,罗春祥,欧明.新编应用文写作实用教程[M].北京:经济日报出版

社,2009.

[29]张子泉.应用文写作教程[M].北京:北京交通大学出版社,2006.

[30]张建.应用写作[M].北京:高等教育出版社,2005.

[31]郑宪春,聂春梅.应用文写作[M].湖南:湖南大学出版社,2009.

[32]罗春祥.旅游应用文写作[M].北京:北京交通大学出版社,2009.

[33]黄卓才.实用旅游写作[M].广州:中山大学出版社,2006.

[34]黄卓才.旅游写作[M].广州:广东高等教育出版社,2005.

[35]杨建洲.现代商务文书大全[M].北京:金盾出版社,2007.

[36]牟瑜.应用文写作[M].青岛:青岛出版社,2001.

[37]路庆德.普通写作学教程(修订二版)[M].北京:高等教育出版社,2006.

[38]刘春生.公务文书写作教程[M].上海:复旦大学出版社,2002.

[39]王筱玲.大学实用写作教程[M].南昌:江西高校出版社,2003.

[40]张浩.财会公文写作[M].北京:蓝天出版社,2007.

[41]蓝石周海涛.国际论文研究与撰写规范[M].上海:上海人民出版社,2009.

[42]张汉昌.财经政法类毕业论文写作概论[M].上海:立信会计出版社,2007.